VEGAN KACKEN!

WEBSTER STEINHARDT | MIT KARSTEN WOLLNY

VEGAN KACKEN!

WARUM ES KEIN »LIFESTYLE« SEIN DARF, ENDLICH DAS RICHTIGE ZU TUN

SCHWARZKOPF & SCHWARZKOPF

INHALT

EMPFEHLUNG VORAB

Allen Lesern dieses Buches wird dringend empfohlen, vor der Lektüre den Film *Meet Your Meat* zu schauen. Er ist in verschiedenen Sprachfassungen auf YouTube zu finden und dauert nicht länger als zwölf Minuten.

Oder besser: Schauen Sie sich diesen Film gleich auf der Seite von PETA an (einfach »PETA Meet Your Meat« in die Suchmaschine eingeben – Treffer erfolgt sofort), denn bei YouTube gibt es möglicherweise eine Inhaltswarnung, die besagt, dass der Film nicht für alle geeignet sei, man ihn also erst ab einem Alter von 18 Jahren sehen darf und sich dafür extra anmelden muss.

Es gibt nämlich Leute, die meinen, dass 14-, 15-, 16-, 17-Jährige zu empfindsam sind, um zu sehen, wo ihr Essen herkommt, also die Wahrheit zu erfahren …

VORWORT

Ein veganer Möbelpacker? Das klingt für viele zuerst einmal nach einem Witz.

Aber das ist kein Witz. Webster Steinhardt heißt nicht nur so – wenn es darauf ankommt, ist er auch steinhart. Ein leidenschaftlicher Möbelpacker, der unermüdlich seiner schweren Arbeit auch dann noch mit geradezu buddhistischer Gelassenheit nachgeht, wenn andere bereits kurz davor sind, das Handtuch zu werfen. Ohne die richtige Ernährung kann das nicht funktionieren, und vor allem kann es nicht funktionieren, wenn man kein Kerl ist. Ohne Arsch in der Hose ist da nichts zu machen. Und damit sind wir beim Thema dieses Buches: Wer glaubt, vegane Ernährung wäre nur etwas für Weicheier und warmduschende Gutmenschen, den belehrt Steinhardt eines Besseren.

In dem vorliegenden, von mir mit großer Freude mitverfassten Werk räumt Steinhardt mit den gängigen Klischees und Vorurteilen auf, denen zufolge Veganer in erster Linie blöde Gentrifizierungsgewinnler sind, die dem letzten angesagten Lifestyle hinterherhecheln, während sie bei der Sinnsuche in ihren spießig eingerichteten Wohnwaben nicht weiterkommen. Und dabei nimmt Steinhardt kein Blatt vor den Mund. Natürlich gibt es auch Veganer, die sich mit teuerster veganer Ernährung ihres Wohlstands versichern und nebenbei glauben, wegen ihrer vermeintlich politisch korrekten Lebensweise die besseren Menschen zu sein. Aber diese Leute haben die wichtigsten Gedanken gar nicht richtig verstanden. Es geht eben nicht darum, ein besserer Mensch zu sein, es geht darum, kein Arschloch zu sein, für dessen Sucht nach Schlachtabfällen in Kunst- oder Naturdarm irgendwo auf der Welt Menschen verhungern. Und es geht darum, sich selbst angemessen zu behandeln. Zum Beispiel würde kein fleischfressender Autofahrer seinen vierrädrigen Lebensinhalt mit Schweröl betanken, sich selbst aber stopft er von morgens bis abends den letzten Dreck in den

Hals, um dann sogleich in den gängigen Internetforen jene Leute, die vorschlagen, es doch einmal anders zu versuchen, als blöde Weltverbesserer zu beschimpfen.

Steinhardt schimpft zurück und weist nach, dass alle Argumente, die gegen eine vegane Ernährung sprechen, am Ende nur Scheinargumente sind, vorgetragen von den wirklichen Weicheiern und Pussys, die nicht Kerls genug sind, den Mut aufzubringen, über ihren Grilltellerrand hinauszublicken. Weil diese Feiglinge Angst haben, etwas zu sehen, das ihr bisheriges »Wissen« infrage stellen könnte.

Mir bleibt an dieser Stelle nur noch zu erwähnen: Wer auch nur einmal glücklich von veganem Bier betrunken nach Hause gewankt ist, der wird in Zukunft die Finger von der gequirlten Industrieplörre lassen, mit der er sonst immer den Feierabend begossen hat.

In diesem Sinne: Prost beziehungsweise guten Appetit!

Karsten Wollny

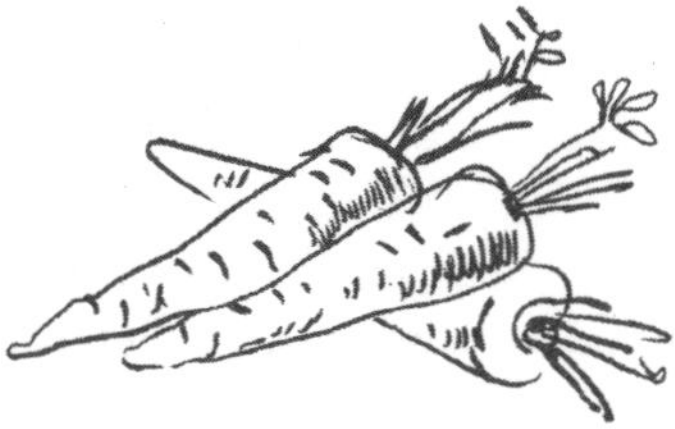

EINLEITUNG

Um es gleich zu Anfang zu sagen: Ich habe nicht aus Prinzip etwas gegen Fleischesser. Einige meiner besten Freunde essen Fleisch. Meine Entscheidung für eine vegane Ernährung ist eine durch und durch persönliche und beruht auf einer langen Zeit der Entwicklung. Ich bin nie hingegangen und habe versucht, Fleischesser zu missionieren. Wie die mit sich und ihrem Körper umgehen, wie sie sich über lange Jahre hinweg selbst kaputt machen, ist allein ihre Sache. Nur wenn ich gefragt werde, dann ich erkläre ich es ihnen.

Warum also dieses Buch?

Ganz einfach: Weil ich es leid bin. Ich bin es leid, von irgendwelchen Spacken als »Weltverbesserer«, der sich einer »Ersatzreligion« hingibt, bezeichnet zu werden. Wenn man sich die Kommentare in den einschlägigen Foren im Internet durchliest, dann scheinen diese hingeschriebenen Schwachsinnigkeiten geradezu nach einem Buch zu schreien, das die ganze Sache richtig darstellt.

Ich weiß, es gibt solche Bücher schon, aber da sind wir beim zweiten Punkt angekommen, warum dieses Buch gebraucht wird. Ich bin es nämlich auch leid, als Veganer in den Medien von irgendwelchen Lifestyle-Deppen repräsentiert zu werden, die die Vorurteile der Kommentarschreiber in den Foren nur zu bestätigen scheinen. Wer meint, ein Veganer bräuchte veganen »Räucherlachs« in Scheiben, hergestellt auf der Basis von Erbsen, hat meines Erachtens nicht wirklich verstanden, worum es geht. Natürlich sind bei jeder neuen Idee die Trittbrettfahrer der Verarschung sofort dabei und bereit, den Trotteln unter den Anhängern der Idee möglichst viel Kohle aus der Tasche zu ziehen. Also gibt es »vegane Chicken-Nuggets«, »vegane Shrimps«, »veganes Entenbrustfilet« und vielen anderen Blödsinn mehr. Hier sind mal langsam ein paar klärende Worte nötig. Wir brauchen eben keinen Wurstersatz, wenn wir keine Wurst essen wollen! Und wenn es manch vegane Leckerei gibt, die in der Form von »Würstchen« angeboten wird, dann hat das überhaupt nichts zu bedeuten. Diese Darreichungsform hat sich das Würstchen von der Banane abgeschaut.

Und wo wir schon dabei sind: Es gibt noch ein paar andere Gründe für dieses Buch.

Esst doch euren Sonntagsbraten, wenn ihr glaubt, nicht darauf verzichten zu können. Wer aber meint, sich zum Frühstück eine Leberwurststulle und ein Ei, zum Mittag ein Schnitzel und zum Abendessen wieder Wurst reinziehen zu müssen, der hat noch nicht verstanden, dass es so einfach nicht weitergeht.

Die Tierquälerei in den Massenmastanlagen, der dadurch entstehende Hunger in der Welt und die irrsinnigen Folgen für die Umwelt sind keine Dinge, die aus einfachen persönlichen Gründen ignoriert werden dürfen.

Noch einmal: Ich gestehe euch das Recht, euren Körper zu ruinieren, genauso zu, wie ich es einem Raucher, Alkoholiker oder Heroinsüchtigen zugestehe.

Die negativen Folgen hingegen, die ihr durch euren massenhaften Fleischkonsum für andere Menschen in aller Welt und für unter Quälerei gehaltene Tiere verursacht, gestehe ich euch nicht zu. Diejenigen, die sagen, ein bisschen Fleisch ab und zu sei ja nun wirklich okay, die haben von der Idee her vielleicht recht, aber sie kapieren eines nicht: Sie reden wie der Alkoholiker, der meint: »Also, so'n Feierabendbierchen ist ja nun wirklich in Ordnung.« Es bleibt nie bei einem. Und der Kettenraucher, der sich entscheidet, nur noch fünf am Tag zu rauchen, schafft das vielleicht ein bis zwei Wochen lang, bevor er wieder mehr raucht. Doch leider ziehen die meisten Fleischesser eine Reduzierung noch nicht einmal in Betracht, während sie mich und andere Veganer als »naive Eiferer« runtermachen. Diese Leute können mich mal.

Wenn dieses Buch jene Leute erreicht, die noch schwanken und sich nicht sicher sind, weil in ihrem Bekanntenkreis zu viele Lästerer ohne Ahnung unterwegs sind, und wenn dieses Buch ihnen eine Anregung sein kann, dem eigenen Gefühl gegen die blödsinnigen Widerstände ihrer Umgebung zu folgen, dann hat es viel erreicht. Das würde mich freuen. Und wenn der eine oder andere Neuveganer einsieht, dass in Laboren gestaltete Nahrung »auf pflanzlicher Basis«, die er im »Veganen Supermarkt« kauft, auch nicht die Lösung ist, dann würde mich das erst recht freuen. Ich weiß übrigens, dass ich mich an einigen Stellen wiederhole, und ich weiß, dass ich mir an ein, zwei Stellen zu widersprechen scheine. Das hat nur einen einzigen Grund: Das Thema ist sehr komplex, viele Probleme scheinen unübersichtlich und verdammt vertrackt zu sein. Deswegen ist es manchmal nicht einfach, darüber zu sprechen. Die Lösung ist allerdings einfach. Ich habe sie für mich gefunden. Ich lebe vegan.

Webster Steinhardt

DIE LEICHTIGKEIT DES SEINS

Die Kunden, die uns für ihren Umzug gebucht haben, sind nett. Sehr nett sogar. Sie gehören zu jener Art von Kunden, auf deren Umzug alle die ganze Zeit über gute Laune haben. Sie sind ein Ehepaar im besten Alter, sind herzlich und aufgeschlossen, und den ganzen Tag über kann man mit ihnen flachsen und über Gott und die Welt reden. Zugegeben, ihre Bücherkartons sind wirklich maßlos überpackt, aber darüber möchte keiner der Kollegen maulen, denn zumindest der Mann packt beim Abladen in das neue Haus immer wieder mit an. Das müsste er natürlich nicht tun, aber es überkommt ihn eben ab und zu. »Ich brauch die Bewegung«, sagt er grinsend, bevor er mit einem Karton auf der Schulter einen Witz über »schwere Literatur« macht.

Oft ziehe ich mich auf einem Umzug zum Essen in den Lkw zurück, aber heute ist die Stimmung einfach derartig heiter, dass ich die Tupperdose mit meinem Essen mit nach drinnen nehme. Nichts Besonderes habe ich heute dabei. Einfach Pasta mit Kichererbsen, Kürbis, Zwiebeln, Knoblauch und etwas Chili in Soße aus Sesammus plus Seitan.

Um den Esstisch herum haben sich die Kollegen und die Kundschaft gruppiert und verspeisen Kartoffelsalat mit Würstchen und Mett- und Käsebrötchen. Der Herr des Hauses sitzt zurückgelehnt auf seinem Stuhl und verschlingt seine Würstchen offenbar mit Genuss. Er ist so dick, dass er eigentlich seinen Teller auf seinem Bauch abstellen könnte. Er hält ihn trotzdem ein wenig darüber.

»Ich kenne da auch so einen«, sagt er, als er erfährt, dass ich Veganer bin, »der ernährt sich nur von Fallobst, das er aufsammeln kann. Damit er der Pflanze nicht wehtut, wenn er ihr was abschneidet.« Er grinst. »Jedenfalls behauptet er das. Ich glaub dem das nicht. Das geht doch gar nicht. Nur Fallobst …«

Die Kollegen gucken verständnislos. »Das nennt man Frutarier«, sagt die Kundin, während sie in meine Tupperdose linst. »Die wollen nur essen, was die Pflanze hergibt, ohne dass man sie verletzt.«

»So ein Blödsinn«, murmelt Kollege Sunny. Und ich befürchte, dass ich gleich derjenige sein soll, der allen Anwesenden erklärt, was für verschiedene Veganer es so gibt. Als wäre ich der Experte für die verschiedensten Ernährungsweisen, bloß weil ich nichts vom Tier essen will. Als wäre es meine Sache, mich um Leute zu kümmern, die ihre Früchte nur bei Vollmond oder an ungeraden Tagen einsammeln. Als wäre es meine Sache, mir Gedanken um Leute zu machen, die erst einmal die richtigen Gebete sprechen, bevor sie in einen Apfel beißen oder Nudeln in kochendes Wasser geben. Als müsste ausgerechnet ich wissen, warum manche Leute sich zwar als Vegetarier bezeichnen, aber trotzdem Eier essen.

Doch bevor ich genötigt werde, Stellung zu beziehen, werde ich vom Kollegen Manuel gerettet. »Meine Tante ist Pesco-Vegetarierin.«

»Häh?«, macht Kollege Armin, während er sein Würstchen in Senf dippt. »Was ist das denn?«

»Na ja«, sagt Manuel. »Die isst eben kein Fleisch, sondern nur Fisch.«

»Und was ist da der Unterschied?«

»Tja …«, macht Manuel.

»Heißt vegetarisch nicht sowieso, dass man nur pflanzlich isst?«, fragt die Kundin, und im Geiste pflichte ich ihr bei.

»Das würde ich auch so sehen«, sagt Karsten, ebenfalls Kollege und Koautor dieses Buches. »Wenn man kein Fleisch isst, dann sollte man sich auch fragen, wo der Unterschied zwischen Fleisch und Fisch oder Fleisch und Ei ist. Und wieso kann sich jemand als Vegetarier bezeichnen, der Milch trinkt und Käse ist?«

Ich befürchte schon, dass da gleich eine Diskussion losgeht, für deren Bewältigung der Tag nicht ausreichen würde, da stellt die Kundin Karsten eine Frage: »Gibt es etwas, was Sie nicht essen?«

»Ich esse kein Kaninchen«, antwortet Karsten trocken, während er sich einen Nachschub an Kartoffelsalat auf den Teller packt. Gelächter erfüllt den Raum.

Und dann muss der Umzug auch bald weitergehen. Die meiste Zeit stehe ich auf dem Lkw und schiebe den Kollegen hin, was ins Haus zu schaffen ist. Ich freue mich, dass ich einer Diskussion über die verschiedensten Ernährungsweisen entkommen bin, denn eines ist für mich klar: Ich bin Veganer. Das heißt, dass ich nichts Tierisches essen will. An der Ernährung anderer Leute habe ich für mich selbst oft einiges auszusetzen, aber das Wichtigste dabei ist stets die Frage, ob und wie viel die vom Tier verspeisen. Darum interessiert es mich auch nicht, verschiedene Veganer und verschiedene Vegetarier in verschiedene »Kategorien« zu packen. Ich habe solch eine Kategorie in einem Vegan-Magazin gesehen. Da ist vom »Hipster« die Rede, vom »Alt-Hippie«, von der »Sponti-Frau«, vom »Karrieristen«, und, und, und. Was für ein Blödsinn! Solche »Typisierungen« habe ich schon vor bald 35 Jahren in den Schülerzeitungen in der Schule gelesen, und sie sind seit damals nicht witziger geworden. Wer solch einen Unsinn schreibt, der schreibt auch Horoskope.

Die Leute wollen immer alles in verschiedene Schubladen packen, wollen immer alles auf einen bestimmten Typus festlegen, damit sie sich selbst besser orientieren können. Oder besser: Damit sie ihre eigenen Vorurteile besser bestätigt sehen. Meine Sache ist das nicht.

Was für ein Kinogänger sind Sie? Was für ein Autofahrer sind Sie? Was für ein Skatspieler sind Sie? Eher der schüchterne, der forsche oder der nachdenkliche? Spielen Sie Skat, weil Sie nur mit der Zeit gehen, oder reflektiert Ihr Skatspiel Ihr tiefes Bedürfnis, die letzten großen Fragen unserer Zeit zu beantworten?

Lasst mich doch in Ruhe!

Ich bin Veganer. Punkt.

Am Nachmittag gibt es auf dem Umzug unserer netten Kunden natürlich noch Kaffee und Kuchen. Als ich dem Herrn des Hauses erkläre, dass ich auch den Kuchen nicht essen würde und meinen eigenen (fair gehandelten Bio-) Espresso dabeihätte, sagt er: »Na, man kann es sich aber auch schwer machen!«

»Schwer?«, frage ich. »Wieso schwer? Ich wiege 63 Kilo.«

Und als er das hört, begibt er sich aus seiner zurückgelehnten Haltung heraus an den Esstisch heran. Er stützt die Ellenbogen auf und lässt so seinen dicken Bauch unter dem Tisch verschwinden. Im Augenwinkel bekomme ich mit, wie seine Gattin grinst.

Es ist nicht schwer!

Ich lebe mein veganes Leben und fühle mich nicht schwer dabei. Warum sollte ich? Bloß weil ich jedes Angebot, das meiner Überzeugung widerspricht, ablehne?

Was ist daran schwer?

Macht es sich jemand schwer, der mit dem Rauchen aufgehört hat, wenn er nie wieder eine raucht und sich dabei verdammt gut fühlt? Macht der sich das schwer, bloß weil er jedes Angebot einer Zigarette ablehnt?

Sind nicht vielmehr diese Leute, die sich nach wie vor gedankenlos alles in den Hals stopfen, was ihnen vielleicht nicht guttut, diejenigen, die es sich schwer machen?

Ich will diese Frage nicht unbedingt für jene beantworten, denn ich kenne ja nicht die individuellen Geschichten all dieser Leute. Aber für mich kann ich eines sagen: Schwer ist mir mein veganes Leben nicht. Im Gegenteil. Man fragt doch auch keinen Quantenphysiker, ob es sich mit der klassischen Mechanik nicht einfacher leben ließe. Die Entwicklung findet stets und immer vorne statt. Und da gibt es jede Menge zu entdecken! Das Leben kann großartig sein. Das Leben entwickelt sich immer weiter. Es gibt immer Neues zu finden. Das ist nur dann schwer, wenn man keine Neugier mitbringt, wenn man kein Interesse hat. Oder wenn man sich auf alten Gewohnheiten und Überzeugungen ausruht.

WER NIE LOSGEHT, KOMMT AUCH NICHT AN

Den größten Teil meines Lebens habe ich als Möbelpacker gearbeitet. Die Kompetenz, über die ich in diesem Job verfüge, habe ich mir im Laufe der Jahre angeeignet. Niemand kann von Anfang an alles, was diesen Job ausmacht.

Ich habe das Bierbrauen gelernt und eine Ausbildung zum Yogalehrer gemacht. In allem, was ich begonnen habe, stand ich als Anfänger da.

Wie sieht es mit Ihnen aus?

Spielen Sie Klavier? Oder vielleicht Gitarre oder ein anderes Instrument? Oder treiben Sie Sport? Studieren Sie? Haben Sie irgendein Hobby? Oder sitzen Sie in Ihrer Freizeit nur vor dem Bildschirm und ziehen sich einen Spielfilm nach dem anderen und eine Serie nach der anderen rein?

All diese Tätigkeiten haben etwas gemeinsam: Irgendwann fängt man damit an. Irgendwann macht man alles zum ersten Mal. Niemand wird von heute auf morgen ein begnadeter Pianist, und auch der, der sich in Tolkiens Welt Mittelerde auskennt und jede Figur dort namentlich nennen kann, hat irgendwann einmal angefangen. Vielleicht ganz einfach mit dem unscheinbaren *Der kleine Hobbit*.

Niemand beginnt als Experte. Zuerst gilt es, einen bestimmten Weg zurückzulegen.

Wenn jemandem vorgeschlagen wird, seine Ernährung zu ändern und es vielleicht einmal vegan zu probieren, dann schreckt derjenige häufig zurück. »Wie soll *das* denn funktionieren?«, wird dann meistens gefragt. »Kein Fleisch mehr? Keine Eier, kein Käse, kein Fisch, kein gar nix mehr?«

Und schon sehen die Leute nur noch die Schwierigkeiten und nicht den Gewinn, der sie erwartet.

Man kann alles lernen!

Schritt für Schritt.

Das Wichtigste für den Menschen ist die Atmung. Ohne Sauerstoff schaffen wir es nur ein paar Minuten. Als Nächstes kommen Trinken und Essen. Ohne die schaffen wir es schon etwas länger. Danach kommen Sex und solch wunderbare Sachen wie Musik, Kunst und anderes. Niemand stirbt ohne Sex, Musik und Kunst, aber niemand möchte wirklich ohne sie leben. Klar, zum Sex drängt uns der Trieb, aber auch zur Musik und zur Kunst scheint uns etwas zu drängen. Als gäbe es da ein ganz elementares Bedürfnis des Gehirns.

Worauf ich hinauswill ist aber etwas ganz anderes: Offensichtlich kümmern sich die wenigsten von uns um die für uns wichtigsten Dinge. Um die Atmung brauchen wir uns keine Gedanken zu machen, die läuft automatisch. Aber wie sieht es mit Essen und Trinken aus? Da signalisieren Hunger und Durst uns, dass ein Mangel herrscht, und dann trinken und essen wir, was gerade so im Angebot ist, und stopfen in uns rein, was vielleicht gar nicht gesund ist. Hauptsache, das Mangelgefühl verschwindet.

Ich finde das erstaunlich. Jeder, der von irgendeiner Sache etwas versteht, ist stolz auf sein Wissen, auf sein Expertentum. Egal ob Autoschrauber, IT-Experte, Mediziner, Musiker, Physiker, Jogger, Fußballprofi oder, oder, oder: Jeder fachsimpelt gerne, liest Fachliteratur oder Zeitschriften zum Thema und bildet sich weiter.

Bei der Ernährung hingegen, der *lebenswichtigen* Ernährung, scheinen alle auf dem Stand von ABC-Schützen stehen geblieben zu sein. Kaum jemand kommt auf die Idee, sich weiterzubilden.

Das mag entwicklungsgeschichtliche Ursachen haben, denn für Primaten in der freien Natur ist es wichtig, die richtige Ernährung von den Eltern zu lernen. Allerdings leben wir nicht mehr in einer natürlichen Primatenumwelt. Wir haben diese Umwelt extrem verändert. Massentierhaltung und Supermärkte gab es bei unseren stammesgeschichtlichen Urahnen nicht.

Es lohnt sich also zu überlegen, ob die Ernährungsweise, die wir von unseren Eltern gelernt haben, wirklich die richtige ist. Und es lohnt sich zu überlegen, ob wir wirklich bedenkenlos zu allem greifen können, was in den Regalen der Supermärkte zum Verzehr angeboten wird.

Dazu muss man sich weiterbilden.

Dazu muss man Interesse aufbringen.

Mir ist es inzwischen kaum noch begreiflich, wie beispielsweise ein begnadeter Musiker in seinem Studio wundervollste Musik abmischen kann, während er sich nebenbei Tiefkühlpizza aus dem Supermarkt reinzieht. Wie passt der Luxus der besten Musik mit dem Schrott der miesen Ernährung zusammen? Hat sein Gehirn nur Kapazitäten für musikalisches Genie, während die Fähigkeit zu guter Ernährung auf der Strecke bleibt? Hat der geniale Musiker keine Zeit, sich mit was anderem als der Musik zu beschäftigen? Zweimal nein.

Er ist einfach noch nicht auf die Idee gekommen. Aber das wird er noch, wenn er erst einmal vom Arzt die Nachricht erhält, dass er unter einer jener Zivilisationskrankheiten leidet, die er mit der richtigen Ernährung hätte vermeiden oder erheblich abschwächen können.

Zeit genug, sich um seine Nahrung zu kümmern, hat er jetzt schon allemal. Es besteht aber die große Chance, dass es ihm so geht wie den meisten anderen auch: Das Thema ist ihm zu komplex, und außerdem: »Man weiß es ja auch nicht so genau.« In kaum einer Wissenschaft gibt es so viele einander widersprechende Lehrmeinungen wie in den Ernährungswissenschaften.

Dazu kann ich nur sagen: Ich weiß es ziemlich genau. Ich habe es ausprobiert und bin dabei geblieben. Als Veganer ernähre ich mich gesünder als die Omnivoren, die Allesfresser. Und außerdem weiß ich: Niemand, der sich entscheidet, seine Ernährung umzustellen, muss sich verrückt machen oder verrückt machen lassen. Das muss alles nicht von heute auf morgen vonstattengehen. Nicht von jetzt auf sofort, nicht von null auf hundert in zwei Sekunden. Das muss bloß einfach irgendwann einmal *anfangen*. Am besten jetzt.

Essen Sie einfach anstelle des nächsten Wurstbrotes eine Banane und einen Apfel (sofern Sie die mögen, sonst nehmen Sie anderes Obst). Sie haben damit angefangen, Ihre Ernährung umzustellen. Ach, Sie haben vorher schon Obst gegessen und bemerken die »Umstellung« jetzt also nicht?

Sie haben meinen Gedanken nicht verstanden.

Stellen Sie um, sobald Sie daran denken. Wenn Sie später mal »schwach« werden, wenn Sie also gieren und geifern, dann stopfen Sie sich eben wieder eine Wurst rein. Wichtig ist, dass Sie anfangen, sich mit dem Thema zu beschäftigen, und dass Sie dabeibleiben. Irgendwann werden Sie den Punkt erreichen, an dem Sie das Vermeiden von Fleisch nicht mehr als Verzicht empfinden. Das kann bei verschiedenen Menschen verschieden lange dauern.

Und keine Sorge: Was immer sich selbst als »Kritiker« der veganen Ernährung bezeichnende Klugschnacker Ihnen auch erzählen, Sie selbst werden feststellen, dass es Ihnen nach einem guten Fruchtsalat wohliger ergeht als nach einem Grillteller.

Wenn Sie in regelmäßigen Abständen immer wieder das Gefühl bekommen, dass es doch vielleicht nicht verkehrt wäre, an Ihrer Ernährung etwas zu ändern, dann bleiben Sie dabei! Geben Sie nicht auf, bloß weil die großen Verführer Sie wieder einmal dazu gebracht haben, irgendwelchen Mist zu essen. Schließlich sind Sie höchstwahrscheinlich mit der Erfahrung aufgewachsen, dass Ihr gesamtes soziales Umfeld sich auf die Art ernährt, die Sie in Zukunft vermeiden wollen. Niemand wird von heute auf morgen ein Meister der Ernährungsumstellung.

Ich selbst ernähre mich seit ca. siebeneinhalb Jahren vegan, habe also erst im Alter von 43 damit begonnen. Bis ich so weit war, habe ich eine lange Entwicklung zurückgelegt, die bestimmt noch nicht abgeschlossen ist. Man kann immer dazulernen.

Mit 17 Jahren habe ich mein Berliner Elternhaus verlassen und war erst einmal für fünf Jahre auf Trebe. Ich trieb mich herum und lebte in den Tag hinein.

Bereits mit 14 hatte ich ein leichtes Interesse an Yoga entwickelt, nachdem mein Vater mir ein Buch von B. K. S. Iyengar, einem indischen Yogalehrer, gegeben hatte, weshalb ich in jenen Jahren morgens vor der Schule Yogaübungen machte. Das Interesse daran schlief während meiner Jahre auf Trebe wieder ein. Ich aß Fleisch wie jeder andere, ich rauchte und trank Alkohol. Eine ganz gewöhnliche Ernährung also.

Mit 24 kam ich nach Hamburg und arbeitete gelegentlich als Möbelpacker. Nachdem ich meine Frau kennengelernt hatte, fing ich fest in dem Beruf an. Ein paar Jahre später war meine Frau mit unserer ersten Tochter schwanger, und spätestens jetzt war klar, dass wir unsere Ernährung ändern würden. Als Eltern trägt man ja schließlich Verantwortung. Wir stellten auf Bio um, aßen aber weiterhin ab und zu Fleisch. Nur unsere Tochter verschonten wir davon. Sie und ihre sechs Jahre später geborene Schwester haben in ihrem Leben noch nie Fleisch gegessen. Sie leben nicht vegan, essen also Käse und seltener mal Eier, haben aber noch nie nach Fleisch verlangt. Inzwischen sind die beiden 17 und 23 und gesund und munter.

Während eines Spanienurlaubes kam ich durch eine Bekannte meiner Frau mit der makrobiotischen Ernährung in Berührung, testete sie für zwei oder drei Monate und fand Gefallen daran, sodass ich einige Jahre später, kurz nachdem ich angefangen hatte, mich vegetarisch zu ernähren, darauf zurückkam. Seitdem aß ich keine Kuhmilchprodukte mehr, sondern nur noch etwas Ziegen- oder Schafskäse.

Zu ungefähr dieser Zeit erwachte auch wieder mein Interesse am Yoga, was dazu führte, dass ich 1998 eine Ausbildung zum Yogalehrer abschloss. Wer seine Ernährung umstellt, macht sich wohl auch Gedanken über sein Leben. Und wer in einem anstrengenden

Job wie der Möbelschlepperei arbeitet, tut gut daran, dem körperlichen Verschleiß entgegenzuwirken. Da ich Yoga schon kannte, erschien es mir wie *die* Gelegenheit, zwei Fliegen mit einer Klappe zu schlagen. Meditation hilft, den Geist zu entspannen und die Gedanken auf das Wesentliche zu lenken, während die Asanas (die körperlichen Übungen) helfen, den Körper geschmeidig zu halten. Allerdings arbeitete ich zu jener Zeit so viel, dass mir der Wiedereinstieg ins Yoga schwerfiel. Also beschloss ich, ebenjene vierwöchige Ausbildung zum Yogalehrer zu machen. Ein Tagesprogramm von 6 Uhr morgens bis 22 Uhr abends über einen Monat hinweg mag manchem etwas radikal erscheinen, aber die Ausbildung tat ihre Wirkung: Ich kam wieder in Fluss.

Während eines Aufenthaltes in Italien 1995 besuchten meine Frau und ich die Eltern von Freunden auf Sizilien, die uns den ganzen Tag mit Essen der traditionellen italienischen Küche vollstopften, die in ihrer Auslegung so viel Fleisch beinhaltete, dass es uns langsam reichte. Wir hatten uns schon vorher Gedanken über Massentierhaltung, Hunger auf der Welt und Umweltschädigung gemacht, aber erst jetzt, während dieser geradezu dekadenten Fressorgie im Urlaub in Italien, wurde uns klar, dass es so einfach nicht weitergehen konnte. Für uns folgten 15 vegetarische Jahre, bis mir klar wurde, dass Käse, Milch und andere Tierprodukte auch nicht besser vertretbar waren als Fleisch. Das ist siebeneinhalb Jahre her. Seitdem lebe ich vegan.

Und ich lebe gut.

Meine Frau fing nach kurzer Zeit ebenfalls mit veganer Ernährung an, isst mittlerweile aber hin und wieder etwas Ziegen- oder Schafskäse. Doch zu 95 Prozent ernährt sie sich vegan. Vor zweieinhalb Jahren habe ich aufgehört zu rauchen, und ich höre sie schon, jene, die da sagen werden: »Ach, du liebe Güte, der Mann gönnt sich ja gar nichts mehr!« Ich höre sie, die Angst vor dem Verzicht. Aber von Verzicht kann keine Rede sein. Diesen Leuten sage ich: Ihr habt ja keine Ahnung, was euch durch eure Fixierung auf den »Genuss« von Fleisch alles entgeht. Weil ihr euch dagegen wehrt, euch weiterzubilden. Haha, stellt euch mal einen Pianisten vor, der sagt: »Nö, ich lerne nicht Bach (oder Liszt oder Schubert), da müsste ich ja auf *Alle meine Entchen* verzichten!« Den würdet ihr doch auslachen.

Verzicht? Ihr habt keine Ahnung, wovon ihr redet.

Ich kann euch etwas verraten: Ich entdecke andauernd leckerste neue Sachen, die ich essen kann, und das Tolle ist, dass ich von allem, was mir lieb und schmackhaft ist, den ganzen Tag so viel essen kann, wie ich nur will. Und davon werde ich nicht krank und nicht dick.

Ätsch!

(Ach, kommt schon, das *ist* witzig!)

»Aber der Mensch ist ein Allesfresser!«

Au Backe! Wenn ich das schon wieder höre …

Natürlich ist der Mensch ein Allesfresser. Und deswegen essen wir alles, also Knackwurst, Blutwurst, Leberwurst, Brägenwurst, Currywurst, Bockwurst, Schnitzel, Braten, Schinken, Frikadellen, Schaschlik, Döner, Saumagen und so weiter und so fort? Die Ratte ist auch ein Allesfresser. Das heißt aber nicht, dass Ratten am besten den ganzen Tag nur Kartoffelchips essen.

Das heißt alles gar nichts. Außer dass Allesfresser zu sein ein Vorteil ist in einer Umgebung, in der es vielleicht auch einmal Mangel an dem einen oder anderen Nahrungsmittel geben kann. Wer einzig und allein nur Obst zu sich nehmen kann, der stirbt, wenn das Obst mal nicht so wächst, wie er es gerade braucht. Wer dagegen alles fressen kann, der kann sich auch die unwahrscheinlichsten Lebensräume erschließen. Die Allesfresserei macht den Menschen zum Erfolgsmodell, weil er fast überall überleben kann.

Ja, da sind zum Beispiel die Völker, die gemeinhin unter dem Wort »Eskimos« zusammengefasst werden. Die leben sogar in der unwirtlichen Arktis, und die haben die meiste Zeit der Geschichte immer nur Fleisch gegessen und sind dabei steinalt geworden.

Wer's glaubt.

Wer bei den traditionell lebenden Inuit, Yupik und Aleuten wie eine steinalte Großmutter aussieht, ist vielleicht gar nicht steinalt. In den Medien sehen wir sehr oft Bilder von 80- bis 90-jährigen, rund um die Uhr medizinisch top versorgten, gut aussehenden Millionären aus der »westlichen Welt«. Und oft genug nehmen wir an, dass Leute aus aller Welt und allen Schichten, die so alt aussehen wie die, auch tatsächlich so alt sind. Das muss aber keineswegs so sein. Die arktische Eiswüste gehört zu den lebensfeindlichsten Gebieten, die der Mensch als Lebensraum erschlossen hat. Da altert man schneller als in Beverly Hills oder Hamburg-Blankenese. Für das Überleben der Menschheit ist es an sich völlig unerheblich, wie gut es dem einzelnen Individuum geht. Hauptsache, dieses Individuum wird einmal Großvater oder Großmutter. Das Erfolgsmodell Mensch hat nämlich vor allem als Erfolgsmodell »drei Generationen« überlebt. Wer es als Kind geschafft hat, alt genug zu werden, um selbst Kinder zu kriegen, der zieht diese Kinder auf. Und wenn diese Kinder selbst Kinder kriegen, dann kann man als Großeltern den eigenen Kindern das zur Aufzucht der Enkel wichtige kulturelle Wissen vermitteln. Danach kann man abtreten. Das kann durchaus schon in den Dreißigern passieren. Die »Eskimos« in traditioneller Lebensweise hatten eine durchschnittliche Lebenserwartung, die zehn Jahre unter der unseren lag, und ihre angeblich gute Gesundheit als fast reine Fleischesser ist inzwischen sehr umstritten.[1] Es gibt ja die Theorie, dass sich die Intelligenz des Menschen so toll entwickelt hat, weil das strategische Zusammenarbeiten als Jäger in der Gruppe ein starker Überlebensvorteil war. Da könnte man sich auch fragen, warum Wölfe keine Autos bauen und Löwen keine Bücher schreiben. Es gibt sehr viele Theorien. Es gibt über alles Theorien. Und es wird immer Leute geben, die darüber streiten, wer recht hat.

Eine Theorie besagt, dass der Mensch seinen enormen Zuwachs an Gehirn dem Verzehr von Fleisch zu verdanken hat. Eine weitere Theorie grenzt dies näher ein und besagt, dass der Mensch in seiner Frühzeit gar kein Wild erlegt hat, sondern von den Maden am Aas naschte. Die haben auch einen tollen Proteingehalt und waren einfach abzuklauben, nachdem die Raubtiere sich sattgegessen und kein Interesse mehr am vergammelnden Fleisch hatten. Da mussten sich Menschen nur noch mit Hyänen und Geiern streiten. Darum hat sich laut der Savannen-Hypothese auch der aufrechte Gang entwickelt. Da kann man besser umherspähen und Kadaver entdecken.

Eine andere Theorie besagt, dass zur Energieversorgung eines vergrößerten Gehirns gar kein Fleisch notwendig war. Es habe vielmehr durch das Kochen beziehungsweise Garen von Nahrungsmitteln eine Verkürzung des Gedärms stattfinden können, wodurch die notwendige Energie für das Hirnwachstum eingespart wurde.

Theorien, Theorien, Theorien.

Was kann man als Laie wissen, wenn sich schon die Fachmänner nicht einig sind? Ich weiß, was ich wissen kann: Wer sich hungrig in unwirtlicher Wildnis bewegt und sein Überleben sichert, indem er Wild erlegt, dem wünsche ich guten Appetit. Wer meint, es müssten Millionen von Tieren in den Ställen der Massenmastanlagen gequält werden, damit das nächste Grillfest stattfinden kann oder damit man Leberwurst auf seinem Pausenbrot hat, der handelt gewissenlos, der handelt geistlos, der macht sich schuldig. Es scheint, als würden vor allem Männer in der Diskussion um das Essen von Fleisch einen aggressiven und beharrlichen Standpunkt einnehmen. Das finde ich interessant. Man kann immer wieder lesen, dass in heute noch existierenden Jäger-und-Sammler-Gesellschaften vor allem die Frauen für das Sammeln zuständig sind. Früchte, Knollen, Wurzeln und was sonst noch alles den Speiseplan füllt. Männer gehen jagen. Das sieht verdächtig nach einem Prestigeprojekt aus, denn das, was die Frauen sammeln, reicht meistens zur Versorgung aus.

Heutzutage schafft der Mann sich ein fettes Auto an oder prahlt auf andere Art mit seinem Reichtum. Früher musste er das auf andere Weise erledigen. Was bietet sich da mehr an als das Erlegen von Großwild? Oder mittelgroßem Wild? Oder doch eher Kleinwild?

Jared Diamond schildert in seinem Buch *Der dritte Schimpanse*, wie er in Neuguinea mit einer Gruppe einheimischer Freunde durch den Dschungel wandert. Plötzlich helle Aufregung. Alle außer Diamond rennen ins Dickicht, und schon befürchtet Diamond, dass ihm gleich ein aufgebrachtes Wildschwein oder Känguru entgegengetrieben wird. Also hält er nach einem Baum Ausschau, auf den er sich retten könnte. »Dann vernahm ich jedoch Triumphgeschrei und sah, wie aus dem Dickicht zwei der erfolgreichsten Jäger mit ihrer stolz emporgehaltenen Beute hervorkamen: zwei Jungvögel, noch nicht ganz flügge, die je höchstens 10 Gramm wogen und prompt gerupft, geröstet und verspeist wurden.«[2]

Wenn diese kleinen Tiere, über die später unter Diamonds Freunden noch viel geredet wird, solch eine Aufregung verursachen, wie oft kommt es dann wirklich vor, dass Größeres erlegt wird? Und was für ein Gerede wird es darüber geben, was für Geschichten erzählt und Legenden vom »großen Jäger« gestrickt, der vielleicht einfach nur großes Glück hatte? Höhlenmalereien bilden gerne mal das Jagen von Großwild ab, aber dürfen wir daraus schließen, dass die Großwildjägerei eine tägliche Angelegenheit war? Oder kann es sein, dass diese Malereien einen Wunsch oder ein Ideal abbilden? Man kann sich sehr leicht vorstellen, dass Fleisch niemals den Stellenwert in der Ernährung hatte, der ihm heute beigemessen wird. Allerdings wird bestimmt derjenige Steinzeitmensch, der mit einem großen Beutetier im Lager aufkreuzte, ein enormes Ansehen genossen haben. Denn eines ist klar: Fleisch macht sehr schnell sehr viele Leute satt. Vor Urzeiten, beim Leben in der Wildnis, wo die Sicherheit der Ernährung immer auf der Kippe gestanden haben mag, war das Essen von Fleisch auf jeden Fall eine Möglichkeit zu überleben, vor allem weil die Leute damals wohl kaum eine Ahnung gehabt haben dürften, zu welchen Krankheiten der massenhafte Konsum davon vielleicht führen kann. Dazu hatten die einfach nicht genug Fleisch.

Heute kriegen wir uns alle auch auf anderem Wege satt. Wir brauchen kein Fleisch. Ja, im Gegenteil: Ein erlegter Büffel ist ein toter Wiederkäuer, der irgendwo in der Savanne Gras gefressen hat. Was die Menschen in der Gegenwart an Tieren verzehren, muss erst mal fettgefüttert werden. Mit Agrarprodukten. Auf Anbauflächen also, die man auch dazu benutzen könnte, andere Menschen satt zu machen, die keinen Hunger leiden müssten, wenn wir mit ihnen teilen würden.

Ja, der Mensch ist ein Allesfresser. Einer, der essen muss, was gerade im Angebot ist. Wer weiß, ob es morgen wieder was gibt? Dieser Fressimpuls hat sich bis heute gehalten. Das ist ähnlich wie mit Salz. Wir sind heiß auf Salz, weil Salz in unserer Geschichte immer nur in geringen Mengen zur Verfügung stand. Früher musste der Mensch darauf achten, dass er genug davon bekam. Heute müssen wir darauf achten, dass wir nicht zu viel davon essen.

Fettleibigkeit, Herzkrankheiten, Diabetes und andere Krankheiten sind in traditionellen Jäger-und-Sammler-Gesellschaften so gut wie unbekannt. Für unsere heutige Zeit stellen sie ein sehr ernstes Problem dar. Seinem Fressimpuls folgend, stopft sich der Mensch auch heute noch alles rein, was er nur greifen kann. Und die Fleischindustrie ermutigt uns dazu.

Tiere in Gegenden auf der Welt, die lange vom Menschen verschont blieben, haben nicht gelernt, den Menschen als Feind zu betrachten. Sie haben also die wichtige Angst vor ihm nicht gelernt, nicht entwickelt. Das hatte zur Folge, dass überall dort, wo der Mensch in erdgeschichtlichem Maßstab »plötzlich« auftauchte, die Megafauna innerhalb kürzester Zeit ausstarb. Der Mensch hat ganze Kontinente »leergefressen«. Nordamerika, Südamerika, Australien und andere Gegenden waren vor dem Auftauchen des Menschen von Tieren bevölkert, von denen die meisten von uns noch nie gehört haben, zum Beispiel die straußenähnlichen Moas in Neuseeland, die bis zu drei Meter groß und 250 Kilo schwer werden konnten. Weil diese Tiere nicht die leiseste Ahnung hatten, was für ein Ausrotter da auf den Plan trat, hatte der Mensch leichtes Spiel mit ihnen. Jared Diamond zählt in seinem Buch etliche Tierarten in allen Teilen der Welt auf, die, kurz nachdem der Mensch »plötzlich« auftauchte, ausgestorben sind. Ich will nicht darüber reden, ob diese Menschen damals eine andere Wahl hatten, denn heute haben wir diese Wahl, und nur darum geht es. Der Mensch hat sich vom größten Ausrotter in Gestalt des Jägers über Nomade und Züchter zum großen Kerkermeister der Massentierhaltung entwickelt.

Wobei diese »Entwicklung« ja eigentlich nur eine Entwicklung seiner Möglichkeiten ist. An seinem Verhalten an sich hat sich nichts geändert: Das Tier muss unterworfen werden, egal wie sehr es dabei leidet. Wollen wir das wirklich? Wollen wir unser Verhalten von einem archaischen Fressimpuls bestimmen lassen? Sind wir nicht sonst so stolz auf die Errungenschaften unserer Zivilisation?

Liebe Fleischfresser, wenn ihr euch wie Frühmenschen oder wie Steinzeitmenschen benehmen wollt, dann habt doch bitte die Eier, mit primitiven Waffen auf Großwildjagd zu gehen. Habt doch bitte den Mumm, euch bei der Jagd eurem Opfer in einem Kampf von Angesicht zu Angesicht zu stellen. Dann, und erst dann, glaube ich euch, dass eure Begründung für archaisches Fressverhalten ohne Not heute noch die Bedeutung hat, die ihr dieser in euren Argumenten zurechnet.

Alles andere ist Ausrede.

Und wenn ihr unbedingt das Gefühl der Pirsch und die Spannung erleben wollt, dann veranstaltet doch einfach eine Fotosafari. Es wird genug paarungsbereite Weibchen geben, die ihr mit eurer Beute beeindrucken könnt.

MÄNNER UND FLEISCH

Wenn eine Frau ein Spiegelei zubereitet, dann bereitet sie ein Spiegelei zu. Wenn ein Mann ein Spiegelei zubereitet, dann setzt er sich eine Kochmütze auf, schreibt eine Abhandlung über das Spiegelei im Lauf der Geschichte sowie seine Zubereitung unter Berücksichtigung kultureller Einflüsse anderer Völker und geht am Ende damit ins Fernsehen. Das ist natürlich Klischee hoch zehn, und damit, ob dieses Klischee stimmt oder nicht, können sich »Frauennormierungszeitschriften« (Wiglaf Droste) und Kabarettisten auseinandersetzen. Auch über das Verhalten von Männern beim Grillen will ich mir nicht weiter Gedanken machen.

Mir scheint allerdings, dass Männer bei der Frage des Fleischverzichts sehr oft aggressiver reagieren als Frauen. Wie jeder weiß oder wissen sollte, entsteht Aggression oftmals durch Angst. Und da haben wir die Kritik an der veganen Ernährung auch schon bei den Eiern. Bei den Weicheiern wohlgemerkt. Eine Frau, die kein Fleisch verzehrt, hat halt ihre Gründe. Wahrscheinlich macht sie gerade eine Diät. Ist aber auch egal. Frauen brauchen nämlich nicht wirklich Fleisch. So scheinen sie zu denken, die »ganzen Kerle« am Grill. Wenn ein Mann kein Fleisch verzehrt, dann stimmt mit dem was nicht, denn eines ist klar: Männer brauchen nun mal Fleisch, denn sie sind das starke Geschlecht. Da würden ja die Hühner lachen, wenn sie denn heutzutage noch was zu lachen hätten.

Es ist erschreckend, für wie viele Männer vegetarisch lebende Kerle eben keine Kerle sind, sondern Weicheier. Aber die wirklichen Weicheier sind jene, die nicht vom Fleisch lassen wollen, weil sie denken, dass sie dann ja keine Kerle mehr wären. Der Gruppenzwang, der hier herrscht, ist enorm, und es muss furchtbar sein, unter welchem Druck ein »echter Kerl« steht, der sich überlegt, vielleicht doch einmal die vegetarische Ernährung zu probieren.

Wie werden wohl seine Kumpels mit dieser Idee umgehen? Wird er von denen noch ernst genommen werden? Kann er auf Partys und beim Sport noch mitreden, wenn es um »richtig männliche Themen« geht? Wird er nicht immer wieder eines versteckten Grinsens in den Augen seiner alten Freunde gewahr werden, sobald er dazukommt? Wird nicht jedes Schulterklopfen als etwas zu deuten sein, das sagt: »Du bist zwar einer der alten Kumpels, aber so richtig dazugehören tust du nicht mehr«? Wie kann es solch ein armes Würstchen schaffen, seine Ernährung umzustellen? Meistens gar nicht.

Weil dieses Würstchen eben ein Würstchen ist, so wie die meisten seiner Kumpels, die ihr Muffensausen hinter der Fassade von Kriegern verstecken.

Das muss nicht sein.

In dem Film *The World's End* überredet Gary King (Simon Pegg) vier alte Kumpels zu einer Sauftour durch alle zwölf Pubs der Heimatstadt. Eine Sauftour, die diese vier Freunde vor 20 Jahren nicht zu Ende geschafft haben. Im Gegensatz zu Gary sind die alten Kumpels inzwischen erwachsen geworden. Gary vermisst die alten Zeiten und meint, in der Heimatstadt warte noch »unfinished business«. Die Spaßbremse scheint dabei sein bester der alten Freunde zu sein – dargestellt von Nick Frost –, der seit 16 Jahren keinen Tropfen mehr getrunken hat und auch nicht jetzt wieder damit anfangen will.

Im ersten der zwölf Pubs ergibt sich sinngemäß folgender Dialog:

»Ich bin also weniger ein Mann, weil ich nur Wasser trinke?«

»Na ja, es ist schon etwas tuntig, nicht?«

»Es ist nichts tuntig daran, abstinent zu leben. Nach einem Rugbymatch in einen Pub zu gehen und an einer Bar voller großer, hässlicher Typen in voller Kriegsbemalung ein Glas Leitungswasser zu bestellen, dafür, mein Freund, braucht man Selbstbewusstsein. Ich rede von einem Arsch in der Hose.«

Dieser Dialog zeigt das Problem, das mir viele »Kerle« zu haben scheinen. Sie wollen nicht Gefahr laufen, vor ihren Kumpels als Weicheier dazustehen.

Dieses Problem habe ich nicht. Ich habe nämlich einen Arsch in der Hose. Und in meinem Job verfüge ich über Kompetenz. Hier zeige ich den Kollegen oft genug, wo der Hammer hängt. Vielleicht scheitert ja manch Anfänger im Job des Möbelpackers schon im Ansatz an der Idee, sich mal vegan zu ernähren, weil er für den Job sowieso nicht geeignet ist – weil er vielleicht sowieso zu schwach ist, um schwere Möbel zu tragen. Der hat dann natürlich ein Problem mit den uneinsichtigen, Fleisch essenden Kollegen. Gelächter ist ihm gewiss, wenn er mal wieder schwächelt. Das Schwächeln erlebt man aber auch bei Carnivoren, die in dem Job neu anfangen.

Wenn ich meinen Lkw mit Anhänger rückwärts vor ein Haus in eine Stichstraße rangiere, die eine Sackgasse ist, dann hält sich das Gelächter von vornherein schon in Grenzen. Der »Mann auf dem Bock« hat ja auch mal was vom Chef an sich. Vor allem, weil die meisten sowieso keinen Lkw-Lappen haben. Und wenn dann mal ein neuer Kollege dabei ist, dann staunt der eher darüber, dass der »coole Trucker« da Veganer ist, als dass er sich darüber zu lachen traut. Und wenn man dann dem Neuling noch zeigt, wie ein Klavier getragen wird, dann vergisst er auch das Staunen irgendwann und fängt an, Fragen zu meiner Ernährung zu stellen. Da kann man ihm dann viel wirkungsvoller was erklären, als wenn man angefangen hätte, ihn zu missionieren, wie das so viele Veganer tun zu müssen glauben. Netten Kollegen biete ich nach Feierabend auch mal ein veganes Bier an (denn hier geht es ja nicht um Alkoholismus – der Kollege kann also merken, dass ich nicht die »Spaßbremse« bin).

Ich habe meine Verpflegung immer dabei. Ein Fernfahrer, der keinen Campingkocher oder Ähnliches an Bord hat, ist in meinen Augen ein Idiot, weil er seinen hart erarbeiteten geringen Lohn an den Autohöfen für teure Nahrung ausgibt. Und was für Nahrung ist das?

»Fernfahrerteller«!

Und Currywurst mit Fritten. Und Schnitzel. Und halbe Hähnchen.

Arme Kerle. Aber die meinen ja, dass sie das brauchen.

Gibt es etwas Absurderes als einen Fernfahrer, der täglich neun Stunden oder sogar mehr hinterm Steuer sitzt und mir erklärt, der Mensch würde Fleisch benötigen? Wozu braucht dieser Fernfahrer die angeblich so wichtigen Kalorien und Proteine? Um seinen Wanst die Trittstufen zum Fahrerhaus hinaufzuwuchten?

Ich schleppe ja zwischendurch noch Möbel. Aber wie sieht es denn mit denjenigen aus, die wirklich nur fahren?

Gibt es eigentlich Untersuchungen zur Übergewichtigkeit bei Fernfahrern? Und zwar nur bei jenen, die ein bestimmtes Alter überschritten haben? Die jungen zählen nämlich nicht, die hatten noch keine Zeit, den Fernfahrerkörper auszubilden, den die älteren nach langen Berufsjahren mit sich herumschleppen.

Aber bevor ich jetzt das nächste Klischee zeichne, sei mir ein Hinweis auf jene Ratgeber gestattet, die gewöhnlichen Autofahrern das richtige Verhalten während einer langen Fahrt (also der jährlichen Fahrt in den Urlaub mit der Familie) beizubringen versuchen. Von regelmäßigen Pausen ist da die Rede und von »leichter Ernährung«. Ein »Fernfahrerteller« wird da nicht erwähnt. Dem »Fernfahrerteller« wohnt das Klischee vom »ganzen Kerl«, dem »Trucker«, inne, und da machen jene Ratgeber für Familienväter nicht mit.

Und ich auch nicht.

ISMEN

Nein, ich hänge nicht dem Veganismus an! Ich ernähre mich vegan. Das heißt, dass ich keine Produkte tierischer Herkunft essen will. Wer meint, er könne mir daraus einen »Ismus« basteln, mittels dessen er mich ins Lächerliche ziehen oder mich auf sonst irgendeine Art eben wegen jenes »Ismus« kritisieren kann, der ist auf dem Holzweg. Der versucht nämlich, alle »Veganisten« auf einen Haufen zu werfen oder in eine Schublade zu stecken. Das läuft mit mir aber nicht, denn es gibt genug Veganer, deren Einstellung ich nicht teile. Jetzt könnte man natürlich sagen, das sich jede »Bewegung« oder jede »Religion« irgendwann in verschiedene Fraktionen und Ausrichtungen aufteilt, und ich mit meinem Standpunkt eben einer speziellen Ausrichtung jener »Religion« angehöre. Aber das zieht bei mir nicht, denn dann würde ich mich ja schon auf dieses blöde Schubladendenken einlassen. Ich gehe ja auch nicht hin und bezeichne einen Musiker als »Musikalisten«. Das wäre doch mal ein toller neuer Ismus: Musikalismus. Musikalisten sind die Anhänger eines Trends, einer Bewegung, einer »Jugendbewegung« gar, die sich der Durchdringung der Gesellschaft mit mehr oder weniger komplexen Folgen von Tönen verschrieben hat. Man sehe nur, wie diese Musikalisten unser Leben beeinflussen wollen! Mit »Fahrstuhlmusik« versuchen sie, im Supermarkt eine entspannte Atmosphäre zu schaffen, auf dass wir uns dort wohlfühlen und mehr kaufen, als wir eigentlich vorhatten.

Am Arsch, Leute! Es gibt jede Menge Veganer, die Unsinn erzählen, und es gibt jede Menge Kritiker, die ihre Kritik an genau diesen Leuten aufhängen. Mit mir nicht! Das wäre so, als würde man einen »Musikalismus« (Musik an sich also) kritisieren, weil es Marschmusik gibt, zu der zum Töten Trainierte im Gleichschritt marschieren, oder als würde man den *Musikantenstadl* als Musik an sich repräsentierende Veranstaltung begreifen. Was für ein Unsinn!

Und jetzt kommt Melanie Joy. In ihrem Buch *Warum wir Hunde lieben, Schweine essen und Kühe anziehen* (das ich an dieser Stelle unbedingt zur Lektüre empfehlen will) bringt sie eine sehr originelle Idee einer Ideologie: den Karnismus. Ich begreife mich nicht als »Veganist«, vielleicht aber als Gegner des »Karnismus« oder als »Antikarnist«. Ja, sehr gerne. Der Karnismus ist eine Ideologie, die auf Gewalt aufbaut, weil die Produzenten von Fleisch und anderen tierischen Produkten Gewinne machen wollen. Dazu darf die Wahrheit über die Zustände in der Produktion auf keinen Fall bekannt werden. Der Karnismus als Ideologie hilft dabei, die Zustände zu verschleiern sowie den Konsum und die Ausbeutung von Tieren und Arbeitern zu beschönigen und als notwendig zu erklären. Diese Ideologie ist wie alle falschen Ideologien darauf angewiesen, dass niemand die Wahrheit erfährt. Es ist nicht das Prinzip dieses Buches, zu wiederholen, was andere schon geschrieben haben, darum empfehle und rate ich Ihnen: Lesen Sie Melanie Joys Buch, und lassen Sie sich einmal mehr die Augen öffnen.

Eigentlich ist es extrem verwunderlich, dass so viele Intellektuelle sich über politische Zusammenhänge Gedanken machen, aber Bücher über unsere Ernährung und deren Auswirkungen auf ebenjene Zusammenhänge meistens nur auf dem »populären« Buchmarkt Beachtung finden. Ob es am »soften, unintellektuellen« Image der Veganer liegt? Oder am Fleischhunger so vieler Intellektueller, die nur so genannt werden, obwohl ihr Blick auch nur bis zum eigenen Tellerrand reicht? Der Intellektuelle, oder der, der sich für einen solchen hält, glaubt ja gerne, dass das ganze Problem durch jene armen Schlucker bedingt ist, die sich nur das billigste Fleisch im Supermarkt leisten können. Wer sich teures leisten kann, der hält sich oft für einen »Feinschmecker«, der obendrein auf seine Ernährung achtet. Teuer ist gleich gut, denken viele und ahnen nicht, auf welchem Holzweg sie sich dabei befinden. Als würden beispielsweise alle Biorinder großgeschmust und -gestreichelt, bevor sie zu Tode geküsst werden und sanft entschlummern.

ROCK AND ROLL

Mein Koautor Karsten Wollny erzählte mir, wie ihn das Buch *Geständnisse eines Küchenchefs* von Anthony Bourdain dazu inspirierte, ein Buch über unseren Job als Möbelpacker zu schreiben. Jahrelang schon hatte er Sachen geschrieben, wie sie jeder »Amateur«-Schriftsteller auch schreibt, irgendwelche Romane und Kurzgeschichten eben, voller Enthusiasmus verfasst, aber nie veröffentlicht. Bis ihm Anthony Bourdain den richtigen Dreh gab: Schreib über das, was du kennst! So wie es Bourdain mit dem Leben als Küchenchef gemacht hatte. Und das war »Rock and Roll«, wie Karsten mir versicherte. Geil geschrieben und nie langweilig, über das Leben in den Küchen von Restaurants. Nach seinem Bestseller hat Bourdain natürlich noch nachgelegt: In seinem zweiten Buch *Ein Koch reist um die Welt* beschreibt er, wie er sich auf Reisen überall für die jeweiligen örtlichen kulinarischen Spezialitäten interessiert. Und eine Fernsehserie darüber bekam er natürlich auch. Bei einer weiteren Fernsehserie namens *Treme*, die sich mit dem Schicksal der Bewohner von New Orleans nach dem Sturm Katrina beschäftigt, war er sogar am Drehbuch beteiligt, jedenfalls was die Handlung rund um Köche betrifft. Bourdain schreibt in seinem zweiten Buch, dass er früher ziemlich miese Sachen über Veganer gesagt habe und dass er ihnen deswegen jetzt mal eine Chance geben will. Und tatsächlich: Er fand heraus, dass das ziemlich nette Leute sein konnten, die auch das eine oder andere Gericht hinbekamen, aber (sinngemäß): »Nicht einer von ihnen konnte eine anständige Salatsauce ansetzen.«

Da haben wir ihn wieder. Jenen, der sich auf die »traditionelle« Küche berufen kann und jeden, der es anders versucht, wegargumentieren kann, weil derjenige noch nicht die lange Zeit der Entwicklung irgendwelcher Vorläufer nutzen konnte.

Wenn kulinarische Rockstars wie Anthony Bourdain von dem Wahnsinn ihres Tuns überzeugt werden könnten, dann hätten wir die Möglichkeit, ihr Potenzial zur Entwicklung von Neuem zu nutzen. Wenn diese »Genies in der Küche« allerdings die Wahrheit nicht sehen wollen, dann haben wir wirklich ein Problem, denn diese Leute werden ja tatsächlich fast bald angehimmelt wie Rockstars. Und Rockstars haben natürlich immer recht. Vielleicht ist es schwer, sich der Faszination eines Buches wie *Geständnisse eines Küchenchefs* zu entziehen, denn es ist gut geschrieben und kann vor allem auf eines zurückgreifen: eine sehr, sehr lange Tradition der Zubereitung von allen möglichen Fleischgerichten. Und außerdem kann es sich auf die hohe Kultur der Küche berufen, auf das Können der Sterneköche, auf diejenigen, die nun wirklich wissen, wie man ein tatsächlich vollkommenes Gericht zubereitet.

Und je mehr Sterne so ein Koch sich »anheften« darf, desto elitärer wird die ganze Angelegenheit. Die benehmen sich wie Musiker, die die Elbphilharmonie als Voraussetzung für Musik an sich betrachten, als könne nicht auch ein Konzert in einem kleinem Club perfekt sein, als könne Musik nur in den Tempeln der Hochkultur stattfinden.

Karsten Wollny erzählte mir, wie er in jungen Jahren mit seiner Familie in einem teuren Restaurant zum Essen war. Alle waren angetan vom Ambiente, von der Speisekarte und schließlich von jenen Gerichten, die sie sich ausgewählt und sich haben schmecken lassen. Als später auf dem Weg zum Auto von seinen Geschwistern gefragt wurde, wie ihm sein Gericht gemundet habe, sagte Karsten: »Ja, nicht schlecht. Aber ein gutes Bauernfrühstück hätte es heute auch getan.« Das gefällt mir. Aber wenn man bedenkt, dass zum Beispiel Pizza früher mal ein Resteessen war, heute aber in manchen Luxusrestaurants unter 40 oder meinetwegen 30 Euro nicht zu haben ist, dann wird klar: Wenn die Sterneköche irgendwann auf die Idee kommen, Bauernfrühstück zu veredeln, dann wird es für Bauern vielleicht nicht unerschwinglich werden, aber sie werden sich von irgendwelchen »Kulturbeflissenen« darüber aufklären lassen, wie ein anständiges Bauernfrühstück in Wirklichkeit zuzubereiten sei.

Das ist das Problem.

Sie kommen mit »Hochkultur«, mit Kochshows, Lifestyle, einer eigenen »Wissenschaft« der Nahrungszubereitung. Und das wäre ja auch nicht schlimm, wenn sie nicht immer behaupten würden, dass zum »richtigen« Kochen eben tierische Produkte dazugehören würden. Sie haben nun einmal eine lange Tradition und lange Erfahrung auf ihrer Seite. Und bevor jetzt jemand sagt: »Ach, komm schon, du Veganer, sei kein schlechter Verlierer!«, möchte ich einwenden, wie gefährlich die ganze Sache werden kann.

Ein gut geschriebenes Buch wie *Geständnisse eines Küchenchefs* von Anthony Bourdain unterhält vielleicht aufs Vortrefflichste, und indem es das tut, scheint es dem Carnivoren recht zu geben. »Sieh mal, so viel Spaß kann die ganze Sache machen!« Aber irgendwann geht es nur noch darum, den persönlichen kulinarischen Orgasmus von wenigen zu bejubeln. Das ist wie beim Bejubeln der Drogensucht von Rockmusikern. Deren Sucht ist mir relativ egal, aber wenn ein Star wie Anthony Bourdain seine kulinarische Orgasmussucht in einem seiner Bücher ausführlich beschreibt und dabei völlig offen darüber schreibt, wie er internationalen Artenschutz en passant ignoriert, weil sein persönliches Erlebnis anscheinend wichtiger ist, er selbst also an einer strafbaren Handlung teilnimmt, dann, spätestens dann, sollten wir doch einmal anfangen, uns Gedanken zu machen.

Im ersten Kapitel seines Buches *Ein bisschen blutig: Neue Geständnisse eines Küchenchefs* beschreibt Bourdain, wie er zu einem geheimen Treffen in einem berühmten New Yorker Restaurant eingeladen ist. Außer ihm sind noch andere dabei: »Das ist das verdammte Who's who der Spitzenküche im heutigen Amerika. Wenn dieses Gebäude jetzt in die Luft flöge? Die gesamte Haute Cuisine läge in Schutt und Asche.«[3] Nachdem die letzten Gäste des Restaurants gegangen sind, werden die Geladenen in den privaten Bankettsaal geführt, wo eine lange Tafel mit 13 Gedecken steht. Was auf einer Anrichte an der Wand an erlesenen Spezialitäten angerichtet ist, lasse ich hier aus, denn: Das »veritabele Mafiatreffen«[4] dient eigentlich nur einem Zweck: Das Kredenzen von Fettammer in Armagnac flambiert. »Der Grand Slam der raren und verbotenen Gerichte. … So ein Mahl bekommt man, verdammt noch mal, nur einmal im Leben – die meisten Sterblichen, auch in Frankreich, gar nicht! Was wir jetzt essen werden, ist dort wie hier verboten: Fettammer.«[5]

Dieses Tier, so erklärt Bourdain, ist ein finkenähnliches Vögelchen, das in Europa und Teilen Asiens heimisch ist und auf dem Schwarzmarkt bis zu 250 Dollar kostet. Der Vogel steht weltweit unter Schutz, aber das ist Bourdain und seinen Kollegen egal. Ihnen geht es nur darum, einmal im Leben den »Grand Slam der raren und verbotenen Gerichte« zu kosten, und zwar ohne jede Rücksicht.

»Mit einem feuchten Knirschen schließe ich langsam die Backenzähne um den Brustkorb des Vogels und werde belohnt von einem brühheißen Schwall von Fett und Innereien, der sich in meine Kehle ergießt. Mir wird schwindelig, ich atme in kurzen, kontrollierten Stößen, während ich weiterkaue, langsam, sehr langsam.«[6] Und dann vermischen sich bei jedem von Bourdains Bissen die Knöchelchen und das Fett und das Fleisch, die Haut und die Organe, und es ergeben sich »mannigfaltige und wunderbare Aromen aus uralten Zeiten.«[7]

Man fragte sich, ob diese Leute eigentlich wissen, was guter Sex ist.

Nein, ich will hier nicht arrogant rüberkommen, aber am Ende dieses Kulinarpornos steht die entscheidende Aussage: »… derselbe Ausdruck auf jedem Gesicht, mit dem Anflug eines schuldbewussten Lächelns, wie nach einem guten Fick.«[8]

Hatte der Mann je einen guten Fick? Kann es sein, dass in diesem ganzen Kochwahnsinn etwas kompensiert wird? Natürlich ist Essen etwas extrem Wichtiges. Aber ist das ganze Brimborium, das all diese Kochshows und Sterneköche veranstalten, wirklich so wichtig? Rechtfertigt »gehobener Genuss« alles?

Leute wie Bourdain glauben es, wenn sie freimütig darüber schreiben, und seine Leser glauben es, wenn sie gebannt davon lesen. Sie alle glauben, dass das Geschilderte seine Berechtigung hat. Dabei schreibt Bourdain wie einer, der den allerletzten Elefanten auf Erden erschießen würde, weil er halt mal eben den »Grand Slam« der raren und verbotenen Sportarten erleben wollte. So als würde er glauben, dass jeder, aber auch jeder Mann, der etwas auf sich hält, das Gefühl kennen sollte, wie es ist, wenn der eigene Schreibtisch oder Kamin von zwei mächtigen Stoßzähnen gesäumt wird.

Unser Problem als Veganer: Es sieht so aus, als hätten diese Leute den Rock and Roll auf ihrer Seite. Aber dann bemerken wir, dass sich das mit dem Rock and Roll ja eigentlich schon erledigt hatte, als begonnen wurde, Kriegsspielfilme mit dieser Musik zu untermalen. Rock and Roll ist also keine Lösung. Wir können andere Wege finden. Und wenn jemand glaubt, das wäre jetzt reines Veganergeschwätz, dem sei gesagt, welch einzige Bemerkung ein lieber langjähriger carnivorischer Kollege tat, als Karsten ihm im Lkw von Bourdains Fettammer-Essen erzählte:

»Was für Arschlöcher!«

ERSATZRELIGION?

Ach, du liebe Güte! Immer wieder bezeichnen irgendwelche Leute vegane Ernährung als Ersatzreligion. Oder einfach nur als »Jugendbewegung«, so wie das der Lebensmittelchemiker Udo Pollmer in seinem Buch *Don't Go Veggie!* tut, oder in den Videos mit ihm, die man auf YouTube bestaunen kann. Da wird dann behauptet, die Anhänger jener »Religion« beziehungsweise »Jugendbewegung« seien auf irgendeiner Art Sinnsuche oder auf der Suche nach der eigenen Individualität. Man kennt das ja von pubertierenden Jugendlichen. »Heute ist das eine Art Identität geworden«, sagt Pollmer da. Und meint, jene jungen Leute versuchten sich zu »individualisieren«, also »abzuheben vom Rest der Menschheit, vom Rest ihrer Altersgenossen.«[9]

Klar, alles nur junge Leute, die sich mal Gedanken machen. Keine älteren dabei. Vielleicht könnte der Herr Pollmer sich aber auch überlegen, dass er von vielen Veganern nur glaubt, sie seien junge Leute, weil die wegen ihrer veganen Ernährung so gesund aussehen und sind, wie es Herr Pollmer gerne wäre. Eben nicht so schnell gealtert wie er.

Und Religion? Was ist das denn überhaupt? Religion ist ein Begriff, zu dessen Definition man etliche Regalmeter an Literatur füllen könnte, wollte man es genau nehmen. Aber dann lässt man sich schon wieder auf die falsche Fährte locken. »Religion«, wie Leute wie Udo Pollmer das Wort mit dem Zusatz »Ersatz« benutzen, ist ein Begriff, ein Instrument, um Menschen zu schmähen. Menschen, die etwas tun, was man selbst meist veralbert, wenn einem die Argumente ausgehen.[10] Ich bin nicht auf irgendeiner Sinnsuche, ich bin ein Vater zweier Töchter, der sich Gedanken macht, und der nicht mehr am sinnfreien Spaß seiner Jugendjahre festhalten muss. Ich lebe nach Überzeugungen, die sich bei mir in

Jahrzehnten entwickelt haben und nicht nach irgendwelchen unhinterfragten Glaubenssätzen. Ich bin kein Vater, der seine Töchter permanent überwacht hat, damit sie keine Dummheiten machen, die Jugendliche eben mal so machen. Jeder Teenager geht gerne mal auf Partys und schlägt dabei vielleicht einmal über die Stränge. Das heißt aber nicht, dass ich als Vater darauf verzichte, meine Erfahrungen weiterzugeben und meinen Kindern eben kein Fleisch aufdränge. Natürlich gibt es Veganer, bei denen das alles ganz anders ist, weil sie nicht wirklich nachgedacht haben, sondern nur einem Trend hinterherhecheln. Aber spricht das gegen eine vegane Ernährung? Und genauso natürlich gibt es an Religionen allerhand auszusetzen, aber reicht das aus, um ein Verhalten, eine Einstellung, die nichts mit Religion zu tun haben muss, als »Ersatzreligion« ins Lächerliche zu ziehen?

Wir wollen mal sehen.

Der Anthropologe Marvin Harris schreibt in seinem Buch *Wohlgeschmack und Widerwillen* über das Rätsel der Nahrungstabus. Unter anderem schreibt er über religiös bedingte Tabus, darüber, dass diese Tabus eine Ursache haben, die tiefer liegt als der religiöse Glaube. Tabus, bei denen der Glaube eben nicht die Ursache des Tabus ist, sondern mehr das Mittel, das Tabu durchzusetzen. Aus säkularer Sicht mag es zweifelhaft sein, ein Instrument wie Religion zur Durchsetzung von irgendwas zu benutzen, aber was denken Leute wie Pollmer eigentlich, wie sich diese meist durchaus sinnvollen Tabus hätten durchsetzen können, wenn es keine Religion gegeben hätte?

Man stelle sich jemanden vor, der in längst vergangener Zeit zum rinderzüchtenden Arier in Indien gesagt hätte: »Hey, hör doch mal auf, Kühe zu essen. Wenn wir Kühe essen, dann ruinieren wir unsere Landwirtschaft, die von der lebenden, nicht gegessenen Kuh abhängig ist.« Wie wäre es dem wohl nach heutigen Maßstäben ergangen? Wahrscheinlich wäre sofort irgendein Udo Pollmer aufgetaucht, der den Mahnenden einen »Ökospinner« genannt hätte.

So funktionierte das damals aber nicht, und so wurde die Kuh heilig gesprochen.

Als Nordafrika und die Levante noch bewaldet waren, gab es keinen Grund, etwas gegen den Verzehr von Schweinefleisch zu sagen. Als allerdings alle Wälder abgeholzt waren, trat das domestizierte Schwein in die Nahrungskonkurrenz des Züchters, der fortan mit seinen Küchenabfällen etwas nachhaltiger umgehen musste als zuvor, wo das Schwein auch noch im Wald nach Nahrung suchen konnte. Ziegen und Schafe eigneten sich von nun an besser zur Zucht, weil die etwas essen, was der Mensch auf keinen Fall genießen kann. Und so begann das Schwein ein »unreines« Tier zu werden.

Das sind umstrittene Theorien, ich weiß, aber die Beispiele machen eines deutlich: Im aufgeklärten Diskurs ist es schwer, sich gegen die Pollmers dieser Welt zu behaupten, weshalb das dogmatische Verhalten der Religiösen in der Vergangenheit notwendigen Tabus zum Durchbruch verhelfen musste. Ich brauche für meine Einsichten in ein richtiges Ernährungsverhalten keine Religion. Udo Pollmer braucht sie für sein Veganer-Bashing. Weil er mit dem Begriff »Ersatzreligion« und dem Begriff der »Ökospinner« eine echte Diskussion verhindern kann. Niemand will ein Spinner sein, und wenige wollen sich als »dumm durch Religion« bezeichnen lassen. Diskussion erledigt. Glaubt Pollmer jedenfalls. Weil er nicht merkt, dass seine Argumente hier am Thema zwar nicht vorbeigehen, es aber höchstens berühren. Oder weil er es zwar merkt, aber bewusst so betreibt. Man weiß es nicht.

Natürlich gibt es Veganer, die sich zu wenig Gedanken machen (oder die falschen) und den Eindruck von »Jüngern« irgendeines Apostels erwecken. Aber sagt das auch nur irgendetwas über die Sache an sich aus? Heißt das, Befürworter einer veganen Ernährung wären wie Komparsen aus *Das Leben des Brian*? Ich mag sie ja selbst nicht, jene Veranstaltungen, die solch ein Auslachen provozierende Namen haben wie »Veganes Wandern im Allgäu« oder »Vegane

Wochenenden für Radfahrer«, und ich mag auch jene nicht, die meinen, aus veganer Ernährung einen neuen »Lifestyle« machen zu müssen. Ich mag vegane Supermärkte nicht, die Waren aus Amerika importieren, die alles andere als ökologisch unbedenklich sind. Aber was hat das mit veganer Ernährung an sich zu tun? Wieder einmal die Frage, ob die doofen Teilnehmer einer Veranstaltung der Maßstab sein sollen für den Sinn der Veranstaltung an sich. Würden »Vegane Schachtage in Leningrad« das Ansehen von Schach an sich mindern? Würde jemand, der »Schachmoden« erfindet und an den Mann zu bringen versucht, der Bezeichnung des Schachs als »Spiel der Könige« Schaden zufügen?

Und überhaupt: Jetzt, wo wir uns einig sind, dass Veranstaltungen wie »Veganes Nähen für Liebhaber von Baumwollfasern in Gruppen Gleichgesinnter« etwas total Lächerliches haben – können wir uns nicht auch einmal fragen, warum das alles so lächerlich ist?

Der Deutsche ist eben ein Vereinsmeier! Und wenn demnächst der Vorsitzende eines »Dachverbandes bundesdeutscher Veganer« gewählt wird, dann ist das nicht meine Schuld und hat mit meinem Leben nichts zu tun. Andererseits: Wenn es Leute gibt, die es ohne Verein nicht schaffen, ihre Ernährung umzustellen, oder sich irgendeiner Wandergruppe anschließen – ist das wirklich so schlimm, dass wir nichts Besseres aus diesem Umstand machen können, als uns über diese Leute lustig zu machen? Niemand macht sich über eine Selbsthilfegruppe für Krebskranke oder Alkoholiker lustig.

Wann immer wir also andere auslachen, sollten wir auch mal innehalten und uns fragen: Worüber lachen wir hier eigentlich, und worum geht es wirklich?

RELIGIONSERSATZ

Wir haben einen Full-Service-Umzug zu erledigen. Das heißt, dass wir nicht nur das gesamte Hab und Gut unseres Kunden transportieren, sondern auch alle seine Kartons packen müssen. Die Kollegen haben sich in der Wohnung auf die verschiedenen Zimmer verteilt, und ich schnappe mir jeden Karton, den ich kriegen kann, um schon einmal aufzuladen und auf dem Lkw wegzupacken. Ich packe nicht gerne Kartons ein. Weil das Ganze aus dem Erdgeschoss rausgeht, kann ich aber gut schon mal alleine laden. Karsten Wollny steht im Wohnzimmer und packt Bücher und DVDs in Kartons. Er packt gern Bücher ein, wenn es sich dabei um eine gut sortierte Sammlung handelt. Da kann er sich Inspiration holen, was er sich später mal kaufen oder aus der Bücherhalle leihen wird.

Mittags treffe ich den Kunden im Wohnzimmer, und er schlägt vor, Döner für uns Möbelpacker zu besorgen.

Er ist ein selbstbewusster junger Mann, der wohl gerade die ersten Sprossen irgendeiner Karriereleiter erklommen hat. Jedenfalls kommt er mir so vor. Nicht, dass er schnöselig wirken würde. Er ist eher kontaktfreudig, aber dann doch einer, in dessen Wohnung es so aussieht wie in der aktuellen Ausgabe irgendeines Möbelkataloges. Viel als Individualismus verkaufter Konformismus. So auch in seiner Filmsammlung, wie Karsten mir später erzählte. »Viel Mainstream und etwas Kanon.« (Also die Klassiker, die »man gesehen haben muss«.)

»Ich esse keinen Döner«, sage ich. »Aber die Kollegen sind bestimmt einverstanden.«

»Was möchten Sie denn gerne essen?«, fragt mich der Kunde.

»Ich habe mein Essen dabei«, sage ich und füge hinzu, dass ich Veganer bin. Der Kunde merkt auf. »Ich bin auch Veganer«, sagt er.

»Und dann wollen Sie Döner besorgen?«, frage ich.

Für einen Moment scheint der Kunde verblüfft. Er überlegt kurz. »Ich will ja anderen Leuten nicht meine Ernährungsweise aufdrängen«, sagt er dann. Er scheint zu glauben, das könne mich überzeugen.

»Die Kollegen würden auch Falafel essen«, sage ich.

Der Kunde denkt nach, scheint zu versuchen, sich Falafel essende Möbelpacker vorzustellen. »Ich will aber lieber Döner«, sagt jetzt Kollege Sunny, der unser Gespräch mitbekommen hat, während er die ersten leergeräumten Bücherregale abgebaut hat. »Ich auch!«, meint Kollege Sven von der Küche her, wo er Geschirr verpackt. Der Kunde guckt unsicher.

Anstatt sich von Anfang an hinzustellen und den Möbelpackern zu erklären, dass sie sich aussuchen können, heute mal was anderes zu essen, was auch lecker sei, oder aber sich ihren gewohnten Kram selbst zu besorgen! Nein, er geht von vornherein davon aus, dass die Möbelpacker irgendwelches Fleisch »brauchen«.

Also gibt es am Ende doch Döner für die Kollegen. Eine verpasste Chance mehr.

Aber für mich hat er dann doch noch etwas. Glaubt er jedenfalls.

»Kommen Sie mal!«, fordert er mich auf und zeigt mir in der Küche, was er denkt, mir anbieten zu können: Vegane Shrimps und veganen Lachs.

»Nee«, sage ich. »So was esse ich nicht.«

Wieder guckt er unsicher.

»Das ist doch totaler Mist«, sage ich. Und dann versuche ich, es ihm zu erklären. In was für Laboratorien würden wohl solche Lebensmittel hergestellt, frage ich ihn. Das ist doch alles total künstlich, und ich will nicht wissen, wie viele Farbstoffe, Emulgatoren, Konservierungsmittel und Geschmacksverstärker da drin sind. Ich hab ja nichts dagegen, wenn man sich verschiedenste raffinierte Methoden der Zubereitung von Erbsen überlegt, aber wenn man »veganen Lachs auf Erbsenbasis« baut, dann ist das etwas ganz anderes, als wenn sich meine Oma eine tolle neue Verarbeitung von Erbsen überlegt.

Da werden Wissenschaftler beschäftigt, die haargenau erforschen, welche Menge Fett und welche Dosis Zucker die optimale Befriedigung schaffen. Da forschen Wissenschaftler, wie man genau das »optimale Geschmackserlebnis« erzielt und wie genau man die »optimalen Beißeigenschaften« schaffen kann, damit der Konsument ein »vollmundiges« Genießen erleben kann. Das sind Wissenschaftler, die erforschen, wie sie uns verführen können, indem sie unsere Sinne überrumpeln, um uns für Produkte zu begeistern, die wir nicht brauchen.

Ich halte die Lebensmittelchemie nicht unbedingt für eine moralisch verwerfliche Wissenschaft, aber bei diesen ganzen Imitationen von Tierprodukten steht sie schon wieder im Dienst des kapitalistischen Profits. Einmal mehr wird der »Verbraucher« verarscht. Als würde das, was auf unseren Äckern und in unseren Gärten wächst, nicht genug Befriedigung unserer Wünsche bieten. Nein, wir müssen die Produkte der Natur künstlich nachbauen, weil wir es besser wissen.

Mit seinen veganen Shrimps und seinem veganen Lachs in der Hand steht der Kunde vor mir und weiß nicht so recht wohin damit, als Karsten plötzlich neben uns steht.

»Das ist ein bisschen wie dieser Protein-Glibber aus dem Film *Snowpiercer*. Nur besser angemalt.«

Ich kenne diesen Film nicht, aber ich sehe an der Reaktion des Kunden, dass er ihn wohl in seiner Sammlung hat, die Karsten gerade verpackt hat, denn er sieht so aus, als fühlte er sich von einem Volltreffer geschlagen.

Karsten hat es mir später erzählt: Der Film *Snowpiercer* aus dem Jahr 2013 spielt in einer nicht allzu fernen Zukunft, in der missglückte atmosphärische Experimente der Menschen eine globale Eiszeit verursacht haben, der fast die gesamte Menschheit zum Opfer gefallen ist. Nur ca. 1000 haben überlebt. Und die leben in einem Zug, dem »Snowpiercer«, der fortwährend, ohne zu halten, um die Erde fährt. In den hintersten Waggons leben die ärmsten

Menschen, nach vorne hin werden die Leute wohlhabender, und ganz vorne leben die reichsten sowie der »Führer« der ganzen Angelegenheit, der den Zug konstruiert hat und ihn am Laufen hält. Das ganze Setting ist natürlich ziemlich unsinnig, aber es geht in dem Film nicht um Realismus, sondern um eine Metapher für unsere Gesellschaft. Nichts am Setting und an der Geschichte des Films braucht uns hier weiter zu interessieren, außer einem hübschen kleinen Detail, das er mitbringt (wie so viele andere dystopische Science-Fiction-Filme auch): Die Nahrung, mit der die ärmeren Leute abgespeist werden, besteht aus glibberigen Proteinblöcken, die aus Insekten hergestellt werden, wie sie irgendwann erfahren.

»Das sieht aus wie diese braune Sülze, die immer dabei ist, wenn man beim Schlachter Braten kauft«, sagte Karsten.

Eklig.

Natürlich ist unser Kunde kein armer Mann, und natürlich sind seine (pflanzlichen) Proteinbrocken hübscher zubereitet als der Glibber in dem Film. Aber was, frage ich mich, treibt den Mann dazu, sich solch künstlich zusammengemixten und in Form gebrachten Nährstoff einzuverleiben?

Muss man das tun? Muss man etwas im Labor erfinden, um es wie Lachs »anzumalen«, weil man doch den echten Lachs vermisst?

Was ist das für ein Veganer, der zwar auf Tierisches verzichtet, aber die Illusion des Tierischen erleben will?

Ist das ein »Neo-Veganer«, der nur bei einem Trend mitmacht? Hat der wirklich nachgedacht?

Und warum ist er nicht konsequent und unterlässt das Dönerkaufen für die Möbelpacker? Traut er den Möbelpackern nicht zu, seine Motive zu verstehen? Er wolle denen seine Ernährungsweise nicht »aufzwingen«, hat er gesagt. Warum? Weil er nicht »missionieren« will? In dem Fall wäre er das genaue Gegenteil jener Veganer, die jedem, aber wirklich jedem, ihre Meinung aufdrängen und über die sich so viele Leute aufregen. Teilt er die »religiöse« Überzeugung, die jenen gerne angedichtet wird? Wenn das so ist, dann macht er das aber für sich ganz alleine aus beziehungsweise nur unter seinesgleichen. In den Kreisen, in denen er verkehrt, kann er sagen: »Seht her. Ich lebe vegan. Ich mache es richtig.« Und das beruhigt ihn vielleicht. Er »tut etwas«. Er denkt zwar nicht darüber nach, was für Geschäftemacher ihm für teure Illusionen das Geld aus der Tasche ziehen, aber er ist jedes Mal beruhigt, wenn er beim Einkaufen die »richtige« Entscheidung trifft.

Er benimmt sich wie einer, der glaubt, wenn er eine Kiste der richtigen Sorte Bier kauft, könne er damit ein paar Quadratmeter Regenwald retten, weil ihm das die Werbung versprochen hat.

So kann sich selbst ein Atheist mit einer Art Religionsersatz von seinen Sünden reinwaschen.

Und er merkt einfach nicht, was er da tut: Er spielt weiter mit bei dem blöden Spiel, das die Leute für dumm verkauft.

HARAM

Vielen Menschen gilt das Schwein als unreines Tier. Das beschränkt sich nicht auf Moslems und Juden. Auch ein christlich aufgewachsener Kollege von mir aus Ghana isst kein Schweinefleisch. Vieles ist gesagt und geschrieben worden über die angebliche »Unreinheit« des Schweins, wobei das wichtigste Argument wohl jenes ist, das besagt, diese Tiere würden sich in ihrem eigenen Unrat wälzen. Dazu sei nur erwähnt, dass frei lebende Schweine so was nicht tun. Weil aber Schweine nicht schwitzen (außer an der Nase), sind sie dringend auf Abkühlung durch das Wälzen im Schlamm angewiesen.

Wer ein solches Tier gefangen hält und ihm die Möglichkeit nimmt, sich auf natürliche Weise abzukühlen, der braucht sich nicht zu wundern, wenn es sich im eigenen Unrat wälzt. Jedes Tier – und auch der Mensch – würde das tun, wenn andernfalls der Wahnsinn durch Überhitzung und der Kollaps drohen. Das hat mit mangelnder Reinheit nichts zu tun. Aber wieder einmal wird eine gezwungene Kreatur für ihren Zustand verantwortlich gemacht. Die Art, wie das Schwein behandelt wird, sollte Ekel erzeugen, nicht das Schwein selbst, das unter dieser Behandlung leidet.

Es ist eine verkehrte Welt, und diejenigen, die die Situation der gefangenen Schweine verstanden haben, erklären dann oft, das Tabu des Schweinefleisch in Religionen sei ja ohnehin ein völlig überholtes, ja, die Religionen, die den Genuss dieses Fleisches verbieten, seien selbst völlig überholt. Schließlich handele es sich bei den abrahamitischen Religionen um jahrtausendealte Stammesreligionen, die für unser Leben heutzutage nicht mehr bedeutsam seien. Das mag sein oder auch nicht.

In meinen Augen ist das alles zu kurz gedacht. Wenn ich auf einem Umzug erlebe, wie die Kundschaft den Kollegen Kartoffelsalat mit Würstchen anbietet, dann ist es mir vollkommen egal, ob das Würstchen aus Schweinefleisch oder Geflügel ist. In meinen Augen ist das alles »schmutzig«, und nur zu gern hätte ich manches Mal meinen muslimischen Kollegen auf seinen Irrtum bezüglich des Schweine- und Geflügelfleisches hingewiesen. Aber dann müsste ich es ja wieder allen Kollegen erklären, was zu lange dauern würde, also lasse ich es bei der Arbeit lieber.

Wenn der muslimische Kollege meint, Geflügel sei im Gegensatz zu Schweinefleisch irgendwie »rein«, dann ist sein Irrtum nicht aus meinem subjektiven Blickwinkel einer, weil ich mit seiner Religion nichts anfangen kann. Sein Irrtum ist ganz objektiv einer. Zumindest wenn es sich um Geflügel aus der Massenzucht handelt, wovon wir bei »Kartoffelsalat mit Würstchen«, die uns von unserer Kundschaft angeboten werden, immer ausgehen können.

Das Geflügelfleisch aus der Massentierhaltung ist durch und durch haram. Ein Tier, ein Huhn oder Hähnchen, das in der Form, in der es existiert, außerhalb des Zuchtbetriebes nicht überleben kann, weil ihm alle dazu nötigen Fähigkeiten zerstört wurden, kann wohl kaum als »rein« bezeichnet werden.

Ein mit Kraftfutter in solcher Art zur Fleischproduktion aufgepumptes Tier, dem keine Energie mehr bleibt, ein gesundes Federkleid zu entwickeln, ist krank. Ein Tier, dem ohne Betäubung die sensible Schnabelspitze abgetrennt wird, damit es seine dicht um es gedrängten Artgenossen nicht buchstäblich zerhackt, weil es zeit seines Lebens mit dem Stress der permanenten Hierarchiebildung beschäftigt ist – ein solches Tier leidet von Geburt bis Tod. Andauernd. Von morgens bis abends und durch die Nacht.

Es kann nicht im Sinne irgendeiner Religion sein, hier zwischen »reinen« und »unreinen« Tieren zu unterscheiden. Ein Tier, das zwecks Vermeidung von Epidemien permanent mit Antibiotika vollgestopft wird, kann kaum als gesund im Sinne von »gutem Fleisch« bezeichnet werden. Die Vorstellungen der alten Religionen über den Umgang mit Tieren sind nicht (wie viele Leute sagen) hoffnungslos veraltet. Sie haben in der Massentierhaltung von vornherein nicht den leisesten Anflug von Gültigkeit. Die Massentierhaltung repräsentiert den Entwurf einer Welt, in der es scheint, als habe es niemals religiöse Gebote gegeben. Dort werden »Gottes Geschöpfe« bis aufs Blut gequält und misshandelt. Ja, nicht nur die Tiere werden misshandelt, auch die Idee hinter der Schöpfung, all des Wunderbaren und Faszinierenden, was diese große weite Welt ausmachen kann, wird in höchstem Maße missachtet.

Und das liegt nicht etwa an irgendeinem speziellen Atheismus, der diesem System innewohnt. Ethik an sich ist nicht an eine spezielle Religion gebunden. Ethik braucht keine Religion. Es geht um etwas ganz anderes. Auch Atheisten können etwas wie Demut oder Ehrfurcht vor einer Welt entwickeln, die größer ist als sie selbst. Was in den Massentieranlagen geschieht, ist eine Offenbarung des Charakters von etwas, was relativ jung in der Menschheitsgeschichte ist: dem Kapitalismus.

Viele Leute sagen, der Glaube an die freie Marktwirtschaft sei die jüngste aller Religionen, aber ich sehe das anders. Das ist keine Religion, das hat keine Gebote, das hat keine religiöse Ethik, das kennt nur Gier und geht buchstäblich über Leichen. Diese Leichen sind die Bedingung für seine Existenz. Das gab es bisher in keiner Religion. Jegliche Ethik, jegliches menschliche Mitgefühl, konsequent umgesetzt, wäre das Ende dieses Kapitalismus, dessen Wahrheit sich in jeder Sekunde in den Ställen der Massenzuchtanlagen offenbart. Nicht nur, aber auch dort, und zwar in einem Zusammenhang, der uns von morgens bis abends aufs Äußerste gruseln müsste: Wir ernähren uns mittels der Misshandlung von empfindenden Lebewesen, wir trinken die Qual der Mutter, die gewaltsam von ihren Kindern getrennt wurde. Milch macht müde Männer munter!

Ich habe Arbeitskollegen, die über die Moslems mit ihrem Schweinefleischtabu lachen, aber wenn ich sehe, wie die sich das Würstchen, egal ob aus Schwein oder aus Geflügel, reinhauen, dann weiß ich nicht, wen ich zuerst auf seinen Irrtum hinweisen sollte. Sie alle ernähren sich mittels Folter, Schmerz, Qual. Das kann jeder wissen. Die entsprechenden Bilder und Filme kann sich jeder mühelos und ohne Kosten anschauen. Man braucht noch nicht einmal das Haus zu verlassen. Das ist alles mit wenigen Klicks im Internet zu betrachten. Wo bleiben die Konsequenzen?

Manchmal scheint es, als gäbe es keine Religion, keine religiöse Moral mehr, sondern nur noch einen Schatten davon. Der freie Markt darf alles, und die Ethik ist auf der Strecke geblieben.

DIE TIERVERARBEITENDE INDUSTRIE LÜGT!

Haben Sie kürzlich mal einen Film zu Hause geguckt, also einen auf DVD?

Mein Koautor und Arbeitskollege Karsten Wollny tut das zur Entspannung gerne mal, wenn wir einen anstrengenden Tag in den Möbeln hinter uns haben. Meine Sache ist das zwar selten, aber als wir neulich einmal früh Feierabend hatten, haben wir bei ihm zu Hause zusammen einen Film geguckt. Und dabei ist uns etwas aufgefallen: Wann immer man einen Film auf DVD genießen will, wird man zuerst einmal mit allerlei Hinweisen belästigt, wie zum Beispiel dem, dass man sich diesen Film nicht im Krankenhaus oder auf einer Bohrinsel ansehen darf. Es gibt aber noch einen anderen Hinweis, und ob der jetzt schlichte Belästigung oder Notwendigkeit ist, das soll jeder selbst entscheiden – in Büchern kommt er jedenfalls nicht vor. Bevor man bei einer DVD ins Hauptmenü kommt, kann man einige Hinweise überspringen, einen allerdings nie: den Text der FSK, der »Freiwilligen Selbstkontrolle der Filmwirtschaft«. Ob man den liest oder nicht, er lässt sich nicht vermeiden:

»Die FSK-Kennzeichnungen erfolgen auf der Grundlage der Paragrafen 12 und 14 des Jugendschutzgesetzes. Sie sind gesetzlich verbindliche Kennzeichen, die von der FSK im Auftrag der obersten Landesjugendbehörden vorgenommen werden. Die FSK-Kennzeichnungen sind keine pädagogischen Empfehlungen, sondern sollen sicherstellen, dass das körperliche, geistige oder seelische Wohl von Kindern und Jugendlichen einer bestimmten Altersgruppe nicht beeinträchtigt wird.«

Was für die FSK zählt, ist einzig der Inhalt des Filmes, nicht die Verpackung. Ein Splatterfilm also, der mit einem harmlosen Bild von Julia Roberts auf dem Cover daherkommt, hat bei der FSK trotzdem keine Chance, es wird ein entsprechender Warnhinweis mit Altersfreigabe aufgedruckt. Niemand möchte, dass kleine Kinder bluttriefende Zombiefilme oder Pornos sehen. Das kann man ja einsehen.

Dass dies alles in der Lebensmittelindustrie ganz anders ist, das kann man nicht einsehen. Auf Lebensmittelverpackungen, die Tierprodukte enthalten, also Fleischverpackungen, Eierschachteln und solchen Sachen, findet man niemals Hinweise zum wirklichen Inhalt. Auf solchen Verpackungen ist niemals ein Schlachthof abgebildet. Solche Verpackungen zeigen *immer* ein idyllisches Leben auf einem Bauernhof, das es fast nirgends mehr gibt in unserer westlichen Welt. Kein Eier- oder Wurstproduzent würde auf die Idee kommen, Bilder aus seinen Mastanlagen auf Verpackungen zu bringen. Keiner! Niemals! Denn der »Konsument« (was für ein Dreckswort!) glaubt, was er sieht. Selbst wenn wir das Bild auf der Eierpackung kritisch betrachten, erreicht die abgebildete Idylle auf dem Hof uns trotzdem irgendwo. Zumindest vereinfacht sie uns im Zweifel das »Na gut, heute ausnahmsweise noch mal«.

Die Lebensmittelindustrie lügt!

Kein Death Metal-Fan würde sich eine Platte kaufen, auf deren Cover ein paar Hippies mit Konzertgitarren am Lagerfeuer abgebildet sind. Die Hippies entsprechen nicht seiner Erwartung an die Musik, die ihm gefällt. Die Kühe auf der Weide glaubt er der Milchverpackung, so wie das die meisten Leute tun, denn ein Bild sagt mehr als tausend Worte. Und schnell haben diese Bilder den Käufer verführt, weil es so verdammt schwer ist, immer wieder vor jeder Kaufentscheidung nachdenken zu müssen, anstatt sich einfach sorglos entspannen zu dürfen. Zu den ersten Büchern, die kleine Kinder gereicht bekommen, zählen immer wieder solche, die »das Leben auf dem Bauernhof« schildern. Auf diese Art lernen die Kinder unsere »Nutztiere« kennen. Was für eine Lüge! Diese »Idylle auf dem Bauernhof« gibt es fast überhaupt nicht mehr. Und die tierischen Produkte, die in jenen hübsch bebilderten Verpackungen verkauft werden, stammen sowieso nicht von dort. Der Film *Ware Tier* hat von der Freiwilligen Selbstkontrolle der Filmwirtschaft eine Freigabe ab 12 Jahren erhalten. Warum eigentlich? Weil Kinder nicht die Wahrheit erfahren dürfen? Warum dürfen Kinder nicht die Schlächterei in einem Film sehen, wohl aber deren Produkte (Leichen) essen? Warum werden diese Dinge Kindern gegenüber totgeschwiegen? Etwa weil man in eine verdammte Zwickmühle gerät, wenn man seinem Kind den Unterschied zwischen seinem Kinderbuch und den Bildern auf Verpackungen einerseits und der Wahrheit der Schlachthöfe andererseits erklären will? Wenn ein vegetarisch lebender Vater von seinem Kind gefragt wird, was denn »biologisch-dynamisch« bedeutet, dann kann der ganz einfach erklären, dass in der sogenannten »konventionellen« Landwirtschaft Pestizide eingesetzt werden, die er für bedenklich hält. »Und übrigens, die Äpfel, die wir essen, wachsen da hinten ein paar Dörfer weiter auf dem Baum. Da können wir mal hinfahren.«

Was macht ein Vater, dem es egal ist, wo die tierischen Produkte herkommen, die er seinen Kindern vorsetzt?

»Äh, na ja, also das da in deinen Bilderbüchern über den Bauernhof, das ist eigentlich totaler Blödsinn. So was gibt es fast gar nicht mehr. Die Milch, die du trinkst, kommt von Kühen, die ihr ganzes Leben lang den Stall nicht verlassen dürfen, und, äh, so richtig gut geht es denen eigentlich nicht. Aber das ist ja egal, weil wir nun mal Milch brauchen, findste nich? Das Kalb. Hm, das Kalb. Ja, das wird von seiner Mutter getrennt, aber das ist nicht so schlimm, weil Kälber ja nichts empfinden, jedenfalls nicht so wie wir Menschen. Und das bisschen Eiter in der Milch ist auch nicht schlimm. Wird ja pasteurisiert, die Milch. Ja, weiß jetzt auch nicht so genau, was das eigentlich bedeutet.«

Im Ernst?

Und ihr, liebe Fleischesser, wollt uns Veganern erzählen, wir seien irgendwie »weltfremd«?

EIN BABY IST KEIN KALB

Neulich sah ich zusammen mit meiner Frau einen Film von Alfred Hitchcock im Fernsehen, *Der Mann, der zuviel wusste* von 1956, mit Doris Day und James Stewart als Ehepaar McKenna in den Hauptrollen. In Marrakesch wird Hank, der Sohn der McKennas, entführt, weil Vater Ben zufällig eine Information erhalten hat, die er nicht verraten darf. Die Eltern werden von den Entführern erpresst. Sollte Ben die Information weitergeben, wird es dem Jungen schlecht ergehen. Den Film über versuchen die verzweifelten Eltern, ihren Jungen auf eigene Faust aufzuspüren. Am Ende sind sie in London zu Gast bei einer Abendgesellschaft in der Botschaft eines nicht näher genannten Landes. Sie sind eingeladen, weil Mutter Jo tags zuvor dem Premierminister jenes Landes das Leben gerettet hat. Mutter und Vater wissen, dass ihr entführter Sohn in der Botschaft versteckt gehalten wird (der Botschafter ist der Chef der Entführer und hat das Attentat geplant, das der Premierminister dank Jo überlebt hat).

Der Premierminister bittet Mutter Jo, die eine berühmte Sängerin ist, der anwesenden Gesellschaft etwas vorzutragen. Ben will diese Ablenkung nutzen, um sich unauffällig in der Botschaft umzusehen. Jo setzt sich an den Flügel, fängt an zu spielen und singt:

When I was just a little girl
I asked my mother
What will I be
Will I be pretty
Will I be rich
Here's what she said to me

Que sera, sera
Whatever will be will be
The future's not ours to see
Que sera, sera
What will be, will be ...[11]

Während Jo die zweite Strophe singt, bewegt sich die Kamera aus dem Saal heraus zur Treppe, bis sie nach einigen Schnitten im zweiten Stock angekommen ist und über einen Flur auf eine Zimmertür zufährt. Aus dem Erdgeschoss hallt der Gesang von Jo herauf. Im Zimmer hinter der Tür erwacht der entführte Junge und lauscht. Dann springt er auf, läuft zur Tür und rüttelt am Griff. Bewacht wird er in diesem Moment nur von einer älteren Frau, die ihn nicht zurückhält, weil sie inzwischen ein schlechtes Gewissen bekommen hat – sie hat erfahren, dass der Junge ermordet werden soll. Das sei seine Mutter, die da singt, ruft der kleine Hank. Ob er sich da sicher sei, fragt die Frau.

»Aber natürlich, das ist doch unser Lied!«

Und das war 1956.

Heute kennt jedes Kind diesen Song. Zur Uraufführung des Filmes kannte ihn niemand, denn er wurde extra für den Film geschrieben. Als das Lied 1956 nach den ersten 15 Filmminuten vorgestellt wurde, hatte niemand im Publikum irgendwelche persönlichen Erinnerungen daran. Das Ding war frisch. Das erste Mal singen Mutter und Sohn *Que sera, sera* im Hotel in Marrakesch zusammen, und der Junge pfeift es, und dann tanzen sie zusammen dazu. »Das ist unser Lied!« In einer kurzen Szene macht es die Verbundenheit zwischen Mutter und Sohn klar. Liebe und Wärme, ausgedrückt durch eine Melodie.

Ob er denn das Lied pfeifen könne, fragt die ältere Frau mit dem schlechten Gewissen den Jungen. Ja, das kann er. »Dann pfeif, so laut du kannst!« Und dann hört Jo unten im Saal das Pfeifen ihres Sohnes und singt den nächsten Refrain ein kleines bisschen lauter.

An dieser Stelle entfuhr meiner Frau ein kurzes Schluchzen, und wenn ich ehrlich bin, dann hatte ich auch einen leichten Kloß im Hals.

Diese ganze Szene ist extrem emotional. Das hat Hitchcock großartig gemacht. In dem Film geht es nicht einfach darum, dass der Sohn »Mutter, Mutter!« ruft und die Mutter »Sohn, wo bist du?« Das Ganze geht ohne Worte ab. Das ist nonverbal. Es geht nur um Melodie und Stimme beziehungsweise Pfeifen, der Text des Liedes ist dabei unwichtig. Es geht um die innige Bindung der beiden aneinander, die niemand anderes fühlen kann. »Das ist unser Lied!« Unser rein emotionales Signal sozusagen.

Und das ist das Gleiche, was jeden Tag tausendfach in der Milchindustrie geschieht.

Die Kuh ruft ihr Kalb, und das Kalb ruft die Kuh. Aber anders als in einem Hitchcock-Film gibt es in der Milchindustrie kein Happy End. Natürlich, ich höre sie schon, die Deppen, die sagen werden, ich dürfe Tiere nicht vermenschlichen. Das ist ein immer wiederkehrendes Argument, und diejenigen, die es bringen, kapieren einfach nicht, dass genau andersherum ein Schuh draus wird. Nicht ich vermenschliche Tiere, ihr seid es, die die tierische Herkunft des Menschen verleugnen.

Stellt euch vor, einer Frau wird nach der Geburt der Säugling entrissen, und sie selbst wird an eine Melkmaschine angeschlossen und schreit nach ihrem Baby, und das Baby schreit nach ihr, während ihr von einer brutalen Technik die Milch abgepumpt wird. »Aber eine Frau ist keine Kuh und ein Baby kein Kalb!«, ruft ihr, weil ihr den Vergleich für nicht zulässig haltet.

Ach was!

Für wie blöd haltet ihr Veganer eigentlich? Natürlich ist eine Frau keine Kuh!

Aber der Schmerz ist der gleiche.

Das Leid ist das gleiche.

Die Verzweiflung ist die gleiche.

Sonst würde die Szene am Ende vom Hitchcock-Film gar nicht funktionieren, denn die Mutter-Kind-Bindung gibt es bei allen Säugetieren.

Glaubt ihr wirklich, dass eine Kuh keinen Schmerz, kein Leid, keine Verzweiflung empfinden kann? Wo seid ihr eigentlich zur Schule gegangen? Ist eigentlich auch egal, denn wo immer ihr auch euer Abitur gemacht habt (vielleicht sogar mit Bio-Leistungskurs): Inzwischen frage ich mich, wer eigentlich blöder ist. Sind es diejenigen, die meinen, dass irgendein Gott die Welt mal eben so (»Schnipp!«) erschaffen hat?

Oder sind es diejenigen, die das nicht glauben und von der Evolutionstheorie überzeugt sind, gleichzeitig aber zu sagen scheinen, dass es bestimmte Eigenschaften vor dem Auftauchen des Menschen nicht gab, dass diese sozusagen erst mit dem Menschen ganz plötzlich (»Schnipp!«) entstanden sind?

Haha!

Kreationisten sagen, es sei ja wohl unmöglich, dass ein so komplexes Organ wie das Auge sich »einfach so« entwickelt habe. Diese Leute lacht ihr aus, und manchmal versucht ihr denen zu erklären, wie sich Augen entwickelt haben. Aber Schmerz, das Empfinden der eigenen Individualität, soziales Verhalten, Kommunikation und vieles mehr, was ihr für rein menschlich haltet, das alles tritt (»Schnipp!«) erst mit dem Menschen auf?

Habt ihr sie noch alle?

Nicht Tierrechtler vermenschlichen Tiere, ihr seid diejenigen, die das tierische Erbe verleugnen.

Weil ihr feige Weicheier seid!

Weil ihr neu über euer Leben nachdenken müsstet. Weil eure Moral von vorne bis hinten geheuchelt ist.

HOMO SAPIENS

Bei einem Umzug gehe ich während einer Rauchpause nach oben in die Wohnung des Kunden im dritten Stock, um mir einen Überblick zu verschaffen, was noch aufzuladen ist. Ich überlege mir eine Reihenfolge für das Packen auf dem Lkw, wobei ich aus dem Fenster sehe. Unten stehen die Kollegen versammelt an der Ladekante.

Und dann fällt mir etwas auf, wobei ich an Schimpansen oder Paviane denken muss: Jeder der Kollegen sucht andauernd nach seinem Platz in dieser Gruppe. Das kann man ganz leicht erkennen, man muss nur auf die Körpersprache achten. Auf die Bewegungen.

Zwei der sechs Kollegen sitzen auf der Ladekante und unterhalten sich, die anderen vier gruppieren sich locker um sie herum, wobei der eine oder andere auch mal aus dem Kreis herausgerät. Dann muss er einen neuen Platz finden und tut dies vielleicht, indem er, ohne es zu wissen, so tut, als sei das Austreten seiner Zigarette gerade etwas Wichtiges. Dazu geht er einen Schritt an die Seite, um dann kurz darauf in einem Bogen an den Rand der Ladekante zu gehen, wo seine Zigaretten liegen. Er steckt sich eine neue Zigarette an und lehnt sich lässig an den Lkw. Er hat seinen neuen Platz gefunden, aber noch keine weitere Beteiligung am Gespräch.

Im gleichen Moment setzt ein anderer Kollege an, etwas zu sagen, aber selbst während der redet, reagieren die beiden, die auf der Ladekante sitzen, nicht. Also wendet er sich dem nächsten zu, dann dem übernächsten. Der aber hat gerade auf seinem Smartphone etwas entdeckt, was er nun demjenigen zeigt, der neben ihm am Lkw lehnt und der nun endlich wieder in das Geschehen einbezogen ist. Seine Haltung ändert sich von lässig zu aufmerksam, wobei er sich gleichzeitig so bei dem Kollegen mit dem Smartphone positioniert, dass er, zumindest auf seiner Seite, möglichst wenig Raum für andere lässt.

Die beiden auf der Ladekante sitzenden Männer werden nun aufmerksam, und der eine macht eine »Zeig mal!«-Geste, aber das Smartphone wandert zu einem anderen Kollegen. Die beiden auf der Ladekante werden ungeduldig, und der eine wiederholt seine Geste.

Inzwischen hat sich ein Kreis um das Phone gebildet, und derjenige, dem das Lustige darauf zuerst gezeigt wurde, steht etwas unschlüssig herum. Er kennt den Witz ja schon und wartet nun, bis alle gelacht haben, dann sucht er sich eine neue Position in der Gruppe. Es ist ein ständiges Fließen, ein ewiges Hin und Her, ein ständiges Suchen nach dem besten Platz. Die Kommunikation dabei ist meistens nur Schmiermittel, um dieses Suchen in Gang zu halten.

Und dies ist kein Phänomen, das sich auf Möbelpackerkreise beschränkt, man kann das in allen Menschengruppen beobachten. Das funktioniert sogar in einer Talkshow, wo ja jeder Gast nur in seinem Sessel sitzt. Achten Sie auf die Körpersprache! Achten Sie darauf, wie da jemand, der sich für besonders klug hält, eine abwehrende oder zustimmende Haltung einnimmt, wenn jemand anders etwas sagt. Achten Sie darauf, wie jemand einem anderen, den er für etwas weniger klug hält, generös sein Ohr schenkt, um dann sogleich mit seiner Körpersprache zu zeigen, dass das Gesagte zwar nicht völlig ohne Belang sei, *aber* …

Es geht permanent um die Herstellung von Hierarchie, um die Zuordnung von Plätzen innerhalb der Gruppe. Selbst am Telefon kann mittels der Stimme noch Dominanz hergestellt werden. Oder im Text einer E-Mail mittels Schreibstil. Aberwitzig wird die Situation in mancher Nacht in der Kneipe, wenn jeder den besten Platz an Tresen oder Tisch in der Nähe des begehrenswertesten Weibchens einzunehmen versucht.

Es scheint mir oft so, als wären mindestens 80 Prozent unserer Kommunikation durch Körpersprache und Tonfall bestimmt. Achten Sie mal darauf! Um wie viel wirklich abstrakte Information geht es eigentlich im alltäglichen Geplauder? Da ist meistens nur ein bisschen Austausch von Inhalten dabei, die wir wirklich brauchen. Zum Beispiel, wo man preiswertes Essen, eine neue Wohnung oder einen günstigen Flug nach Teneriffa herbekommt. Alles andere ist Primatenverhalten. In der Kneipe und auf Familienfeiern soll man nicht über Politik und Religion reden, sagt ein altes Wort, das nur zu sehr stimmt. Denn bei aller Politik, bei aller Philosophie: In der Kneipe oder bei einer Familienfeier ist das Gehirn von derlei abstrakten Dingen überfordert, wenn es sich gleichzeitig noch mit der Gruppenhierarchie beschäftigen muss. Da werden schnell die Messer gewetzt, da fliegen bald die Fetzen.

Dabei sind wir doch so stolz, als Menschen die einzigen Tiere zu sein, die sich über solch abstrakte Dinge Gedanken machen können. Wir sind doch so stolz darauf, dass wir zum Mond fliegen können, dass wir mit irrationalen Zahlen rechnen können, dass wir über Literatur und Musik verfügen. Aber um all diese Dinge geht es im Alltäglichen in den seltensten Fällen. Im Alltäglichen geht es darum, seine Stellung in der Gruppe zu finden oder zu behaupten und vor dem begehrten Weibchen möglichst gut dazustehen.

Das ist Primatenverhalten.

Ich schreibe dies nicht, um den Menschen an sich schlechtzumachen oder um ihn auf eine Stufe mit anderen Affen zu stellen. Ich schreibe dies, um darauf hinzuweisen, *wie viel* wir noch mit anderen Primaten gemeinsam haben.

Wir äußern nicht nur unseren körperlichen Schmerz auf die gleiche Art und Weise wie andere Tiere, wir haben auch noch sehr viel an Verhalten mit ihnen gemeinsam.

Unter den Vorfahren des modernen Menschen gibt es einen, der heißt Homo erectus, »der aufrechte Mensch«, weil er aufrecht ging. Ein anderer Vorfahr heißt Homo habilis, »der geschickte Mensch«, denn er konnte schon recht gut mit Werkzeug umgehen. Der moderne Mensch heißt Homo sapiens, und das bedeutet »der wissende Mensch«. Wenn das mal nicht eine schlimme Selbstbeweihräucherung ist!

Was weiß der Mensch, was kann er wissen? Darüber zerbrechen sich die Philosophen seit Jahrtausenden den Kopf. Im Alltäglichen scheint mir die Antwort oft sehr einfach. Die Leute wollen gar nichts wissen. Und deswegen erscheint mir der »wissende Mensch« auch manchmal eher »der grübelnde Schimpanse« zu sein oder vielleicht »der ahnende Schimpanse«. Wie Schalke oder St. Pauli gespielt hat, ist keine Frage, die wirklich von solchem Interesse ist, dass ihre Antwort den Menschen an sich als »wissend« adelt. Und trotzdem geht es um solch triviale Sachverhalte wie Fußballergebnisse in ungemein vielen Kommunikationen.

Und das nicht nur bei Möbelpackern. Das zieht sich von der Ladekante unseres Lkw über Handwerksbetriebe bis in die Büros zahlloser Firmen und Ateliers von Künstlern. Und alle, aber auch alle, die sich über derartig Unwichtiges unterhalten, während sie sich in ihrer Frühstücks- oder Mittagspause Wurst oder Steak, also Fleisch, reinziehen, das aus gequälten Kreaturen hergestellt wurde, sie alle könnten wissen, wirklich wissen, was sie da tun. Aber sie wollen es nicht wissen. Sie könnten es nachlesen, haben aber keine Zeit und kein Interesse, sich wirklich zu informieren. Denn sobald man etwas mehr weiß, taucht dieses gewisse Unbehagen auf, das man eigentlich lieber nicht wahrnehmen will. Man hat das Leben ja schließlich gerne so einfach wie möglich. Und darum befriedigt man seine Bedürfnisse auch so einfach und schnell wie möglich.

Was sind wir also?

Ein »wissender Mensch« oder ein ahnender Affe? Oder gar ein verleugnender Mensch? Allemal ein Tier, das seine momentanen Bedürfnisse, seine Gier über alles stellt. Selbst über seine eigene potenzielle Fähigkeit zu wissen.

Der nicht wissen wollende Mensch.

SCHLÄCHTER

Der Bestsellerautor Allen Carr stellt in seinem Buch *Endlich Nichtraucher!* seine Methode, mit dem Rauchen aufzuhören, vor, die er »The Easy Way« nennt. Diese Methode hat bei einigen meiner Bekannten funktioniert, zumindest für Wochen oder Monate. Wie die Methode funktioniert, spielt hier keine Rolle, aber einen Aspekt daran finde ich sehr interessant. Carr schreibt, niemand brauche mit dem Rauchen aufzuhören, bevor er das Buch zu Ende gelesen hat. Es ist sogar ein wichtiger Bestandteil seiner Methode, dass der Leser seine letzte Zigarette erst raucht, wenn er das Buch durch hat. Es kann also jeder, selbst der heftigste Kettenraucher, völlig gelassen an die Lektüre herangehen. Er kann ja anschließend ruhig weiterrauchen. Das ist ein toller Trick, denn sehr viele werden es einfach nicht mehr tun, wenn sie mit dem Buch fertig sind. Die freuen sich dann, dass sie nicht mehr rauchen müssen.

Ich will mal versuchen, ob wir nicht etwas Ähnliches mit dem Verzehr tierischer Produkte zustande bringen können. Ich fordere alle Leser auf: Schauen Sie sich den Doku-Film *Earthlings* von 2005 an, bevor Sie versuchen, auf tierische Nahrung zu verzichten. Man kann sich den Film auf YouTube anschauen (Vorsicht, es gibt verschiedene deutsche Fassungen – eine davon ist sehr amateurhaft gesprochen), und man kann ihn sich kaufen. Der Film dauert ungefähr anderthalb Stunden, und ich empfehle Ihnen dringend, während des Schauens eine Platte mit Aufschnitt zu verspeisen. Wurst, Geflügel, Käse – das bleibt Ihnen überlassen. Wichtig ist, dass Sie nicht mit dem Essen aufhören, bevor Sie den Film zu Ende gesehen haben. Guten Appetit!

In dem Film über »Erdlinge« sehen wir, wie die Menschen mit den anderen Bewohnern dieses Planeten umgehen. Wir sehen aber auch, wie Menschen mit Menschen umgehen, und selbst wenn ich die manipulative Art des Films an einigen Stellen für problematisch halte, so sprechen doch die Bilder für sich.

Eine kurze Sequenz scheint mir dabei besonders geeignet, den Umgang mit Tieren zu beleuchten, wie er in unserer Welt betrieben wird. Und bevor jemand einwendet, der Film zeige ja amerikanische Verhältnisse, will ich gleich klarstellen, dass der Film kapitalistische Verhältnisse darstellt. Da mag sich Deutschland von Amerika in Nuancen unterscheiden, aber beides sind kapitalistische Länder, und im Kapitalismus gilt, dass alles, aber auch alles, dem Profitstreben geopfert wird. Das heißt, dass Tiere innerhalb dieses Systems gar nicht die Chance haben, als empfindende Wesen behandelt zu werden. Es gibt ja auch Bilder von deutscher Massentierhaltung, in denen Tiere gequält werden.

Worum geht es also in der Sequenz, die ich meine? Sie beschreibt, was mit einem Tier geschehen kann, das dem Verwertungsprozess nicht unterliegt, weil sich mit ihm kein Geld machen lässt. Ein Hund (ein Streuner?) wird an der Leine an der Seite eines Müllwagens entlanggeführt. Am hinteren Ende des Wagens wird er von zwei Männern lebend in den Müllwagen geworfen, und die Presse wird angeschmissen. Und dabei guckt der Hund so, als hätte er noch keine Ahnung, was gleich mit ihm geschehen wird. Wir allerdings wissen es, und deswegen brauchen wir seine Schreie auch nicht zu hören, als die Müllpresse sich schließt.

Die Bilder erschüttern beim Betrachten. Tun sie das nur, weil wir nicht auf die Idee kommen würden, einen Hund zu essen?

Wie sieht es denn mit Rindern und Schweinen aus, denen gerade der Hals aufgeschnitten wurde und die, noch während sie ausbluten, an den Haken gehängt werden, auf dem sie wie am Fließband zur »Weiterverarbeitung« fahren? Sie zappeln noch, sie kämpfen und werden, noch lebendig, in kochendes Wasser getaucht. Ein Tier nach dem anderen! Hintereinanderweg. Zu Tausenden. Jeden Tag, ohne Pause. Sie schreien, sie kreischen, sie werden, kurz bevor sie sterben, noch wahnsinnig vor Leid und vor Schmerz.

Was mich nun interessiert, ist: Was für Menschen sind es, die in solch einem Betrieb arbeiten? Was für Menschen sind das, die solch eine Arbeit ertragen? Was für Menschen sind das, die sich solch eine Arbeit aussuchen?

Sind das alles Sadisten?

Da werden im Film Schweine aus ihren Einzelboxen getrieben. Irgendwohin. Zur Schlachtung wohl, und die Schweine wollen nicht, also werden sie geschlagen. Mit Stangen. Von »Arbeitern«. Dass es Metallstangen sind, können wir nur mutmaßen, denn der Film sagt es uns an dieser Stelle nicht. Er lässt die Arbeiter reden. »Motherfucker!«, »Bitch!« und ähnliche Rufe sind zu hören. Und es wird auf das Schwein, das nicht gehen will, mit aller Brutalität eingedroschen. Was sind das für Menschen?

Ich nehme an, das sind ganz normale Menschen, die vor zwei Alternativen stehen: Entweder du machst diesen Job, oder du hast keine Chance, deine Familie zu ernähren. Man will das nicht begreifen, aber wenn man über Kapitalismus nachdenkt, dann wird das alles sehr einleuchtend. Nicht nur die Tiere werden gequält und ausgebeutet, sondern auch Menschen. Das geschieht natürlich nicht, weil irgendjemand unbedingt Menschen quälen und ausbeuten will, sondern weil die Kohle stimmen muss.

Wer das jetzt mal wieder für etwas Amerikanisches hält, der kann das ja mal selbst ausprobieren, auf Hartz IV gehen und drei Jobangebote verweigern. Viel Spaß!

Der zur Arbeit im Schlachthof Gezwungene muss sich an die Arbeitsbedingungen, die dort herrschen, gewöhnen. Das dürfte in den seltensten Fällen leichtfallen. Mir erscheint es geradezu zwingend, dass ein Mensch, der an einem Ort wie einem Massenschlachthof arbeitet, in dem im Sekundentakt Tiere getötet werden, ein gehöriges Maß an Selbstverachtung entwickelt. Und wenn er das tut, dann kann er eigentlich nicht überleben, dann kann er eigentlich nicht *nicht* wahnsinnig werden. Also gibt er dem Tier die Schuld. Das macht er nicht bewusst, es ist ein Phänomen, das der

Psychologie schon lange bekannt ist. »Du Schwein! Du Motherfucker! Los jetzt, raus hier, geh schon, sonst mach ich dir Beine, du Sau! Nur wegen dir finde ich es hier so scheiße! Jetzt lass dich schon ohne Widerstand schlachten, du dumme Sau! Was, du willst nicht? Dich mach ich fertig, ich schwör's dir! Los jetzt, du mieses Dreckschwein!«

Und nach Feierabend steht garantiert das Bier oder der Schnaps auf dem Tisch, wenn nicht schon während der Arbeit gesoffen wird. Eine Droge mindestens muss in unserer Gesellschaft erlaubt sein, denn sonst würde es niemand ertragen, jenes leckere Gericht zu produzieren, das Sie, liebe Leser, vielleicht gerade im Ofen schmoren haben oder sich als schmackhaften Aufschnitt aufs Brot legen.

In den letzten zehn bis 20 Jahren sind Restaurants in Mode gekommen, in denen man dem Küchenchef und seinem Team bei der Arbeit zusehen kann – gläserne Küchen sozusagen. Und es werden auf Hochglanzpapier gedruckte Kochzeitschriften und Bücher in unübersehbaren Massen verkauft, und auch Kochsendungen sind ein Renner. Alles superästhetisch dargeboten.

Nur in die Schlachthöfe und Mastanlagen darf und soll niemand hineinsehen. Da könnte einem ja vielleicht der Appetit vergehen, wenn man sieht, wie mit Tieren umgegangen wird. Und mit Menschen. Stellen Sie sich einmal vor, in jenen Restaurants wären Bildschirme aufgestellt, auf denen Filme zu sehen sind, die die Zustände in den Mastanlagen und Schlachthöfen zeigen. So etwas gibt es nicht. Wir dürfen nur den Köchen zugucken, den letzten in der Produktionskette Ihres Menüs im Restaurant. Zu sehen, was den Tieren vorher angetan wurde, das würde den Großteil der Besucher aus dem Restaurant treiben. Darum unsere Empfehlung: Probieren Sie die am Anfang des Kapitels beschriebene Methode von Allen Carr bei sich zu Hause aus!

SEELE, KÖRPER, GEIST

Die Erfindung des Fließbandes wird im Allgemeinen Henry Ford zugeschrieben, der ab 1892 Kraftwagen produzierte. Mit der Einführung des Fließbandes konnte die Produktion von Autos rationalisiert und verschnellert werden. Von nun an hatten die meisten Arbeiter den ganzen Arbeitstag lang nur noch eine einzige oder sehr wenige Handbewegungen auszuführen. Von der Konstruktion mussten nur die wenigsten noch etwas verstehen.

Allerdings hat Ford sich das Prinzip des Fließbandes selbst abgeguckt, und zwar von den Schlachthöfen. Es war der Fleischhunger der Massen, der dieses Prinzip völlig entfremdeter Arbeit eingeführt hat. Und um diese völlig entfremdete Arbeit auszuführen, brauchte niemand mehr über irgendwelche Kenntnisse über das »Produkt« zu verfügen.

Niemand, der im Sekunden- oder Minutentakt Schweinen, Hühnern oder Rindern die Hälse aufschlitzt, braucht das Geringste über diese Tiere sowie deren Leben und ihre Anatomie zu wissen. Nur die Stelle, an der er das Messer ansetzt, muss er kennen. Und er braucht sich auch keine Gedanken über das Wesen dieser Tiere zu machen. Er ist selbst nur ein kleines Rädchen im großen Getriebe.

Und wenn man einmal von den stumpfsinnigen Bedingungen absieht, die aus diesen Arbeitern Roboter machen, dann fällt einem auf, wie sehr die Gemeinsamkeit der Autoproduktion am Band und die Tötung von Tieren am Band das Tier, ein empfindendes Wesen, verdinglicht.

Wo kommt das her?

Eigentlich wollte ich ein paar Absätze darüber schreiben, wie wir diese Angelegenheit vielleicht beurteilen würden, wenn es sich bei dem Schlachtvieh um Menschen handeln würde, weil ich überzeugt war, dass die Beschreibung von Tierleid beim Leser nicht ankommt.

Ich wollte Sie also dazu auffordern, sich vorzustellen, wie es wohl einer Frau ergehen würde, der ihr Leben lang die Milch von einem Roboter abgepumpt wird; wie es wohl Jungen gehen würde, die ohne Betäubung kastriert werden; wie es wohl Menschen gehen würde, die mit aufgeschlitztem Hals noch zappelnd kopfüber an einen Haken kommen, an dem sie vor Schmerzen schreiend in kochendes Wasser getaucht werden.

Ich wollte das sehr ausführlich beschreiben, ich wollte dafür mindestens zwei Seiten brauchen, aber dann dachte ich, dass ich damit das Drehbuch zu einem sehr bösen Splatterfilm schreiben würde. Und ich dachte, dass ich mir damit viele Feinde machen würde. Nicht dass ich unbedingt Angst davor hätte, mir mit meiner Ansicht der Dinge Feinde zu machen, aber ich glaube, dass Feinde einem nicht zuhören. Also versuche ich es auf anderem Wege.

Woher kommt es, dass wir Tiere als Dinge betrachten, mit denen ein jeder nach Gutdünken verfahren darf, wenn er nur behauptet, er täte das zu einem guten Zweck, zur Nahrungserzeugung also oder zur Forschung?

Was macht das Tier zum Ding?

Oft kann man lesen, dieses ganze Problem ginge auf René Descartes und seinen Dualismus von Leib und Seele zurück. Ich will jetzt auf keinen Fall ein philosophisches Fass aufmachen, aber es scheint, als hätte in der europäischen Philosophie im 16. und 17. Jahrhundert etwas stattgefunden, was unser Denken noch heute bestimmt: Die Trennung von Geist und Materie. Ich will mich da gar nicht zu weit aus dem Fenster lehnen, und außerdem will ich Philosophie und (Natur-)Wissenschaft an sich nicht kritisieren. Das sind beides ganz und gar wunderbare Werkzeuge auf dem Weg zur Erkenntnis. Allerdings eben nur Werkzeuge. Und somit sei es mir gestattet, einen der »größten« Philosophen und Naturwissenschaftler der europäischen Geschichte zu zitieren, nämlich Descartes selbst beziehungsweise wie auf Wikipedia ein Argument aus Descartes' Meditationen über die Grundlagen der Philosophie zusammengefasst wird: »Ich kann mir klar und deutlich vorstellen, dass Geist ohne Materie existiert. Was man sich klar und deutlich vorstellen kann, ist zumindest prinzipiell möglich. Also ist es zumindest prinzipiell möglich, dass Geist ohne Materie existiert. Wenn es prinzipiell möglich ist, dass Geist ohne Materie existiert, dann müssen Geist und Materie verschiedene Entitäten sein. Da also Geist und Materie verschiedene Entitäten sein müssen, ist der Dualismus folglich wahr.«[12] Ich weiß nicht, ob die Wikipedia korrekt »zusammengefasst« hat, aber diese Zusammenfassung beschreibt recht genau das Denken jener Leute, die glauben, Tiere und Menschen würden sich *prinzipiell* unterscheiden, und zwar weil des Menschen Intelligenz von ganz und gar einzigartiger Qualität ist, weil der Mensch als einziges Tier in der Lage ist, seine eigene Situation zu reflektieren und abstrakt zu denken und so weiter und so fort. Das mag ja alles stimmen, es ist aber nur die Hälfte der Wahrheit, nämlich jene Hälfte, an der man sich orientiert, wenn man allzu sehr auf den Dualismus von Leib und Seele besteht. Und nur wenn man nur die Hälfte der Wahrheit sehen will, kann man ein Tier auch als »Ding« betrachten.

Seit Jahrtausenden denken Menschen über Leib und Seele nach und fragen sich, was »Materie« eigentlich ist. Was oben an Zusammenfassung von Descartes' Denken angeführt ist, lässt sich auch übertragen, und mit gleicher Art von Logik lässt sich etwas ganz anderes sagen: »Ich kann mir klar und deutlich vorstellen, dass Geist und Materie eins sind beziehungsweise aufeinander wirken.

Was man sich klar und deutlich vorstellen kann, ist zumindest prinzipiell möglich. Also ist es zumindest prinzipiell möglich, dass Geist Materie beeinflusst und andersherum. Wenn es prinzipiell möglich ist, dass Geist und Materie einander wechselseitig bedingen, dann ist es möglich, dass ich mit reiner Geisteskraft nun meinen Schreibtisch zum Schweben bringe. Ergo: Newton hatte unrecht.«

Das ist natürlich Quatsch, aber es ist genau die Logik, die in der Zusammenfassung oben angewendet wird.

Das Problem ist folgendes: Die Menschen lassen sich spätestens seit der Zeit von Descartes von solchen gedanklichen Spielereien in die Irre führen, weil sie nur die Hälfte sehen. Weil sie Körper und Seele und Geist getrennt sehen! Weil sie eben der Überzeugung sind, dass nur der Mensch über eine Empfindungsfähigkeit verfügt, die unserer Empathie würdig ist.

Das Dumme daran ist, dass eigentlich jeder gleichzeitig weiß oder ahnt, dass das Bullshit ist. Jeder, der einen Hund (den besten Freund des Menschen) persönlich kennt, der sieht dessen Individualität sofort. Ob er von den verstandesmäßigen Fähigkeiten dieses Hundes überzeugt ist oder nicht, spielt keine Rolle. Dieses Tier ist Mitglied der jeweiligen Familie, und niemand würde es ans Schlachthaus liefern.

Erst in der Massenzucht wird das Tier zum Ding. Und auf dem Fließband. Aber da wird ja auch der Arbeiter entindividualisiert und von der herrschenden Elite verachtet. Eben weil er Arbeiter ist und nicht über »Klasse« und »Kultur« verfügt.

Aber jetzt wollen wir doch einmal den Bogen schlagen und splattermäßig vergleichen: Wie würde denn einer jener hochgebildeten Menschen, ein Vertreter der »Geisteselite« oder einer jener, die meinen, der Mensch sei in jeder Hinsicht etwas Besonderes, reagieren, wenn wir ihm bei lebendigem Leibe die Haare abbrennen würden, wie das in vielen Schlachtbetrieben immer wieder mit den Borsten von Schweinen gehandhabt wird?

Würde er sagen: »Mein Herr, aufgrund meiner langjährigen Studien der europäischen Geistesgeschichte, der Philosophie und der Geschichte der Schmerzforschung im Allgemeinen muss ich Ihnen leider mitteilen, dass ich Ihr Verhalten zutiefst missbillige!«?

Oder würde er schreien und kreischen wie eine abgestochene Sau?

Tiere können nicht auf eloquente Art über ihre Schmerzen und ihre Qual reden, und sie können keine Bücher schreiben. Sie können auch nicht in einen philosophischen Diskurs über die Leib-Seele-Dualität eintreten, und sie können vieles andere auch nicht. Aber sie können (und werden es immer tun) ihrer Pein auf haargenau die gleiche Weise Ausdruck verleihen, wie das Menschen in der gleichen Situation tun würden.

Man muss nicht als verkopfter Wissenschaftler lange darüber nachdenken, ob Körper, Seele und Geist getrennt sind. Man muss nicht Jahrhunderte Philosophiegeschichte bemühen und sich auf Koryphäen berufen, die mal irgendwas gedacht und ihre Gedanken in zwölfbändiger Buchausgabe vorgetragen haben. Man muss einfach nur die andere Hälfte hinzuziehen. Man muss einfach mal zwischendurch mit dem Herzen denken. Oh ja, ich weiß, das Herz ist kein Denkorgan, aber mit diesem Einwand entlarvt sich jeder Kritiker schon als eben nur halb fähig.

Wie kann es verdammt noch mal sein, dass wir die Schreie, das Stöhnen und das Kreischen, die Seufzer von Tieren nicht hören wollen, obwohl sie genau, *haargenau*, das Gleiche aussagen wie das Schreien, Stöhnen, Kreischen und Seufzen von Menschen, die einer Folter unterliegen?

Weil Tiere keine Bücher schreiben können?

Das heißt rein gar nichts.

EINE FRAGE DER PERSPEKTIVE

In der Malerei des frühen Mittelalters gab es keine perspektivische Darstellung. Darum sehen diese Bilder für uns heute seltsam verzerrt und außer Proportion oder auf irgendeine Weise naiv aus. Erst später wurde die Perspektive bedeutsam. Plötzlich hatten die Betrachter kirchlicher Gemälde das Gefühl, sie könnten »in das Bild hineingehen«. Margaret Wertheim beschreibt das in ihrem Buch *Die Himmelstür zum Cyberspace: Eine Geschichte des Raumes von Dante zum Internet* auf spannende Weise. Unter anderem diese Revolution der Wahrnehmung führte dazu, dass später in der Physik mit einer neuen Konzeption von Raum gearbeitet werden konnte.

Ein Freund von mir hat zu Hause eine Weltkarte »über Kopf« hängen. Er erzählte mir, dass er im Internet auf eine solche Weltkarte gestoßen sei und im ersten Moment gedacht hätte, diese Karte sei im Verhältnis zu unserer normalen Kartenprojektion verzerrt. Bis er sie umdrehte. Da stellte er dann fest, dass die Projektion die ganz normale war.

Das fand er interessant, denn auf der Nord-Süd-vertauschten Karte nahm Europa einen recht unbedeutenden Platz am Rand ein. »Ein Pickel am Arsch von Asien«, nannte er das. Und tatsächlich, wenn wir uns die Geschichte der »alten Welt« mal wirklich ansehen, dann spielte Europa bis zur Neuzeit kaum eine Rolle (unter anderem deswegen nennen wir es ja wohl auch »Neuzeit«). Das Hauptgeschehen spielte sich um den Indischen Ozean herum ab.

Perspektivwechsel können also einen enormen Erkenntnisgewinn bewirken. Vielleicht schaffen wir es eines Tages, Tiere aus einer anderen Perspektive zu betrachten.

Dazu zwei Beispiele: Das erste ist wirklich passiert, das zweite ist ein Gedankenspiel, das dem ersten folgen muss, weil niemand das erste versteht, und weil Sie, liebe Leserin, lieber Leser, den Ganter aus dem ersten Beispiel vielleicht doch gegessen hätten.

Beispiel eins: Ein Kollege erzählte mir von einer Land-WG, in der auch zwei Gänse wohnten. Genauer: eine Gans und ein Ganter. Dieser Ganter war Menschen gegenüber manchmal äußerst aggressiv, und Fremde konnte er schon gar nicht leiden. Er attackierte sie und biss und hackte sie mit seinem Schnabel in die Seite. Die Kinder hatten Angst vor ihm und gingen nur mit einem langen Stock bewaffnet in seine Nähe. Eines Tages kam ein junger Mann aus Hamburg zu Besuch, der sich an einem Nachmittag auf einer Decke auf der Wiese hinter dem Haus sonnte. Natürlich hatte auch er irgendwann seine Begegnung mit dem Ganter. Niemand aus der WG wusste, wie er es dann angestellt hatte, und er selbst schwieg darüber. Lächelnd. Ungefähr eine Stunde nach der Begegnung zwischen Ganter und Besucher konnten die Bewohner der WG jedenfalls folgendes Bild bestaunen: Der junge Mann saß mit geradem Rücken auf seiner Decke und hatte dabei den rechten Arm waagerecht in Schulterhöhe ausgestreckt. Auf diesem Arm saß seelenruhig der Ganter. Was immer auch zwischen dem Besucher und dem Ganter passiert war, eine Frage stellt sich irgendwann für den, der über die Szene nachdenkt: Hätte dieser junge Mann den Ganter noch essen können oder wollen?

Für diejenigen unter Ihnen, die mit dieser Frage nichts anfangen können, nehmen wir jetzt einen Perspektivwechsel vor, der Ihre intellektuellen Fähigkeiten nicht überfordern dürfte.

Ronja hat geworfen! Fünf zuckersüße Welpen drängeln sich um die Zitzen der Hündin auf der Jagd nach der begehrten Muttermilch. Ach, sind die süüüß! Ronja ist schon seit einigen Jahren vollwertiges Mitglied der Familie, und eigentlich war der Nachwuchs nicht geplant, aber jetzt hat sie sich wohl doch auf einem ihrer Streifzüge begatten lassen, und nun haben wir die Bescherung. Die niiieeedliche Bescherung. Ein Welpe entzückender als der andere. Am liebsten wollen alle sofort einen adoptieren.

Aber das kommt nicht infrage, denn wir können nicht sechs Hunde im Haus halten.

Natürlich werden wir die Welpen nicht ertränken. Wir werden sie weggeben. An einen Hundemetzger. Der macht Welpenleberwurst aus ihnen. Hm, lecker! Welpenleberwurst ist eine Delikatesse, auch wenn nach deutschem Lebensmittelrecht in Welpenleberwurst gar keine Welpenleber drin sein muss. Hauptsache, der Hauptteil der Wurst ist Welpenfleisch. Die Leber können wir uns woanders herholen. Von Sophias Pferd zum Beispiel. Sophia reitet ja sowieso kaum noch, denn sie ist jetzt in der Pubertät, hat Jungen entdeckt und geht lieber auf Partys. Gut gewürztes Pferdefleisch ist extrem schmackhaft. Das von Legolas, Sophias Hengst, wahrscheinlich besonders, denn er ist durchtrainiert und hat immer eine besondere Pflege genossen.

Die ganze Familie freut sich schon auf die leckere Welpenleberwurst. Der Hundemetzger unseres Vertrauens arbeitet übrigens auch für große Hundemastbetriebe (Kleinaufträge wie unseren erledigt er eher nebenher als kleines Zubrot oder aus Gefälligkeit).

In solch einem Hundemastbetrieb werden die Welpen von den Hündinnen sehr bald nach der Geburt getrennt, weil die Hündin schnellstmöglich wieder geschwängert werden muss, damit sie konstant Milch gibt. Sie müssen sich nicht wundern, dass Hunde genug Milch geben können, um den Einsatz einer Melkmaschine zu rechtfertigen. Sie haben ja keine Ahnung, was man mit gezielter Züchtung alles anstellen kann!

Während die Hündin also unsere Versorgung an extrem wichtiger und nahrhafter Milch sicherstellt, werden die Welpen gemästet und zur Verarbeitung vorbereitet. Das gibt natürlich ein großes Gejaule und Gejammer, weil die Welpen ihre Mutter vermissen, aber man muss Zugeständnisse machen, schließlich brauchen wir das Fleisch.

Das Problem des Jaulens und Jammerns gibt es übrigens auch in den Mastanlagen, in denen Hunde ihre Welpentage überleben, um zum vollwertigen Schlachtvieh mit ordentlichem Gewicht herangezogen zu werden. Man hat da eine gute Lösung gefunden. So ein heiser gebelltes Stimmband ist natürlich für das Tier eine Qual, also trennt man den Hunden die Bänder durch. Das ist eine humane Lösung. Der Hund leidet weniger. Sie sehen: Es wird etwas getan. Auch dagegen, dass die Hunde sich in den völlig überbelegten Ställen, in denen sie sich nicht ausweichen können, gegenseitig beißen. Man feilt den Hunden die Zähne flach. Das schützt vor allem die schwächeren, die sich gegen die stärkeren nicht behaupten können. Man kümmert sich. Also stellen Sie sich nicht so an! Auch gegen die Flohplagen hat man ein wirkungsvolles Mittel gefunden. Was mussten die armen Hunde unter Flöhen leiden, bevor man in den Mastanlagen die Komplettrasur eingeführt hat! Nackte Hunde leiden nicht unter Flohbefall. Mehr Fürsorge geht ja nun nicht! Sie können Ihr nächstes Hundesteak auf jeden Fall ruhigen Gewissens genießen. Diese Tiere leiden nicht. Jedenfalls nicht mehr, als es die deutschen Lebensmittelgesetze erlauben. Also guten Appetit!

Wenn dieser Perspektivwechsel bei Ihnen nichts bewirkt hat, weil Sie den Hund höher schätzen als das Rind, dann bedenken Sie: Es gibt keinerlei Beweis dafür, dass Hunde intelligenter sind als Rinder oder Schweine. Und die Fähigkeit, Schmerz und Leid zu empfinden, würde kein klar denkender Mensch einer Kuh absprechen.

Wir setzen verschiedene Beurteilungsschwerpunkte. Deswegen hat es der Hund in der Geschichte besser gehabt als das Rind, denn den Hund konnten wir für andere Aufgaben besser verwenden als zur Ernährung. Als Wach-, Jagd- oder Schäferhund zum Beispiel, oder als Schmusetier. Er wurde uns ein »treuer Freund«. Aber ist er das wirklich? Ist er nicht eher ein unterwürfiger Opportunist? Fragen Sie mal einen Wolf.

Der russische Genetiker Dmitri Konstantinowitsch Beljajew hat übrigens in den 1950er-Jahren Zuchtversuche mit Füchsen gemacht. Er hat sie domestiziert. Das Ergebnis war, dass sie genauso unterwürfig wurden wie Hunde. Nach zehn bis 20 Generationen hatten sie ihre Angst vor Menschen verloren und die Pfleger mit Schwanzwedeln begrüßt und auch mal geleckt. Selbst die hängenden Ohren hatten sie »übernommen.« Es muss also gar nicht sein, dass die »Freundschaft« des Hundes zum Menschen so einzigartig ist.

Man könnte eigentlich auch seine Kinder mit Ferkeln spielen lassen statt mit Hunden. Aber das tun wir nicht, weil wir da unangenehm assoziieren. Aber was kann ein Masttier dafür, wie wir assoziieren? In anderen Kulturen ist das sowieso anders. Auf dem langen Weg, den wir das Rind vom saftigen Weideland in freier Natur in unsere Ställe der Massenmast getrieben haben, haben wir etwas Wesentliches zu sehen verlernt. Und wer es jetzt immer noch nicht begriffen haben sollte: Glauben Sie, Sie könnten Ihren Kindern »Rinderbabyleberwurst« andrehen?

Ach, wie süüüß!

DIE HÖLLE SIND WIR

Schon immer haben die Propagandisten des Fortschritts eine bessere Welt für alle versprochen. Und natürlich gibt es heute genug Leute, die sagen, es ginge uns besser als allen Menschen, die in der Vergangenheit gelebt haben. Wir haben einen Lebensstandard, wie ihn kein König der vergangenen Jahrhunderte genießen konnte. Beheizte Wohnung, Warmwasserdusche, E-Herd und Auto – davon konnte kein König der Vergangenheit auch nur träumen.

Aber natürlich übersehen die Leute, die das betonen, ganz wesentliche Zusammenhänge. Der relative Unterschied zwischen den Wohlhabendsten und den Ärmsten hat sich im Laufe der Geschichte wohl kaum verkleinert. Im Gegenteil. Dass wir das hierzulande nicht mit aller Härte spüren, liegt daran, dass wir in einem der reichsten Länder der Welt leben. Wir haben jeden Tag Fleisch auf dem Tisch, während es woanders entsetzlich viele Menschen gibt, die täglich den Qualen des Hungers ausgesetzt sind.

Der Himmel auf Erden ist für jene reserviert, die sich eine Eintrittskarte leisten können. Wer hierzulande als arm gilt, der hat immerhin das Glück, dass er sich wenigstens im Foyer des Himmels aufhalten und dort den roten Teppich pflegen darf. Wenn er seine Aufgabe gut erledigt, dann werden ihm ein paar Abfälle vom Buffet zugeworfen. Weigert er sich, den Teppich zu pflegen, die Betuchten bei Tisch zu bedienen oder ihnen die Garderobe zu reinigen, dann wird er aus dem Himmel verbannt und landet vielleicht aus purer Not im Keller des Himmels. Und das ist dann die Hölle.

Die Arbeit auf einem Schlachthof gehört zu den gefährlichsten Arbeiten auf der Welt. Wenn jemand dazu gezwungen ist, Hühnern im Sekundentakt den Hals aufzuschneiden, dann ist es unmöglich, dass er dabei nie einen Fehler macht. Wenn millionenfach der gleiche Handgriff ausgeführt wird, geht die Fehlerquote in die Tausende. Dann ist der Schlachter verletzt, oder das Huhn lebt noch, wenn es weiterverarbeitet wird. Wer glaubt, es macht einem Huhn weniger aus als einem Menschen, wenn ihm bei lebendigem Leib die Gedärme entnommen werden, der hat etwa die Empfindungsfähigkeit, die er dem Huhn zutraut. Ein Schlachter, der von einer am Haken hängenden Kuh getreten wird, weil die eben noch nicht tot war, als er ihr den Leib aufgetrennt hat oder die Hufe abschneiden wollte – der wird wissen, dass alle Tiere Schmerz durchaus so empfinden, wie es Menschen tun.

Und da sind wir auch schon bei dem nächsten Aspekt der Hölle: Wie lässt sich für einen Schlachthofarbeiter all dieses Leid, das er verursacht, ertragen? Was für einen psychischen Schaden nimmt jemand, der täglich solch eine Arbeit verrichtet? Wir wollen das normalerweise gar nicht wissen, dabei müsste jeden Tag darüber in der Zeitung berichtet werden. Das passiert aber nicht. Weil wir uns im Himmel wähnen wollen. Weil wir lieber wissen wollen, wie es Brad Pitt und Angelina Jolie nach ihrer Scheidung geht.

Und jetzt muss aber auch mal Schluss sein mit »Wir«, denn es interessiert mich wirklich einen Scheißdreck, wie das Privatleben von Pitt und Jolie aussieht. Als Schauspieler mögen die interessant sein, sonst sind Meldungen über sie nicht eine einzige Zeile wert. Das tägliche Leiden von Menschen und Tieren in der industriellen Nahrungsherstellung ist wichtig, das Leiden eines Prominenten unter einer Scheidung nicht.

Aber vielleicht sollen wir ja gar nicht so viel wissen. Oder wollen wir nicht? Was war zuerst da, die Propaganda oder die Gier nach trivialen Neuigkeiten? Sollen wir dumm gemacht werden, oder wollen wir dumm sein?

Das Leiden in den Massenmastbetrieben und den Schlachthöfen würde sofort beendet werden, wenn es täglich für alle Menschen sichtbar wäre. Deshalb schauen wir besser nicht so genau hin, denn dann hätten wir ja nicht zu jeder Zeit, immer wenn uns gerade danach ist, ein Stück Fleisch auf dem Teller. Nee, so genau wollen wir es gar nicht wissen.

Und es lacht weiter der Dummkopf über den Veganer.

Den Himmel auf Erden, der allen Menschen von den Fortschrittsgläubigen versprochen wurde, hat es nie gegeben. Vielleicht gibt es nicht einmal das »sorglose Leben der Reichen«. Vielleicht gibt es ja nur das Bild davon, das uns all diese blöden Medien, die damit Auflage machen, tagtäglich um die Ohren und die Augen hauen. Dabei sind wir doch alle so stolz auf unsere Zivilisation! Haben wir wirklich Grund dazu?

Zivilisation soll ja so etwas sein wie die Erhebung des Menschen über das »Barbarentum«. Unsere »Zivilgesellschaft« gibt sich gerne aufgeklärt, und noch jeder unserer Politiker, dem ein Mikrofon vor die Nase gehalten wird, faselt von »unseren Werten«, wenn nicht gar von der »Wertegemeinschaft«. Das hört sich schwer nach ethischen Grundsätzen an, auf denen unsere Zivilisation fußt. Welche dieser ethischen Grundsätze werden denn bitte in der industriellen Tierzucht und -schlachterei berücksichtigt?

Eine Zivilisation, auf die wir wirklich stolz sein könnten, sollte eine sein, die sich nur an den höchsten ethischen Idealen orientiert. Dazu gehört, dass man einem empfindenden Wesen kein unnötiges Leid zufügt.

Fleisch essen ist unnötiges Tierleid, denn (ich sagte es bereits) *wir*, in unserer Gesellschaft, *brauchen* das nicht mehr. Wir haben andere Möglichkeiten. Aber die Leute wollen das nicht verstehen, weil sie ihre scheiß Currywurst zu brauchen glauben. Man kann statt eines Döners auch Falafel essen. In beiden Fällen ist man anschließend satt!

Man braucht auch nicht auf »Bio-Fleisch« umzusteigen, denn »Bio« reicht nicht für alle, die jeden, aber auch jeden Tag Fleisch essen wollen. Es ist zum Haareraufen: Diejenigen, die behaupten, der Mensch hätte nun mal schon immer Fleisch gegessen, denken nun, dass es am besten für den Menschen ist, wenn er sich von morgens bis abends Leichenteile in den Hals stopft. *Man kann auch zu viel Proteine zu sich nehmen!*

Aber genauso wie verdrängt wird, was in der Produktion geschieht, so wird auch verdrängt, dass es bald vorbei sein wird mit dem Konsum von allem zu jeder Zeit. Was glauben die Leute eigentlich, was passieren wird, wenn die Rohstoffe so knapp werden, dass man es auch hierzulande spürt? Denken die, »unsere Zivilgesellschaft« wird es schon richten und alles schön gerecht verteilen – zumindest hier in Deutschland?

Wahrscheinlich denken die das.

Aber auch das wird nicht lange funktionieren, und spätestens dann wird es nicht mehr zu übersehen sein, wie sehr sich die Reichsten mit den Ärmsten zusammen in einer »Wertegemeinschaft« wähnen: Genau gar nicht.

Aber anstatt dass sie sich frei machen von dem hormonverseuchten Dreck, der ihnen zugeworfen wird, von dem minderwertigen, unter Qualen produzierten »Fleisch« im Darm, anstatt dass sie darauf verzichten, weil sie diesen gesundheitsschädlichen Industriemüll wirklich nicht brauchen, gieren sie weiter. Sie benehmen sich wie Leute, die vor der Eröffnung eines Elektronikmarktes im Morgengrauen (oder schon in der Nacht davor) Schlange stehen, weil sie glauben, das »Supersonderangebot« unbedingt zu brauchen. Oder wie Leute zum Schlussverkauf, die sich gegenseitig von den Grabbeltischen drängen.

Ja, so wird es kommen. Anstatt dass sie auf Hühnerfleisch zu 60 Cent pro 100 Gramm verzichten, werden sie sich lieber gegenseitig die Köpfe einschlagen.

Die Hölle – das sind wir.

Es ist zum Kotzen.

RAUBBAU

Haben wir in unserer populären Kultur ein besseres Bild für den Verzehr von einem »echten« Stück Fleisch, als den Cowboy, der ein T-Bone-Steak verspeist? Dieser Fleisch essende Cowboy ist geradezu ein Sinnbild für den Arbeiter in einer biologischen Viehzucht. Vielleicht sind die Tage des Wilden Westens die letzten gewesen, in denen das Rind wirklich noch »artgerecht« gehalten wurde. Selbst der traditionelle deutsche Bauer lässt ja das Herdentier Rind nicht in Herden leben, sondern höchstens in etwas größeren Gruppen. Anders der Cowboy in der Prärie: Riesige, geradezu unermessliche Weidegründe standen den Tieren in den Anfangstagen zur Verfügung. Da muss einem doch der Genuss des Steaks durch den Cowboy als der letzte wirklich ehrliche Fleischverzehr erscheinen.

Die Sache hat aber natürlich einen Haken. Einen Riesenhaken.

Marvin Harris schreibt in seinem Buch *Wohlgeschmack und Widerwillen*, dass der Fleischgenuss am meisten kultiviert wird, wo eine geringe Bevölkerungsdichte herrscht und »das Land für den Anbau von Nutzpflanzen nicht gebraucht wird oder ungeeignet ist. Im Gegensatz dazu finden sich die vegetarischsten Küchen bei hoher Bevölkerungsdichte, wenn die Lebensräume und Techniken der Nahrungsmittelproduktion die Aufzucht von Schlachtvieh nur unter der Bedingung gestatten, dass die für die Menschen verfügbare Menge an Proteinen und Kalorien eingeschränkt würde.«[13] Und wo ist da der Haken, wenn wir von der Prärie reden?

Gar kein Haken ist da, wenn wir in der Prärie bleiben. Die Great Plains in den USA, die großen Ebenen, waren die meiste Zeit der Geschichte extrem dünn besiedelt, denn zu Fuß kommt man da nicht besonders gut durch. Als die amerikanischen Völker von den Spaniern das Pferd übernahmen, änderte sich die Situation radikal, und Völker wie zum Beispiel die Lakota und die Nemene (Komantschen) eroberten die Prärie und entwickelten eine »Plainskultur«. Mit den Mitteln, die diesen Völkern gegeben waren, hätte es diese Plainskultur noch eine sehr lange Zeit machen können, aber die amerikanischen Völker waren nicht die einzigen, die die Prärie erobern wollten. Da gab es auch noch die Europäer beziehungsweise jene, die wir heute als »Amerikaner« bezeichnen. Und bei denen stand als erstes Interesse an der Prärie gar nicht unbedingt der Lebensraum, wie wir heute so gerne denken, weil wir mit den Westernfilmen aufgewachsen sind. Das allererste Interesse der Amerikaner an der Prärie bestand in dem unermesslichen Weideland, das ihnen die Möglichkeit bot, die fleischhungrigen Städte im Osten zu sättigen.

Der harte Job des Cowboys war eben nicht ein romantisches Abenteuer, es war ein Knochenjob am Rande der Gesellschaft und bestand in der Hauptsache darin, riesige Herden zu den oft Hunderte von Kilometern entfernten Bahnstationen zu treiben, von wo aus die Rinder zu den großen Schlachthöfen im Osten gefahren wurden. Die ersten Massentiertransporte der modernen Esskultur.

Wenn wir einen Western sehen, dann machen wir uns in den seltensten Fällen klar, dass dieses »archaische« Cowboyleben fest in einen industriellen Verwertungsprozess von Fleisch eingebunden ist.

Um die gigantischen Weideflächen für diese Industrie zu sichern, mussten natürlich die dort lebenden Völker vertrieben werden, und dafür wurden diese nicht nur im typischen Gefecht bekriegt, dafür wurde auch ihre Lebensgrundlage vernichtet. Das Klischee vom Jäger, der zum Spaß aus dem fahrenden Zug heraus Büffel erschießt, bildet nur einen winzigen Teil der Ausmaße ab, mit denen da vorgegangen wurde. Die Abschlachtung der Büffelherden geschah systematisch, um Platz für das Zuchtmaterial der Rinderzüchterkultur zu schaffen (wobei freilich der Handel mit Büffelfellen ein einträgliches Zubrot lieferte).

Die Siedler, die den Rinderzüchtern dicht folgten, hatten natürlich ihr eigenes Interesse am Land. Aber kleine Farmwirtschaft ist nichts, was ein Land ruiniert. Das besorgen Überweidung und monokulturelle Futterzucht. Die großen Ebenen sind heute ausgelaugt.

Auf Wikipedia heißt es: »Nach der großflächigen Rodung des Präriegrases und Dürren kam es zu Bodenerosionen. In der Folge verwandelten starke Staubstürme in den 1930er Jahren – vor allem zwischen 1935 und 1938 – Teile der Great Plains in eine sprichwörtliche ›Staubschüssel‹ (›Dust Bowl‹). Dies führte zu Massenelend unter den Bauern, die verstärkt in Richtung Kalifornien auswanderten.«[14] An anderer Stelle steht weiter: »Darüber hinaus beruht die gesamte Landwirtschaft in den Great Plains auf der Nutzung von prähistorischem Grundwasser aus dem Ogallala-Aquifer. Die Vorräte sind in den Jahrzehnten der intensiven Landwirtschaft weit über ein nachhaltiges Niveau ausgebeutet worden; das Versiegen der Wasserversorgung steht in einigen Regionen unmittelbar bevor. Der großflächige Bewässerungsfeldbau mit heutigen Methoden kann nicht mehr lange aufrechterhalten werden.«[15] Solche Umstände fördern natürlich auch die Landflucht, und darum können wir in der Wikipedia auch von über 6.000 Siedlungen allein in Kansas lesen, die vollständig verlassen wurden. Das alles führt dazu, dass es jetzt Leute gibt, die den Zustand wiederherstellen wollen, der herrschte, bevor die Amerikaner das Land bis aufs Äußerste ausgebeutet haben. Das wollen sie mit der Einrichtung der sogenannten »Buffalo Commons« schaffen, einem gigantischen Naturschutzgebiet, oder besser »Allemende«, wo dann die »Indianer« auch wieder Büffel hüten dürfen, denn Büffel sollen dort wieder »angesiedelt« werden.

Marvin Harris' Aussage, nach der Fleischgenuss am meisten dort kultiviert wird, wo eine geringe Bevölkerungsdichte herrscht, kann sich nur auf vorindustrielle Zeiten beziehen. Natürlich floss schon immer aller Reichtum von den Provinzen in die Metropolen, doch seit der industriellen Revolution hat sich da etwas grundlegend geändert. Die industrielle Tierzucht findet ja eben in den dicht besiedelten Ländern statt (wenn man zum Beispiel Deutschland als dicht besiedelt betrachtet – immerhin Platz 49 auf der Rangliste). Die Frage ist aber nicht nur, wo die Tiere gemästet werden, sondern auch, wo ihr Futter herkommt.

Um 1870 herum kam es in Schottland zu den »Highland Clearances«, im Zuge derer Kleinbauern von ihren Böden vertrieben wurden, um Platz für die Schafzucht zu machen. Wolle wurde in der englischen Textilindustrie gebraucht, und Lammfleisch ist uns als Bestandteil der englischen Küche ein Begriff. Die Engländer hätten die Schotten zu Schafzüchtern gemacht, schreibt Marvin Harris. Zu jener Zeit wanderten die meisten Schotten nach Amerika aus, deswegen heißt eine kanadische Provinz heute »Nova Scotia«.

Metropolen können ihren Bedarf an Tierprodukten nicht selbst befriedigen. In einer industriellen, zentralisierten Wirtschaft werden an den Rändern jene Bauern, die eine dezentrale Wirtschaft betreiben, vertrieben.

»Selbst auf dem Höhepunkt der großen irischen Kartoffelhungersnot im Jahr 1846 lieferte Irland eine halbe Million Schweine nach England …«[16] (M. Harris). Und außerdem war Irland gezwungen, sein Getreide zu exportieren. Den armen Bauern blieb als Nahrung nur die Kartoffel, von der es da gerade mal zwei Sorten gab (Monokultur!), weshalb die Kartoffelfäule leichtes Spiel hatte. Man nennt das genetische Armut. Wenn alle das gleiche Immunsystem haben, dann überlebt kaum jemand die Epidemie. Aber all das interessierte die britischen Besatzer herzlich wenig. Hungersnöte finden woanders statt. Nicht bei uns. Denn wir sind diejenigen, die bestimmen, wie die Ressourcen der Welt verteilt werden. Das geht schon eine sehr lange Zeit so. Und während ehemalige Feinde eines begrenzten Raumes wie Europa sich nach einer langen Zeit der kriegerischen Konflikte verbündet haben, leiden andere unter diesem Bündnis. Irland war englische Kolonie. Die Zeit des politischen Kolonialismus scheint vorbei. Aber ist auch die Zeit des wirtschaftlichen Kolonialismus vorbei?

»Gegen Ende des 19. Jahrhunderts brachten englische Banken die argentinische Rindfleischindustrie unter ihre Kontrolle, wodurch billiges Fleisch von argentinischen Weiderindern zu einem wichtigen Bestandteil des englischen Speiseplans wurde«[17] (M. Harris). Wirklich? Die Fleischindustrie eines Landes vom anderen Ende der Welt unter englischer Kontrolle? In den letzten Jahren haben Konzerne aus Amerika, Europa und China begonnen, Ländereien in Afrika und Südamerika zu kaufen. Die tun das bestimmt nicht, weil sie da wohnen wollen. Die wollen da wirtschaften.

Es gibt Leute, die behaupten, dass für Weideflächen von Rindern, die mal Hamburger werden sollen, in Brasilien gar keine Urwälder gerodet werden, sondern dass ja ebenjene Kleinbauern, die der Veganer so toll findet, den Wald roden. Gerade so, als könnten Kleinbauern für das Verschwinden des Regenwaldes verantwortlich sein. Diese Kleinbauern, die sich ein Stück vom Urwald zur Erhaltung ihrer nackten Existenz sichern wollen, sind vorher von ihren Ländereien vertrieben worden. Und zwar von jenen Leuten, die großflächig Soja anbauen, mit dem unser Schlachtvieh gemästet wird. Allein im brasilianischen Bundesstaat Mato Grosso sei die Sojaproduktion von 800.000 Tonnen im Jahr 1977 auf 18 Millionen im Jahr 2009 angestiegen, schreibt Wilfried Bommert in seinem Buch *Bodenrausch*. Und es wird umfangreich Werbung gemacht für genügend Land, das auf tüchtige Farmer warte. »Dabei unterschlägt sie [die Werbung], dass das Land gar nicht wartet, es wird zum großen Teil schon von anderen genutzt, und das seit Jahrhunderten. Es ist das Land von Para- und Babaçu-Nusssammlern, Kautschukzapfern und von verjagten Landarbeitern und Kleinbauern, die vor den Großfarmen in den Urwald geflüchtet sind, um dort ein Stück Boden für sich zu erobern.«[18] Vertreibung hat eben Tradition. Und jenen, die meinen: »Siehste, du blöder Veganer, dein geliebtes Soja vernichtet Urwald«, sei gesagt: Die Menge an Soja, die wir brauchen, um den Speiseplan von Vegetariern abwechslungsreich zu gestalten, ist eine Menge, die eine dezentralisierte Landwirtschaft von Kleinbauern im fairen Handel allemal bringen könnte. Die gigantischen Mengen an Soja allerdings, die gebraucht werden, um Mastvieh großzuziehen, treiben sowieso schon arme Bauern in den Hunger. Und wieder: »Jedes verhungerte Kind ist ein ermordetes Kind« (Jean Ziegler).

Das Imperium will Fleisch, also müssen irgendwo auf der Welt Menschen verhungern. Ich will ja nicht auf die Möglichkeit verzichten, mir immer, aber auch wirklich immer, wenn mir gerade mal aus einer Laune heraus danach ist, einen Hamburger oder eine Bockwurst in den Rachen stopfen zu können. Aber wirklich immer. Und wenn ich morgens um vier zur Nachttanke fahren muss. Ich will, ich will, ich will, und deswegen muss ich auch können.

»Boah, ey, Alter, bin ich breit, voll Fresskick! Lass mal zur Tanke und ein Paar Würstchen holen.«

Und das kann ich nur, weil mir die anderen, jene, die nicht zu mir und meinem Clan gehören, scheißegal sind. Seit Jahrhunderten treibt der Fleischhunger der Metropolen die Menschen an der Peripherie in die Armut. Die Peripherie wurde im Laufe der Zeit aus Europa heraus verschoben. Und was in Afrika oder Südamerika gelitten wird, das interessiert doch eigentlich nur die wenigsten.

Wenn die Carnivoren es doch nur zugeben würden!

LIEBE DEINEN NÄCHSTEN!

Nachdem Kain seinen Bruder Abel erschlagen hat, wird er verbannt und nimmt sich im Lande Nod eine neue Frau. So steht es im Alten Testament – in jener Sammlung von Geschichten, die uns erzählt, Kains und Abels Eltern Adam und Eva seien die ersten Menschen auf der Welt gewesen.

Ein Kollege hat mir mal vor vielen Jahren erzählt, wie er als Jugendlicher im Konfirmationsunterricht gefragt hat, wie es denn sein könne, dass Kain sich im Lande Nod eine Frau nehmen konnte, wo doch er, sein Bruder und seine Eltern die einzigen Menschen auf der Welt waren. Daraufhin war ihm empfohlen worden, in Zukunft dem Konfirmationsunterricht fern zu bleiben.

Können Sie es sich erklären? Wie konnte Kain eine Frau im Lande Nod finden? Gott erschuf Adam, den ersten Menschen überhaupt, dann schnitzte er aus dessen Rippe Eva, und die beiden zeugten Kain und Abel. Wie kann Kain also eine Frau finden, die es gar nicht geben kann? Mir hat noch niemals jemand eine befriedigende Antwort auf diese Frage geben können.

Mein Koautor Karsten Wollny hat sich eine gebastelt. Er hatte auch nie irgendwo eine Antwort gefunden, allerdings hat er auch nie jemanden gefragt. Ihm fiel nur irgendwann etwas auf, als er lernte, dass man die arktischen Völker Amerikas und Grönlands heutzutage nicht mehr als »Eskimos« bezeichnet, weil das eine Fremdbezeichnung ist, die verschiedene Völker in einen Topf wirft, die verschiedene Sprachen sprechen, zum Beispiel die Inuit und die Yupik. »Inuit« ist ein Wort aus der Sprache Inuktitut und heißt schlicht »Menschen«. Wie nennen die Inuit andere? Keine Ahnung. Aber das Phänomen der Eigenbezeichnung als »Mensch« oder »das wahre Volk« gibt es wohl auf der ganzen Welt in allen Sprachen. Wenn wir uns nun die Menschen vorstellen, die als erste die Urform der biblischen Schöpfungsgeschichte erzählt haben, dann können wir ahnen, wen die mit dem Begriff »Menschen« gemeint haben: sich selbst und die Angehörigen ihres Stammes.

Das Volk, das wir als Komantschen kennen, nennt sich selbst »Nemene«, und das heißt in etwa das Gleiche wie »das Volk«. »Apachen« werden nur von anderen so genannt, sie selbst bezeichnen sich je nach Umschrift als »Ndee« – »Volk«. Fast immer, wenn man solchen Eigenbezeichnungen auf den Grund geht, stößt man auf die Bedeutung »Mensch«, oder »wahre Menschen« oder »wahres Volk«.

Das hat etwas Ausschließendes.

Selbst die Bezeichnung »deutsch« macht da keine Ausnahme. Laut Wikipedia leitet sich der Begriff vom althochdeutschen »diutisc« ab, das ursprünglich »zum Volk gehörig« bedeutete.

Der etymologische Duden erklärt das Wort »Volk« in verschiedenen germanischen Sprachen mit »Angehörige«, »Leute«, »Haufen«, »Kriegerschar«.

Es wird schnell klar, dass hier ein relativ eingegrenzter Kreis von Angehörigen gemeint ist, ebenjene, die zu uns gehören, jene, die wir mit unserem Grips von Mitgliedern eines Stammes noch als zu unserem Leben dazugehörig erkennen können (und gerade eine Kriegerschar braucht ja wohl die »anderen«). Das alles dürfte bei den Hirtenvölkern des vorderen Orients zu der Zeit, als die biblischen Geschichten entstanden sind, nicht viel anders gewesen sein. Und also konnte Gott den ersten »Menschen« erschaffen, obwohl es schon andere Menschen gab, z.B. im Lande Nod. Aber die gehörten nicht dazu.

Das ist für das Verständnis der christlichen Ethik, die uns alle betrifft, die wir in christlich geprägter Kultur aufgewachsen sind, sehr wichtig, denn es gibt die christlichen Gebote. Die gibt es zwar in sehr ähnlicher Form bei allen Völkern, aber wir wollen ja über uns reden und nicht über andere.

Was also sagen uns die Zehn Gebote?

Sie sagen uns (abgesehen davon, dass wir Gott ehren sollen und keinen anderen Gott neben ihm haben sollen), dass wir nicht stehlen, nicht ehebrechen, nicht morden, nicht falsch Zeugnis ablegen, nicht das Hab und Gut unseres Nächsten begehren sollen. Zu diesem Hab und Gut gehören Haus, Frau, Sklave oder Sklavin, Rind und Esel und anderes, was dem Nächsten gehört.

Das hört sich auf den ersten Blick wie eine annehmbare Vereinbarung zum Zusammenleben an. Das könnte ein vernünftiges Gesetzbuch zum Regeln des Lebens einer Gemeinschaft sein. Aber für wen gelten denn diese Gebote? Heutzutage tun die Kirchen so, als ob die Gebote für alle Menschen in aller Welt gelten, aber das haben sie noch nie getan. Wie könnten sie das auch, wenn schon die Schöpfungsgeschichte die Menschen aus dem Lande Nod ausschließt?

Und wie ist denn das gemeint, dass ich des Nächsten Sklaven nicht begehren darf? Nicht, dass ich das wollte, aber gehört der nicht sich selbst? Natürlich nicht, denn er ist ja ein Sklave. Die Gebote gelten nämlich nicht für alle Menschen, sondern nur für die der überschaubaren Gemeinschaft.

Und da liegt der Hund begraben. Auch unsere heutigen Maßstäbe ethischen Handelns beziehen sich, wenn wir mal ehrlich sind, auf die unmittelbare Gemeinschaft. »Man geht nicht mit der Frau eines Kollegen ins Bett!«, sagte mal ein Kollege auf einem Umzug, als er davon hörte, was ein anderer Kollege gemacht hatte. Freilich hatte er sich selbst aber früher (wie er mir mal erzählte) nicht gescheut, mit einer Frau ins Bett zu gehen, deren Mann ihm ein Unbekannter war. Man stiehlt auch nicht von Kollegen. Aber vielleicht erntet man Verständnis, wenn man einen Einbruch aus eigener krimineller Vergangenheit gesteht, jener schlimmen Zeit, die manch einer durchlebte, bevor er als Möbelpacker einen neuen Weg fand.

Das Gewaltmonopol liegt beim Staat, aber wenn sich zwei Bekannte prügeln, dann kann man das vielleicht auch »ohne Bullen regeln«. Das geht freilich. Das Gewaltmonopol sorgt dafür (oder sollte dafür sorgen), dass Unbekannte ihre Konflikte nicht mit Gewalt austragen. Wir nennen das Gesellschaft oder Staat und ordnen uns mehr oder weniger den Gesetzen des Staates unter, die irgendwo auch an die Zehn Gebote erinnern. Wenn deutsche Soldaten, also in Tötungstechniken ausgebildete Leute, irgendwo auf der Welt jemanden töten, dann ist das meistens kein justiziabler Mord, dann ist das eine Kampfhandlung in einem Konflikt zwischen Staaten oder anderen beteiligten Gruppen.

Jedes Gebot, jedes Gesetz steht in einem gewissen Kontext.

Es kommt auf den Kontext an, ob eine Tötung als Mord, Totschlag, unterlassene Hilfeleistung oder eben als Teil eines »Krieges« bezeichnet wird. Je näher eine Tötung an meinem persönlichen Umfeld geschieht, desto eher werde ich vielleicht von Mord oder Totschlag sprechen. Was irgendwo am anderen Ende der Welt passiert, dafür habe ich weniger Interesse als für das, was in meiner kleinen persönlichen Gemeinschaft geschieht, dem »Dorf«, das ich überblicken kann. Ich kann mich ja schließlich nicht um alle Menschen auf der Welt kümmern!

Wenn mein täglicher Fleischkonsum in Hamburg dazu führt, dass in Kiel jeden Tag 30 Leute verhungern, dann geht mir das vielleicht nah, aber wenn er dazu führt, dass in Afrika jeden Tag Tausende verhungern und in Brasilien Tausende von ihren Ländereien vertrieben werden, tja, dann kann ich auch nichts machen.

Ja, wir lesen davon, und manchmal haben wir auch ein schlechtes Gewissen. Und dann spenden wir vielleicht Geld und haben danach wieder ein gutes Gewissen, aber geändert haben wir mit unserer Spende genau nichts. Null. Wir ändern nichts an dem System, das wir mit jeder gekauften Bockwurst beauftragen, eine neue Bockwurst zu produzieren, mit jedem gegessenen Hamburger, einen neuen Hamburger zu produzieren. Wir tragen das System.

Wir sind alles kleine Lichter, die die großen globalen Zusammenhänge nicht durchschauen können. Dazu reicht das Fassungsvermögen unseres Gehirns nicht aus. Ja, wir können darüber lesen und uns ein paar Gedanken machen, aber am nächsten Morgen haben wir wieder Bock auf Fleisch. Der eigene Magen steht uns näher als »die anderen da«.

Die Zehn Gebote gelten für uns und unsere »Nächsten«, aber keinesfalls für jene aus dem Lande Nod, bei denen ja höchstens ein Abtrünniger, ein »Brudermörder«, unterkommen kann. Ein Brudermörder ist noch heute etwas Schlimmeres als einer, der in irgendeinem Kampf einen von den »anderen« ermordet.

Das Land Nod, gibt es das eigentlich, oder lesen wir davon nur in Zeitungen und Büchern?

Es gibt dieses Land. Wir müssen uns nur bewusst machen, dass da auch Menschen leben.

Und der Witz bei der Sache: So wie für uns »die anderen« (zu denen wir wen auch immer zählen) nicht zu unserer »Familie«, zu unserer »Gemeinschaft« gehören, so tun sie das natürlich auch nicht für die Fleischindustrie. Aber: Wir gehören für die Fleischindustrie auch zu den »anderen«, zu jenen, die sie nicht zu ihrer »Gemeinschaft« zählen, denn sie verarschen uns.

Sie verarschen uns, indem sie uns minderwertige Lebensmittel andrehen. Selbst fressen die ihren Scheiß nicht, denn sie wissen, was sie da an Chemikalien, Hormonen, Medikamenten und Würzmitteln reingepumpt haben, um kranke Tiere aus ihrer Massenzucht für die Zeit der Mast überlebensfähig und für den Konsum »schmackhaft« zu machen.

Sie lügen und betrügen.

So, so, der Konsument ist schuld ...

Ich kann es nicht mehr hören. Immer wieder wird behauptet, der »Konsument« hätte es in der Hand, der »Verbraucher« entscheide, was er kauft, und der kauft eben das Billigste. Das ist einerseits natürlich richtig, andererseits ist es eine antisolidarische Lüge, die die wahren Verhältnisse verschleiert und jenen, die aus purer Not handeln, eine Freiheit der Entscheidung andichtet, die sie vielleicht gar nicht haben. Als hätten diejenigen, die jeden Cent umdrehen müssen, um ihre Familie durchzubringen, stets die Wahl. Anstatt dass über die Zwänge der Armut nachgedacht wird, wird im Zusammenhang mit Ernährung verächtlich über das blöde Kaufverhalten der Armen geredet. Natürlich scheine ich mir gerade selbst zu widersprechen, denn ich vertrete ja gerade den Standpunkt, dass jeder selbst entscheiden kann, wie er mit sich umgeht. Und ich würde es natürlich gerne sehen, wenn sich immer mehr Menschen entschließen würden, ihre Ernährung umzustellen. Aber wir wollen einmal schauen, welche Steine ihnen dabei in den Weg gelegt werden.

»Das Konsumverhalten des Verbrauchers hat sich im letzten Jahr positiv entwickelt.« Wenn ich solche Sätze im Fernsehen höre oder in der Zeitung lese, könnte ich das Kotzen kriegen. Hier wird nicht über Menschen geredet, sondern über Größen in der Rechnung des Marktes. Und dieser Markt funktioniert. In etwa so: Wer mit seinem Produkt Geld verdienen will, der muss verkaufen. Das kann er tun, indem er anständige Ware in ausreichender Zahl zu einem vernünftigen Preis anbietet. Dann aber kommt der Konkurrent und bietet billiger an, wodurch ein Preiskampf beginnt. Um in diesem Kampf noch Gewinn zu machen, hat der Produzent mehrere Möglichkeiten: Er produziert in Massen. Er bezahlt seine Mitarbeiter schlecht. Er vermindert die Qualität seiner Ware.

Drogendealer strecken ihre Ware. Fleischproduzenten blasen sie auf. Ein Huhn, das für die Produktion von Hähnchenbrustfilets dahingehend zurechtgezüchtet wird, dass die Brust so groß oder so fett wird, dass das Tier kaum noch stehen kann, oder ein Geflügeltier, dessen Wachstum derartig beschleunigt wird, dass die Knochen nicht hinterherkommen, ist ein krankes Tier. Es lässt sich aber billiger »produzieren« als ein gesundes.

Und jetzt bekommt der Produzent auch noch staatliche Subventionen. Das führt dazu, dass er all die Teile, die hierzulande keiner mehr kaufen will, exportieren kann, weil allen eingeredet wurde, dass nur die Brust dieses kranken Tieres lecker sei. Ein Zusatzgeschäft, das der Konsument über die Subventionen mitfinanziert. Er zahlt also zweimal. Nebenbei zerstört dieser Export der minderwertigeren Ware auch noch die Geflügelmärkte in beispielsweise Westafrika, wo die subventionierten Schlachtabfälle noch Abnehmer finden, weil die europäischen Produkte immer noch billiger sind als die afrikanischen.

Inzwischen verdienen die Arbeitenden in Zucht, Schlachtung, Verwertung, Produktion und Verkauf in Deutschland so niedrige Löhne, dass sie meist gar nicht anders können, als ihren »Fleischbedarf« in den Billigsupermärkten mit minderwertigen Produkten zu decken. Man kann den Lohn eines Kassierers, die Geldscheine, die er irgendwann mal in der Hand hält, durchaus auch als Lebensmittelmarken betrachten, die er im konzerneigenen Geschäft eintauschen kann. Wer nun in die beschissene Lage kommt, seinen Job irgendwo in der Produktionskette (oder anderswo) zu verlieren, der bekommt eine Zeit lang »Arbeitslosengeld«, und wenn er nicht auf dem völlig überfüllten Arbeitsmarkt schnell wieder etwas findet, dann »rutscht er ab« in Hartz IV. Und jetzt raten Sie bitte einmal, anhand welcher Produkte der monatliche »Bedarf« eines Hartz-IV-Empfängers, der »Warenkorb« also, berechnet wird!

Wird da von den Preisen in einem Bioladen ausgegangen? Oder wird sich da doch eher an den Billigpreisen im Supermarkt orientiert? Aha! Es gibt Leute, die nennen das ein »Zwangsernährungssystem«. Der »Verbraucher« hat nämlich nicht immer wirklich die Wahl. Und wenn jemand diese Möglichkeit hat und versucht, auf seine Ernährung zu achten, dann wird den Ärmeren gerne auch mal eingeredet, eine vegane Ernährung oder »Bio« sei Firlefanz für eine gelangweilte Elite auf der Suche nach einer »Ersatzreligion«. Ist ja alles so überteuert!

Wie gesagt, ich betrachte meine Ernährungsweise nicht als »Ersatzreligion«, denn mir ist natürlich sofort klar, dass sie mit dem Gebrauch dieses Wortes nur verunglimpft werden soll, und zwar von den Anhängern einer anderen Ersatzreligion – der Religion des freien Marktes, der schon alles regulieren wird. Als wäre er ein gnädiger Gott. Wir können Fragen zur Ernährung nicht zu Ende denken, wenn wir uns nicht mit dem Kapitalismus auseinandersetzen – mit den Produktionsmethoden, den Arbeitsverhältnissen und Ernährungsweisen, die er uns aufzwängt.

Am Anfang der Produktionskette steht das gequälte Tier, durch den kompletten Prozess der ausgebeutete Arbeiter und am Ende der »Konsument«, dem der ganze Scheiß fast genauso reingestopft wird wie das »Kraftfutter« dem Mastvieh.

Der Kapitalist wehrt sich mit Händen und Füßen dagegen, dass in seiner Produktionskette etwas zum Wohle von Mensch oder Tier verändert wird, wenn das seinen Gewinn schmälert. Man müsste diesen Leuten ihren eigenen Scheiß in den Hals stopfen, denn freiwillig würden die eine »feine Bauernleberwurst« für 99 Cent pro 100 Gramm aus einem ihrer Supermärkte nicht essen. Die benehmen sich da so wie der Wirt Panschnix in *Asterix auf Korsika*, der sich mit Osolemirnix in ein Hinterzimmer seines Cafes zurückzieht:

»Reseda, bring Wein und Wurst! Aber nicht von dem Zeug für Gäste!«[19]

WURST

Was ist eigentlich Wurst? Wenn wir an Fleisch denken, dann haben wir wohl meistens das Bild von einem Steak oder einem Schnitzel vor Augen. Vielleicht auch von Schinken. Aber auch Wurst wird von den Verächtern veganer Ernährung als Fleisch angesehen.

Bevor wir also wissen können, was Wurst eigentlich ist, müssen wir uns über den Begriff »Fleisch« einigen. Sind Augen Fleisch? Sind Schwänze von Kühen oder Schweinen Fleisch? Innereien? Knorpel oder Sehnen? Und wo landen eigentlich Hoden von Schlachttieren? Um die Produktion von Wurst scheint ein Geheimnis zu bestehen, das niemand der Produzenten aufklären will.

Man kann allerdings zum Beispiel in einer Suchmaschine »Was ist drin – Wurst« oder Ähnliches eingeben und sich dann von den Ergebnissen anekeln lassen.

Ob jetzt alles stimmt, was man in den Weiten des Internets über Wurst erfahren kann, sei dahingestellt, aber eines ist klar: Wenn man mal eine Bockwurst durchbricht und sich das Innere anguckt, dann muss man sich fragen, was das eigentlich mit einem Steak gemeinsam haben soll. Was ist das für eine Masse, die da zusammengekocht und mit vielen Gewürzen »schmackhaft« gemacht wurde?

Wurst entstand aus dem ökonomisch sinnvollen Bedürfnis, möglichst viel vom Tier zu verwenden. Wenn wir diesen Gedanken weiterführen und uns dabei in den Produzenten von Fleisch und Wurst hineinversetzen, dann können wir nur zu einem Schluss kommen: In Wurst ist alles enthalten, was nicht illegal ist. Der Produzent will ja schließlich nichts, aber auch gar nichts verschwenden, denn er will Geld machen.

Also: Was ist drin in der Wurst?

Augen, Knorpel, Sehnen? Blut gar? Guten Appetit!

Sie mögen Wurst? Das ist erst einmal Ihre Sache. Mir ist es herzlich egal, wie schlecht Sie sich selbst behandeln. Aber erzählen Sie mir nicht, ich würde als Veganer »Fleischersatz« zu mir nehmen, wenn ich mal ein Tofuwürstchen esse, während Sie »echte« Würstchen in sich reinstopfen. In meinen Augen sind Sie zu bedauern, nicht ich, denn verglichen mit dem, was ein Steak ausmacht, kann ich den Inhalt der meisten Würstchen tatsächlich nur als Fleischersatz bezeichnen. Und ich könnte genauso über Wurstesser lachen – die nur glauben, »Hochwertiges« zu essen –, wie die über mich lachen. Aber dazu ist das Thema insgesamt nicht lustig genug. Natürlich wäre es eine extreme Verschwendung, wenn man von einem Tier nur das Beste verwertet und den Rest wegschmeißt. Das braucht mir niemand zu erzählen, denn das ist einer der vielen Gründe, warum ich Veganer bin. Eine reine Steakerzeugung wäre eine noch größere Verschwendung natürlicher Ressourcen als die Fleischverwertung, wie wir sie heute erleben.

Aber eines sollte jeder, der Wurst isst, wissen: Man wird mit dem Abfall abgespeist, den kein Fleischproduzent selbst essen würde. Bockwurst aus dem Supermarkt auf einem Treffen der Vertreter der Fleisch verarbeitenden Industrie? Ich bitte Sie!

Bockwurst, Weißwurst und Ähnliches sind Dinge, die man am besten nur besoffen zu sich nimmt, wenn überhaupt.

Und da sind wir auch schon beim nächsten Thema, den Drogen.

DROGEN

Wenn man den Spaß umdreht, den sich Carnivoren machen, indem sie über Veganer lachen, dann kann man Carnivoren mal mit Drogenkonsumenten vergleichen.

Dabei stößt man auf erstaunliche Parallelen. Der Mensch hat zum Beispiel ein natürliches Bedürfnis nach Rausch. Und er hat ein natürliches Bedürfnis nach Fett, Kalorien und Proteinen. Beide Bedürfnisse können maßvoll und angemessen befriedigt werden. Beide Bedürfnisse ziehen im Exzess gesundheitliche Schäden nach sich.

Der Mangel am Suchtstoff zieht ein übersteigertes Konsumverhalten nach sich. Oder anders gesagt: Der Stoff wird in konzentrierterer Form und in höherer Dosis eingenommen. Das hat die Alkoholprohibition in den Dreißigern in Amerika gezeigt. Wer damals mit verbotener Droge wie Alkohol Umsatz machen wollte, der schmuggelte kein Bier, der schmuggelte Schnaps. Also tranken die Leute mehr Schnaps als vor der Prohibition. Der Schmuggel von Bier wäre einfach zu aufwendig gewesen. Man kann das heute noch beobachten, wie Johann Hari in seinem Buch *Drogen: Die Geschichte eines langen Krieges* zeigt: In amerikanischen Stadien, schreibt Hari, sei Alkohol verboten. Also schmuggeln Studenten, die eigentlich zu den typischen Biertrinkern zählen, Schnaps hinein. Das Verbot der Droge führt zu einer höheren Konzentration beim Konsum. Beim Fleisch verhält es sich ähnlich.

Der nackte Mensch in der Wildnis ist eigentlich ein ziemlich wehrloses Wesen. Die einzige brauchbare Waffe, die er von Haus aus mitbringt, ist sein Verstand. Aber dieser Verstand musste sich erst einmal entwickeln. Für den Menschen, in seiner langen Geschichte, war es die überwiegende Zeit lang sehr schwierig, seinen energetischen Grundbedarf zu decken. Der allgemeine Mangel an Fett, Kalorien und Proteinen bewirkt einen Heißhunger auf diese

Nährstoffe, also wird natürlich zu allem gegriffen, was diese Stoffe enthält. Der Mensch muss satt werden! Wer sich zwei Wochen lang mangelhaft ernährt hat, der wird, wenn er nicht schon bewusst Vegetarier ist, sofort zum Steak greifen und alles andere links liegen lassen. Das ist ein Ernährungsverhalten, das sich bei uns im Laufe von mehreren Millionen von Jahren evolutionär entwickelt hat, weil der Mangel vorherrschte.

Solches Verhalten lässt sich auch heute noch in anderen Zusammenhängen beobachten.

Im bereits genannten Buch *Wohlgeschmack und Widerwillen* von Marvin Harris schreibt der Autor von der Augenkrankheit Xerophtalmie, die hauptsächlich in Südostasien vorkommt und an der pro Jahr annähernd eine Million Kinder erkranken, wovon zwischen 30 und 50 Prozent auf beiden Augen erblinden. Xerophtalmie entsteht durch einen Mangel an Vitamin A, und die Frage, mit der sich die Wissenschaftler lange beschäftigten, lautete, warum diesen Kindern nicht einfach billige pflanzliche Nahrung gegeben wird, die genug Vitamin A enthält und von der es in Südostasien reichlich und in Hülle und Fülle gibt.

Das Hauptnahrungsmittel Reis in dieser Region hilft nämlich überhaupt nicht gegen Vitamin A-Mangel. Warum essen diese Kinder also hauptsächlich Reis und nicht auch mal grünes Blattgemüse?

Des Rätsels Lösung ist so einfach, dass man sich wundert, dass die Wissenschaftler so lange nicht drauf gekommen sind: Diese an Xerophtalmie erkrankten Kinder gehören den ärmsten aller armen Familien an. Ihre Eltern können sich Reis *oder* Gemüse leisten, nicht beides. Mit anderen Worten: Es ist besser für das Kind, wenn es erblindet, aber am Leben bleibt, als wenn es sehen kann, aber verhungert.

Der Mensch muss satt werden!

Als Erstes essen wir tatsächlich, »um uns den Bauch vollzuschlagen« – dann gucken wir mal, was es sonst noch an wichtigen Nährstoffen gibt, die unsere Gesundheit erhalten.

Noch einmal: Das ist ein Ernährungsverhalten, das aus Mangel entstanden ist! Dieser Mangel ist aber heute nicht mehr gegeben. Oder besser: Es gäbe ihn nicht mehr, wenn die Ressourcen gerecht verteilt wären. Die Lösung für die Kinder, die Harris beschreibt, wäre, das Lohnniveau ihrer Eltern anzuheben.

Wie die Trinker es nach dem Ende der Prohibition nicht mehr nötig hatten, Schnaps zu trinken, weil es wieder Bier gab, so haben wir es heute, nach dem Ende des Mangels, nicht mehr nötig, Fleisch zu essen, weil wir auch an pflanzlicher Nahrung satt werden können.

Aber das wissen die Drogensüchtigen, die Alkoholiker und die Carnivoren noch nicht. Bei ihnen hat sich ein Suchtverhalten entwickelt, das sich nicht so leicht therapieren lässt.

Das Problem bei Alkohol und Fleisch ist unter anderem, dass Werbung dafür erlaubt ist und dass es nicht nur genügend davon gibt, sondern es den Menschen geradezu aufgedrängt wird. (Ich rede jetzt wieder von unserer westlichen Welt und möchte bitte nicht missverstanden werden: Ich kreide keinem verarmten Bauern irgendwo auf der Welt irgendeinen Fleischkonsum an.)

Auf zahlreichen Bahnsteigen des Hamburger Verkehrsverbundes werden in Kiosken Würstchen zum Verkauf angeboten. Was zum Teufel ist das? »Oh, meine Bahn kommt erst in drei Minuten, da habe ich ja noch Zeit, mir eine Wurst in den Hals zu stecken!« Die Carnivoren folgen nicht nur einem archaischen Fresstrieb, es werden ihnen auch alle Chancen genommen, aus diesem Verhalten auszubrechen, weil die Dealer ganz andere Interessen haben: Der Profit muss stimmen! Also müssen die Leute flächendeckend mit ihrer Droge versorgt werden. Und die armen Süchtigen kommen gar nicht erst auf die Idee, aus ihrem Verhaltensprogramm ausbrechen zu wollen.

Es ist Sommer. Mit einem netten Kollegen bin ich an einem heißen Tag unterwegs, um noch eine Kleinigkeit Umzugsgut im Alten Land außerhalb von Hamburg abzuladen. Es ist Mittag, die Sonne steht im Zenit, und wir kurven mit unserem Lkw die Straße hinterm

Elbdeich entlang, als mein Kollege, ich nenne ihn mal Sven, sagt: »Wir könnten auch mal Pause machen.« Recht hat er. Um 7 Uhr morgens haben wir angefangen und seitdem durchgearbeitet. Langsam Zeit also, was zu essen. »Halt mal an, da ist ein Fischimbiss«, sagt Sven plötzlich, und ich ziehe auf einen Parkstreifen an der Seite. Während Sven zum Imbiss geht, krame ich eine große Tupperdose hervor und freue mich, dass meine liebe Frau immer wieder solch hervorragende Gerichte für mich kocht wie das, was sich heute in dieser Dose befindet:

Vollkorn-Fusilli mit Pesto und gefüllten Zucchini, die Zucchini halbiert und gefüllt mit einer Mischung aus dem ausgeschabtem Fruchtfleisch der Zucchini, altem Brot, Tofu, Knoblauch, Petersilie und Schnittlauch. Am Abend zuvor hatten die Zucchini mit etwas Paniermehl bestreut und etwas Olivenöl beträufelt 30 Minuten im Backofen verbracht. Das Ergebnis: Lecker! (Und wer sich jetzt an dem »alten Brot« stört, dem sei versichert, dass sich aus altem Brot noch reichlich Schmackhaftes bereiten lässt. Außerdem kaufe ich keine Nahrungsmittel, um sie wegzuschmeißen!)

Wegen der Hitze beschließe ich, auf den Campingkocher zu verzichten und mein Mahl kalt zu genießen. Kaum habe ich den ersten Bissen im Mund, ist Sven auch schon zurück. »Scheißladen!«, sagt er. »Völlig überlaufen. Und teuer, Mann. Fish and Chips für 8,90 Euro. Geräucherter Aal für 23 Euro – die spinnen doch.«

»Touristenfalle«, sage ich, und Sven nickt. Dann weist er mich auf einen »total geilen« Imbiss hin, den er kenne und der nur ein paar Kilometer weiter sei. Wir fahren hin, und ich parke auf der Straßenseite gegenüber dem Imbiss, vor dem in der prallen Sonne ein Mann und eine Frau sitzen, die beide einen Gyrosteller vor sich haben, an dem sie sich schwitzend abarbeiten. Während Sven an einem Tisch neben ihnen Platz nimmt, lasse ich es mir im Lkw schmecken.

Auf Gyrosteller hatte Sven wohl keine Lust, denn nach ein paar Minuten bringt ihm die Bedienung Currywurst mit Fritten raus.

Amüsiert kann ich beobachten, wie Sven zwei Happen nimmt und sich das erste Mal den Schweiß von der Stirn wischt. Als er nach ein paar weiteren Happen das erste Mal die Backen aufbläst, weiß ich, dass die ganze Angelegenheit nicht nur sättigend, sondern auch anstrengend ist.

Ich erfreue mich inzwischen an den Geschmacksnuancen meines Mittagessens und fühle, wie sich die Nahrung in meinen Verdauungstrakt schmiegt. Sättigend und trotzdem leicht. Dem Wetter angemessen. Etwas Salat für später habe ich natürlich auch noch dabei.

Den Carnivoren da draußen geht es ganz anders. Der Frau scheint die Hälfte von ihrem Gyrosteller zu genügen, der Mann kämpft noch ein bisschen mit dem Fleisch, dann wirft er das Handtuch und nimmt einen letzten Schluck von dem Bier, das vor ihm auf dem Tisch alles andere als erfrischend aussieht. Sven verschlingt das letzte Stück Currywurst, stopft sich noch zwei Fritten rein und gibt dann auf. Etwa ein Drittel der Fritten, die er bestellt hat, bleibt auf dem Teller zurück. Immerhin war er nicht so doof, sich sofort ein Bier zu bestellen (das dann die ganze Zeit in der Sonne stehen kann), sondern bringt sich ein kaltes mit in den Lkw. »Das war ja mal nix«, sagt er. »Labberige Fritten und fade Wurst. Keine Ahnung, wieso ich dachte, das sei ein toller Imbiss.« Ich sehe ihn an, und er weiß, was ich denke. »Kann sein«, sagt er nur, was bedeutet, dass er möglicherweise betrunken war, als er das letzte Mal hier war.

Es ist immer wieder dasselbe mit den carnivorischen Kollegen. Sie wollen zu Mittag unbedingt »was Gutes« essen und landen dann bei immer dem gleichen Scheiß. Entweder Gyros oder Currywurst mit Fritten oder ein halber Hahn. Und nie sind sie danach wirklich zufrieden. Das ist wie mit Rauchern, die zwei Tage nicht geraucht haben und sich dann nach der ersten Zigarette selbst fragen, ob die jetzt nötig gewesen sei.

Wir dürfen diese Süchtigen nicht verurteilen!

Wir müssen ihnen helfen.

Wir können ihnen Wege aufzeigen. Behutsam. Sie sind ja nicht die Dealer, die die großen Massentierhaltungsanlagen betreiben.

Natürlich ist an dem Argument etwas dran, wonach jede Wurst, die gegessen wird, der Bestellung einer neuen Wurst gleichkommt. Aber das wäre so, als wolle man einem Kokainsüchtigen auf Entzug erklären, dass er für die Zustände in Mexiko und Kolumbien verantwortlich sei. Dafür sind natürlich die Drogenkartelle verantwortlich, die ihn als Opfer genauso sehr brauchen wie der Fleischproduzent den Carnivoren.

Das mit der Eigenverantwortung können wir ihm erklären, wenn er bereit ist zuzuhören. Diesen Moment müssen wir abpassen.

Sonst können wir »Weltverbesserer« diese Welt nicht verbessern, denn Drogensüchtige haben oftmals Angst, dass man ihnen was wegnehmen will, und dann kommen sie mit den absurdesten Behauptungen. Zum Beispiel:

»HITLER WAR VEGETARIER!«

Oft wird von irgendwelchen Leuten behauptet, dass Veganer sich für bessere Menschen halten. Unabhängig davon, dass es solche Veganer vielleicht wirklich gibt, werfen diese Behaupter unreflektiert alle Veganer in einen Topf, und wenn ihnen nichts Besseres mehr einfällt, dann bringen sie Hitler ins Gespräch. »Kannste mal sehen, Vegetarier sind gar nicht automatisch die besseren Menschen. Hitler war nämlich auch Vegetarier!«

Aha! Und sonst? Wie ist denn das Wetter heute?

Dass Hitler Vegetarier war, hat in der Diskussion nichts zu suchen, denn dann könnte man auch Raucher dazu bringen, niemals damit aufzuhören, sich zum Lungenkrebs zu qualmen, denn schließlich war Hitler ja auch Nichtraucher.

Aber das Argument mit Hitler als Vegetarier ist natürlich nur ein Scheinargument, das nur der Ablenkung dient. Das ist Rhetorik der billigsten Art: Vergleiche einen x-beliebigen Anhänger einer Idee mit dem schlimmsten Anhänger dieser Idee, der dir einfällt, und schon hast du die Diskussion für dich entschieden!

Liebe Carnivoren, wenn ihr mir mit Hitler, dem »größten Feldherrn aller Zeiten«, kommen wollt, dann schafft endlich und ein für alle Mal sämtliches Kriegsgerät und alle Waffen auf dieser Welt ab oder sorgt zumindest dafür, dass keine mehr gebaut werden, ihr verdammten Armleuchter!

Und sorgt vor allem dafür, dass nicht das Land, dessen gewählter Kanzler oder »Führer« dieser Geisteskranke zwölf Jahre lang war, zu den größten Waffenexporteuren der Welt gehört. Danach könnt ihr mich noch mal fragen, ob ich es nicht bedenklich finde, gewisse Ernährungsweisen mit diesem Mann gemein zu haben. Vorher nicht!

Hitler hat übrigens auch Schuhe getragen. Deswegen renne ich nicht barfuß herum. Und wenn das mal jemand einsieht, dann kommt mir garantiert irgendwann irgendjemand anderes mit dem Vegetarier Gandhi und seiner asketischen Lustfeindlichkeit. Aber auch dieser andere kann mich gerne mal von hinten sehen.

Ich weiß nichts über Gandhis »Lustfeindlichkeit«, und sie interessiert mich auch nicht, denn auch hier geht es wieder einmal nur darum, ein Scheinargument ins Gespräch zu bringen. Hitler als das absolute Böse geht natürlich gar nicht. Aber Gandhi als die andere Seite der Medaille, das absolute Gute, geht auch nur bedingt, denn: So ein klein bisschen Sünde ab und zu muss doch erlaubt sein, gelle? Also machen es Veganer in den Augen der Scheinargumentierenden *immer* falsch. Entweder sie werden mit Hitler verglichen, oder aber das angebliche Streben nach einem Leben frei von »Sünden« übertreibt die ganze Sache gewaltig. Aber da tut sich ein Denkfehler auf:

Wer glaubt, er könne Leute, die sich eine Bockwurst nach der anderen in den Rachen stopfen, während sie mit Bier und Schnaps nachspülen, als lustfreundlich bezeichnen, der ist auf dem Holzweg. Dieses Mampfen, dieses Schlingen und Stopfen ist eine einzige Ersatzbefriedigung und hat mit Lust so viel zu tun wie der Drogenrausch eines vereinsamten Süchtigen, der seine wahren Bedürfnisse gar nicht mehr kennt.

Wir verfügen über Sinne, die uns nicht nur Orientierung in der Welt um uns herum ermöglichen, sondern uns auch das Empfinden von Sinnlichkeit ermöglichen.

Jemand, der am köstlichen Aroma einer Speise gar nicht interessiert ist, weil er es gar nicht mehr sein kann, da er mit Currywurst aufgewachsen ist, der wird einem Veganer immer Lustfeindlichkeit vorwerfen, weil er Sinnlichkeit noch nie erlebt hat. Oder weil dieses Erleben zu lange her ist, als dass er sich noch daran erinnern könnte. Es wurde ihm ausgetrieben. Er verstopft sein Empfinden mit den minderwertigsten Produkten, die zu haben sind, weil ihm andere vielleicht nicht geboten werden. Er benimmt sich wie eine Dame, die Parfüm nicht wohldosiert aufträgt, sondern gleich den ganzen

Flacon über sich ausgießt. Er benimmt sich wie jemand, der seine Sexualität mit Pornos entdeckt, bevor er das erste Mal mit einem Partner zusammen Zärtlichkeiten austauscht.

Erzählt mir also nicht, ich wäre lustfeindlich, solange ihr euch wie Kettenraucher benehmt, die sich gegen das Lüften eines vollgequalmten Zimmers wehren, weil das ja den Genuss störe.

SCHLINGEN, STOPFEN, MAMPFEN

Ab und zu bekommt man mit, wie Leute sich erzählen, dass Veganer ja »andauernd« essen würden. So wie eine Kuh auf der Weide eben, die nichts anderes tut, als den ganzen Tag zu grasen. Und weil das Bild der Kuh dabei das Bild eines einfältigen Wesens ist, das außer Kauen und Doof-in-die-Gegend-Glotzen nichts zu tun scheint, wird dieses Bild dann gerne für Witze über Veganer benutzt. »Haha, die Blöden! Kriegen nicht genug Kalorien und müssen den ganzen Tag über Grünzeug mampfen …!«

Ist das wirklich so?

Wenn ich arbeite, dann esse ich in den Pausen meine selbst zubereiteten Gerichte, die ich immer dabeihabe. Und weil das stets leichte Kost ist, kann es sein, dass ich schon nach einer Stunde wieder Hunger verspüre. Dann wird entweder eine Kleinigkeit genascht oder aber auf die nächste Pause gewartet, denn schließlich muss ich ja arbeiten, wenn ich im Job unterwegs bin. Man kann nicht Möbel schleppen und sich dabei fortwährend um Nahrungsaufnahme kümmern.

Aber wie sieht es denn bei den anderen Kollegen aus, bei den Fleischessern?

Nun, die hauen sich vielleicht schon auf dem Weg zum Kunden eine Frikadelle oder ein Schnitzelbrötchen von der Tanke rein, um dann in der Mittagspause einen Döner, einen Grillteller oder Ähnliches zu essen. Und dann sind die wirklich erst einmal satt. Nach dem Essen sollst du ruh'n oder tausend Schritte tun. Und tausend Schritte werden sie tun, auch wenn die ersten ein- bis zweihundert dabei vielleicht anstrengend sind. Wegen satt und so.

Und was passiert dann weiter? Reicht dieses Mittagessen für den Rest des Tages bis zum Abendbrot? Natürlich nicht. Vielleicht stellen die Kunden ja noch »Kleinigkeiten« hin wie Kekse, »Schoki« oder Fruchtgummis und Lakritze. Und das wird dann en passant weggemampft. Und zum späten Kaffee gibt es vielleicht noch Kuchen. Da wird geschlungen, gestopft und gemampft, solange der Tag währt. Aber das bemerkt keiner, weil es dazu nicht das nette Bild von der tumben Kuh gibt, das man so schön dämlich finden kann.

Wenn ich genau hinschaue, dann wird mir klar, dass ich *nicht* öfter esse als die anderen, nur sehen die das nicht so, weil sie dieses Nebenher-Verschlingen von allem Möglichen gar nicht als Essen an sich wahrnehmen. Da wird gegriffen und vertilgt, was gerade greifbar ist, und niemand macht sich Gedanken, was er sich selbst und seinem Körper zumutet. Während die Kollegen sich alle Mühe geben, mit den Möbeln der Kundschaft höchst sorgfältig umzugehen, behandeln sie sich selbst wie den letzten Sperrmüll.

Das ist aber in unserer Gesellschaft, in der alles »to go« zu haben (und zu verspeisen) ist, nicht allzu verwunderlich. Man kann ja nirgends hingehen, sich kaum irgendwo aufhalten, ohne dass einen Fleischhändler dazu auffordern, ihre Produkte zu verzehren. Jedenfalls ist das so in der Großstadt Hamburg, in der ich wohne. Die komplette Nebenbei-Ernährung, der sich die Leute hingeben, kriegen sie kaum noch mit. Und nach langem Arbeitstag zu kochen kriegen zumindest die Singles dann auch nicht mehr hin, denn es muss ja noch ferngesehen oder im Internet gesurft werden. Da passt es dann, dass man schnell eine Pizza bestellen kann. Es ist entsetzlich.

Aber gerne wird über den Veganer gelacht, während man nicht ansatzweise ahnt, wie sehr man selbst zu bedauern ist.

BLÖDER KAFFEE UND MASKIERTE HÜHNER

Nicht nur wenn nette Kunden auf einem Umzug Frühstück oder Mittagessen anbieten, ziehe ich mich in das Fahrerhaus des Lkws zurück. Auch beim Kaffeetrinken greife ich lieber zu selbst Zubereitetem. Ich trinke gerne Espresso und weiß, wie man den macht: mit einem Espressokocher nämlich. Ganz anders geht es immer öfter in den Wohnungen der Kundschaft zu. Da werden »Coffee Pads« in eine Maschine gepackt, dann läuft der Kaffee durch, und anschließend hat man – »total praktisch« – so gut wie keinen Müll beziehungsweise Abwasch. Abgesehen von einer Unmenge an Aluminiumkapseln, die zwar der »Wiederverwertbarmachung« zugeführt werden können, aber seien wir mal ehrlich: Gibt es Menschen, die ihre Aluminiumkapseln zu einer Aluminiumsammelstelle bringen?

Ich komme einfach nicht dahinter, wieso sich die Leute immer wieder irgendeinen Scheiß andrehen lassen, den sie vor zehn Jahren noch kein bisschen vermisst haben.

Bei amazon.de erscheint zu dem Suchwort »Coffee Pads« ganz oben ein Produkt, dessen Kaffeepreis mit 26,22 Euro pro Kilo angegeben wird. Wenn das fair gehandelter Kaffee wäre, dann könnte ich das einsehen. Von fair gehandeltem Kaffee gehe ich aber bei dem Lebensmittelkonzern Nestlé aus naheliegenden Gründen nicht aus.

Und was an Aluminiummüll praktisch sein soll, das verstehe ich auch nicht. Den Kaffeesatz aus meiner Espressomaschine kann ich fast überall in die Gegend kippen, in jeden Busch, in jedes Beet. Das ist nämlich Dünger.

Jetzt höre ich schon wieder jene, die mich einen Weltverbesserer schimpfen wollen. Außerdem höre ich sie fragen, was das denn jetzt mit veganer Ernährung zu tun hätte. Das sage ich gleich, etwas Geduld bitte. Vorerst müsst ihr euch mit meiner Ansicht begnügen, dass ihr euch aber auch jeden Mist verkaufen lasst und es nicht mal merkt.

Mein wichtigster Beweggrund, diese Coffee Pads nicht zu benutzen, ist nämlich, dass ich weiß, wie guter Kaffee schmeckt. Die Plörre, die ihr euch in den Hals gießt, will ich nicht goutieren müssen. Da steckt eine Pointe dahinter: Ihr lacht mich aus, weil ich den besseren Kaffee trinke! Euren Humor will ich nicht haben.

Ihr lacht auch über Veganer, weil ihr euch an dem Begriff »Fleischersatz« aufhängt. Wenn ich ein Tofuwürstchen esse, dann ist mir die Bezeichnung egal, denn dann esse ich Tofu und keinen »Fleischersatz«. Und bei all eurem Gelächter kapiert ihr nicht, dass ihr selbst meistens Ersatz esst, wenn ihr meint, echtes (also »gutes«) Fleisch zu verspeisen. Glaubt ihr im Ernst an die Qualität dessen, was ihr im Discounter kauft? Oder am Hähnchengrill? In dem Roman *Der futurologische Kongress* von 1970 beschreibt Stanisław Lem die überbevölkerte Erde im Jahre 2039. Die Wahrnehmung der Welt ist für den Menschen durch »Psychemikalien« verfälscht worden. Er kann die Wirklichkeit nicht mehr sehen, er kann nur noch das durch jene Psychemikalien idealisierte Bild der Welt wahrnehmen. Leute, die meinen, sie würden bequem im Luxusauto durch die Straßen fahren, laufen in Wirklichkeit mit einem Stock als Lenkrad in den ausgestreckten Händen umher, und jene, die meinen, sich in einem Fahrstuhl zu befinden, hangeln sich an Tauen auf und ab, wobei sie entspannt mit ihrem Nebenan plaudern, natürlich nicht, ohne angestrengt zu keuchen. Aber das merken sie wegen der allgegenwärtigen Psychemikalien nicht, deren wichtigste Vertreter übrigens »Maskone« heißen, weil sie die Welt »maskieren.« Zum Beispiel in jenem Restaurant, in dem der Held Ion Tichy das erste Mal die Wahrheit erfährt, nach dem er per Einfrieren und wieder Auftauen in diese Zukunft gelangt ist. Sein alter Bekannter, Professor Trottelreiner, der Tichys Zeit des Eingefrorenseins überlebt hat, reicht ihm ein »Antimaskon«, und als Tichy daran riecht, erkennt er, was in Wirklichkeit hinter dem Restaurant steckt.

»… statt der Silberschüssel, worin auf knusprigem Brot das Rebhuhn geduftet hatte, stand vor mir ein Teller aus Steingut; darauf lag ein unappetitlicher graubrauner Breiklumpen; er blieb an der Gabel kleben, deren edler Silberglanz gleichfalls erloschen war. Zu Eis erstarrt blickte ich auf die Scheußlichkeit, die ich mir eben noch hatte schmecken lassen, …«[20] Wenn wir ähnlich wie Ion Tichy sehen könnten, was wir in Wirklichkeit essen, dann würde es einigen von uns den Appetit verschlagen. Wenn wir »Antimaskone« hätten, dann könnte uns die Fleischindustrie nichts mehr vormachen. Diese Fleischindustrie, die tatsächlich schon »Maskone« benutzt. Das ist die Pointe, auf die ich mit diesem Text hinauswill.

Die Hühner beziehungsweise Hähne in den Massenmastanlagen verlieren nämlich im Laufe ihres erbärmlichen Lebens und in der Verarbeitung den typischen Hähnchengeschmack. Der wird ihnen später wieder zugefügt, in einem gewürzten Wasserbad, das »Bouillon« genannt wird, welches man meines Erachtens aber auch als »Maskon« bezeichnen kann.

Immer noch Bock auf einen halben Hahn?

Guten Appetit.

ÄPFEL UND HÜHNER

Man soll nicht Äpfel mit Birnen vergleichen, heißt es. Und wenn man das nicht soll, dann soll man Äpfel wohl erst recht nicht mit Hühnern vergleichen. Ich will es trotzdem tun, denn natürlich kann man alles mit allem vergleichen, also auch den Planeten Jupiter mit einem Notizzettel auf meinem Schreibtisch. Man muss nur wissen, wie es geht.

Äpfel und Hühner haben sehr viel gemeinsam. Zum Beispiel werden beide vom Menschen gerne gegessen. Für den Apfel ist das gut. Für das Huhn nicht. Aber beide haben eine recht ähnliche Karriere im »Zusammenleben« mit dem Menschen hingelegt. Wobei das Huhn darunter extrem leidet. Vom Apfel lässt sich das nicht sagen. Wir können es einfach nicht wissen.

Der Apfel ist in Asien domestiziert worden, so wie das Huhn. Doch der Apfel hat sich selbst geradezu »angeboten«, domestiziert zu werden. Denn er gehört zu jenen Pflanzen, die ihre Samen mit leckerem Fruchtfleisch umgeben. Der Fruchtfleischfresser, sei es Tier oder Mensch, wird mit dem Verzehr des Fruchtfleisches immer auch für die Verbreitung der Samen sorgen, sei es, dass er die Frucht woandershin trägt (weit weg vom Baum) oder dass er die Samen mitisst und später woanders wieder ausscheidet (auch weit weg vom Baum). Das ist »im Sinne« des Apfels. Und weil der Mensch ausgewählt und gezüchtet hat, wurden Äpfel auch größer und süßer und konnten sich weit verbreiten. Manche Leute sagen, man könne es auch so sehen, dass nicht der Mensch den Apfel, sondern der Apfel den Menschen domestiziert hat. Immerhin hat der Apfel mit seiner lockenden Frucht den Menschen dazu gebracht, ihn mit nach Amerika, Australien, Neuseeland und überall dort auf der Welt mitzunehmen, wo diese Frucht wachsen kann. Der Apfel hat es also geschafft.

In der Natur vollzieht sich Evolution sehr langsam, zumindest, was das menschliche Zeitverständnis anbelangt. Eine (zufällige) Mutation setzt sich durch, wenn die Umstände in der Umgebung günstig für sie sind. Die meisten Mutationen schaffen das nicht. Das ist Selektion, und die hat nichts mit Zufall zu tun, sondern mit den aktuellen Gegebenheiten.

Der Mensch kann wesentlich schneller züchten und auswählen, als es in der Natur möglich ist, weil der Mensch zu bewusstem und planvollen Handeln fähig ist. Aus der Kreuzung des Holzapfels mit einer Handvoll anderer Wildäpfel hat er es geschafft, innerhalb kurzer Zeit eine enorme Zahl von Apfelsorten zu schaffen. Um 1880 gab es weltweit 20.000 Apfelsorten »in Kultur«, wie die Wikipedia schreibt. Davon in Preußen allein 2300. Heute gibt es in Deutschland noch 1500, von denen 60 wirtschaftlich bedeutend sind. Im Supermarkt finden wir 5 bis 6 »globale Sorten«.

Das ist interessant.

Wie kommt es zu dieser Einschränkung?

Schauen wir uns mal das Huhn an. Laut Wikipedia gibt es 180 bekannte Hühnerrassen, die alle vom südostasiatischen Bankivahuhn abstammen. Vom Menschen gezüchtet. In den modernen Massenanlagen gibt es zwei »Sorten« von Huhn. Die eine wird ausschließlich zur Produktion von Eiern aufgezogen. Das heißt, dass alle männlichen Vertreter dieser Sorte schon als Küken geschreddert werden, weil sie ja keine Eier legen können. Die Vertreter der anderen »Sorte« werden für den Verzehr durch den Menschen gemästet. Etwas anderes gibt es in der Massenhuhnhaltung nicht. Und das genetische Material dieser beiden Hühnerrassen ist im Besitz einer Handvoll Konzerne.

Was ist da im Laufe der Geschichte passiert? Schauen wir zurück: 20.000 Apfelsorten und 180 Hühnerrassen. Das ist eine enorme Vielfalt, die der Mensch der Natur zugeführt hat. Es wäre wünschenswert, wenn er diese Vielfalt auch erhält. Wenn er sie hegt und pflegt. Ich finde es nicht absolut verwerflich, wenn aus einer

Hühnergruppe auf einem Hof in dezentralisierter Landwirtschaft auch mal ein Huhn oder Hahn herausgenommen wird, weil das Tier gegessen werden soll. Das Perverse, um das es mir in der Hauptsache geht, ist ja die Massentierhaltung. Mir ist völlig klar, dass Biotope (und das sind landwirtschaftliche Betriebe in dezentralisierter Wirtschaft natürlich auch) ohne Tiere nicht funktionieren. Aber wie wäre es denn, wenn wir uns als Gärtner verstehen? Jede Grünanlage in der Stadt braucht einen Herbst- oder Frühjahrsschnitt, damit die Stadt nicht zuwuchert. In der Tierhaltung muss es dann vielleicht auch einen »Herbstschnitt« geben, damit die Gruppen und Herden uns nicht über den Kopf wachsen.

Das Problem ist: Es würde dabei nicht genug Fleisch geben, dass immer alle jeden Tag von morgens bis abends Fleisch essen könnten, also würden alle eine Wirtschaft wünschen, die mehr produziert, was dann wieder zu den bekannten Verhältnissen in den Massenanlagen führen würde. Und genau das ist einer der wichtigsten Gründe, warum ich Veganer bin. Aber schauen wir trotzdem noch einmal.

Sehr oft wird, wenn über das miese Verhalten des Menschen der Umwelt gegenüber gesprochen wird, die Bibel zitiert: »Macht euch die Erde untertan!« Und dann wird gesagt, die Menschen verstünden das als Freibrief, ohne Rücksicht auf irgendwas oder irgendwen zu tun und lassen, was immer sie wollen.

Ich kenne mich mit der Bibel nicht aus, aber wie wäre es denn, wenn dieses Wort ganz anders gemeint war? Wer hat Untertanen? Ein König. Wir können ja mal versuchen, uns die Bedeutung der Aufforderung »Macht euch die Erde untertan« aus einer Zeit heraus zu verstehen, als es noch überall selbstverständlich war, dass Menschen von Königen regiert wurden. Was hat ein König zu sein? Er hat gut zu sein. Ein schlechter König wird früher oder später vom Thron gefegt. Natürlich haben die meisten Menschen diesen Unsinn, dass einer mehr wert sei als der andere, geglaubt (das tun sie ja heute noch, auch bei uns), aber schon immer hat »das Volk«

seinen Unmut über einen sehr schlechten König zum Ausdruck gebracht. Stellen wir uns also den Menschen als einen guten König vor, der sich die Erde untertan gemacht hat und sie pflegt, umsorgt und ihr nur Gutes angedeihen lässt. Und hat das nicht (zumindest in einigen Aspekten) über lange Zeiten hinweg funktioniert?

Kann man nicht jemanden, der 20.000 Sorten einer Frucht erschafft, als Gärtner und Bereicherer der Natur betrachten?

Aber dann passierte etwas, worauf kein Huhn und keine Natur der Erdgeschichte vorbereitet sein konnten. Der Mensch, der schon immer die Umwelt verändern konnte, veränderte seine Wirtschaft. Und zwar nicht nur direkt mit seinem Wirken, sondern mit einem Abstraktum, das mit »Natur« überhaupt nichts mehr zu tun hat. Er erfand den Kapitalismus.

Ein Lebensmittelhersteller, der an die Börse geht, ist eben nicht mehr seinen Lebensmitteln und deren Konsumenten verpflichtet, sondern zuallererst seinen Aktionären. Und die wollen nichts anderes als Geld sehen. Das Wort »Profitstreben« ist so extrem häufig benutzt worden, dass man es nicht mehr hören kann und dass es kaum mehr ist als eine leere Floskel, aber es ist leider so: An erster Stelle steht die Kohle, der Zaster, weil die Gier eines jeden einzelnen Aktionärs das Handeln des Konzerns antreibt.

Und darum haben wir in den Supermärkten statt der beeindruckenden Vielfalt an Apfelsorten weltweit eben nur fünf bis sechs Sorten. Ebenjene, die sich am einfachsten zu Geld machen lassen.

Und darum durchleben genau jene Hühner und Hähne, deren Eier beziehungsweise deren Fleisch wir selbst gerne essen, vom ersten Moment ihres Lebens an nichts anderes als die Hölle. Und es ergeht Schweinen und Rindern nicht anders.

Das muss aufhören. Und wenn wir zu einer humaneren Landwirtschaft zurückkehren oder ein völlig neues Konzept mit altem Wissen entwickeln, dann ist es einfach nicht mehr drin, dass wir uns jeden Tag andauernd Leichenteile in den Rachen stopfen. Dann ist dafür einfach nicht mehr genug vorhanden.

»Aha!«, höre ich die Leute jetzt rufen. »Dann sollen sich also nur noch die Reichen Fleisch leisten können?«

Na und? Lasst doch die Reichen sich ihre Verschleißkrankheiten anfressen. Die können sich wenigstens auch die Ärzte leisten. *Wir brauchen kein Fleisch!*

Und überhaupt: Wo bleibt der Aufschrei ob der Tatsache, dass nur »die Reichen« sich 50 Meter lange Jachten leisten können? Haben wir nicht alle ein Recht auf 50 Meter lange Jachten?

Wer damit argumentiert, dass nur noch »die Reichen« sich Fleisch werden leisten können, versteht seinen eigenen Denkfehler nicht. Er beklagt, dass nur noch »die Reichen« sich etwas werden leisten können, anstatt zu sehen, dass es keinerlei Grund gibt zu akzeptieren, dass es »die Reichen« überhaupt gibt. Er ist also was? Ein Untertan! Nur dass er »die Reichen« nicht »Könige« nennt.

Armer Kerl.

WIR SIND AUFGESCHMISSEN!

Wir können nichts tun, wir können es nicht ändern: Wir müssen Tierfutter anbauen, ob wir wollen oder nicht. Diesen Eindruck könnte man jedenfalls bekommen, wenn man sich die Interviews mit Udo Pollmer anschaut, die auf YouTube zu finden sind.

Da betont dieser Lebensmittelchemiker und »Ernährungsexperte« nämlich, wie wichtig es ist, die Fruchtfolge zu beachten. Man kann nämlich, und da hat er völlig recht, auf einem Feld nicht jedes Jahr das Gleiche anbauen. Aber jetzt kommt es: Er behauptet tatsächlich, dass nach Weizen Futtergerste folgen müsse, dass man also gezwungen sei, zwischendurch immer wieder Tierfutter anzupflanzen.[21] Da ist man doch erst einmal baff. In der großen weiten Natur gibt es nichts anderes, was an Stelle des Weizen auf dem Feld wachsen kann? Nee, wahrscheinlich nicht. Unmöglich! Es muss Futtergerste sein. Unbedingt.

Da lachen ja nicht mal mehr die wild lebenden Hühner.

Aber nehmen wir einmal an, es schiene uns wirklich unmöglich, in der Fruchtfolge etwas anderes als Futtergerste anzubauen. Was wären wir denn für Menschen, wenn wir gleich das Handtuch werfen würden? Heldengeschichten, Geschichten über Bastler, Tüftler und Genies, sind immer Geschichten über den gleichen Typus von Mensch, nämlich über denjenigen, der sich mit einem schlichten »unmöglich« nicht abfinden will. Die Menschen haben für die meiste Zeit ihrer Geschichte geglaubt, es sei unmöglich, zum Mond zu fliegen. Davon haben sich die Leute der NASA nicht abhalten lassen.

Wir können mit diesem Beispiel aber noch tiefer gehen. Für die meiste Zeit der Menschheitsgeschichte lag es für uns (zumindest im christlichen Europa) sogar außerhalb der reinen Vorstellungskraft, als lebender irdischer Körper den Mond erreichen zu können. Die hatten früher ein völlig anderes Konzept vom Raum. Der Mond lag in der himmlischen Sphäre, die von Engeln und Gott bewohnt wurde. Da kam man höchstens mal nach dem Tod hin. Heute sehen wir das anders, denn wir wissen, dass Erde und Mond im selben Raum unterwegs sind. Und auch wenn es Leute gibt, die die Mondlandung für einen Fake halten, so ist trotzdem auch für diese Deppen die Reise dorthin prinzipiell möglich.

Wir wollen uns also nicht allzu schnell erzählen lassen, dass in der Fruchtfolge auf Weizen unbedingt Futtergerste folgen muss. Der Mensch hat schon ganz andere Herausforderungen gemeistert.

Warum sollten wir keine andere mögliche Fruchtfolge finden?

Unabhängig davon, ob es dieses Wissen schon gibt oder nicht: Pollmers Argument ist in sich selbst nichts weiter als das eigene Einfallslosigkeit leugnende Argument eines Starrsinnigen. Ende des 19. Jahrhunderts waren weite Ackerflächen in den Südstaaten der USA vom Baumwollanbau hoffnungslos ausgezehrt. Niemand hatte eine Ahnung, was damit noch zu beschicken sein könnte. Die Haltung von Udo Pollmer sagt: »Tja, scheiße, Pech gehabt!« Aber Leute wie der ehemalige Sklave George Washington Carver hatten Ideen. Der hatte nämlich damals herausgefunden, wie gut die Erdnuss für diese ausgelaugten Böden ist, die diesen zum Beispiel wieder Stickstoff zuführt. Aber auf die Erdnuss wäre damals kaum einer gekommen. Die galt nämlich als minderwertig und wurde an Schweine verfüttert, wenn man denn mal ein paar Erdnüsse hatte. Heute gilt die Erdnuss entweder als netter Partysnack oder als vollwertiges Nahrungsmittel, je nach Standpunkt.

Baumwolle und Erdnüsse! Wie sollte das in der Vorstellung eines amerikanischen Farmers jener Zeit zusammengehen? Aber es gibt immer neue Ideen.

Eine pollmersche Vorstellung von Unmöglichkeit hilft uns da nicht weiter. Das ist ein Sich-Ergeben in vermeintliche Umstände. Vor 40 Jahren stand ein Programmierer vielleicht in einem riesigen Rechenzentrum und telefonierte über einen in heutigen Augen klobigen Apparat. Dieser Programmierer hätte eines ganz sicher für unmöglich gehalten, nämlich dass er einst einmal die Kapazität seines Rechenzentrums in seinem Telefon haben würde, das er in seiner Jackentasche aufbewahrt. Der hätte sich das nicht vorstellen können! Und es wäre ja auch unmöglich geblieben, wenn alle immer so weiter gedacht hätten, wie es damals Standard war: Lochkarten und Magnetbänder waren die Mittel. An die modernen Möglichkeiten konnte noch keiner denken.

Woran denken wir heute noch nicht, wenn es darum geht, unsere Felder so zu bestellen, dass wir eben nicht Futtergerste anpflanzen müssen? Udo Pollmer hat die Suche nach der Antwort offensichtlich aufgegeben. Andere nicht.

Und dann erklärt uns Herr Pollmer noch, dass es ja so viele Böden gibt, die sich für Lebensmittelanbau gar nicht eignen. Das ist aber mal eine schöne Erkenntnis. Aber was ist es für ein Argument? Gar keins! Wo wir wirklich nichts anbauen können, da können ja gerne Ziegen grasen oder andere Tiere. Dagegen hat doch keiner was. Aber an diesem »Argument« hängt wieder das gleiche Kapitulieren vor vermeintlichen Tatschen dran wie an dem »Argument« mit der Fruchtfolge. Was für Erträge brächten denn bitte die Äcker der industrialisierten Landwirtschaft, wenn sie nicht immer wieder mit Kunstdünger aufgepeppt würden? Kein Boden ist für die Art und Weise geeignet, auf die wir Nahrungsmittel aus ihm ziehen. Da muss immer nachgebessert werden. Ob auf industrielle oder biologisch-ökologische Weise ist hier nicht die Frage. Die Frage ist, wie lange wir uns das Geschwätz von Leuten wie Herrn Pollmer anhören müssen.

Und wer es noch immer nicht glaubt: Man kann sich auch mal schlau darüber machen, wie viel »unfruchtbares« Land die Israelis nach der Staatsgründung in Ackerland verwandelt haben. »Unmöglich«, hätte ein Udo Pollmer damals gesagt.

Lass mich doch in Ruhe!

THESE BOOTS ARE MADE FOR WALKIN'…

Wir haben auf dem Weg zur Verbesserung unserer Welt eine lange Strecke vor uns, und dafür brauchen wir anständiges Schuhwerk. Ein mir bekannter Schuster sagte mal, dass er das mit der vegetarischen Ernährung ja inzwischen eingesehen habe, aber wenn irgendwelche Veganer mit ihren »Schuhen« in seinen Laden kämen, dann fühle er sich oft der Verzweiflung nahe, weil er keinen Bock habe, diesen Mist zu bearbeiten, denn: Es gibt, so sagte er, für Schuhe nun mal kein besseres Material als Leder.

Wenn ich so etwas höre, dann halte ich erst einmal inne.

Dieser Mann hat vielleicht recht!

Vielleicht gibt es für Schuhe tatsächlich kein besseres Material als Leder, und jetzt kommen die Veganer und sagen diesem Meister (denn das ist er – er hat ja bis zur Meisterprüfung gelernt), dass er auf sein bestes Material verzichten soll? *Ihm*, der stets mit aller Hingabe bei seiner Arbeit war, weil er sich auf seine Art als Künstler versteht? Das wäre, als wolle man einem Maler die Leinwand entreißen, weil der auch auf Papier »pinseln« könne.

Der Schuster hat recht. Wir müssen uns alles anhören, was er zu sagen hat. Wir müssen seine Angst ernst nehmen und ihm helfen, sich auf die notwendige Umstellung auf anderes Material vorzubereiten, denn leicht fallen wird ihm die auf keinen Fall.

Aber rechtfertigt sein Argument die Beibehaltung der industriellen Tierhaltung mit allen ihren negativen Konsequenzen? Haben wir keine andere Möglichkeit, als unsere eigene Lebensgrundlage zu zerstören, bloß weil es kein »besseres Material für Schuhe« gibt als Leder?

Vielleicht gibt es das ja einfach nur *noch* nicht. Ach, ich weiß, niemand geht davon aus, dass wir jemals ein besseres Material finden werden. Aber reicht denn nicht auch ein *fast* so gutes Material?

Hat denn jemals wirklich jemand versucht, ein wirklich besseres Material zu finden, oder geben sich Veganer hier wirklich nur mit »Ersatz« zufrieden?

In den 1970er-Jahren kamen kurz sogenannte »Moonboots« in Mode, die ihr Vorbild in einem Produkt der Weltraumforschung hatten. Die NASA hatte es nämlich geschafft, Schuhe zu entwickeln, mit denen man sogar auf dem Mond spazieren gehen konnte. Welcher Schuster hätte das 30 Jahre früher für möglich gehalten? Und wenn es einen gegeben hätte, hätte der dann versucht, Schuhe aus Leder für den Mond zu bauen, weil das ja wohl das beste Material für Schuhe sei?

Klar, jetzt kommt der Einwand, dass diese Fußbekleidung der Astronauten nur ein Teil des kompletten Raumanzuges war, und den trug man eben auf dem Mond und nicht auf der Erde, also nicht in unserem normalen Lebensraum. Aber dieser Einwand ist nur ein scheinbarer. Der Mond und die Erde, das sind zwei unterschiedliche Orte. Wir brauchen einen Ersatz für das Leder der Schuhe, nicht weil wir an einen anderen Ort wollen, sondern in andere Umstände. In Umstände, in denen wir unseren Lebensraum nicht mehr massiv zerstören.

Mindert es die Qualität von Musik, wenn die Tasten eines Klaviers nicht mehr aus Elfenbein sind? Nein, aber wahrscheinlich gibt es jetzt irgendwelche Idioten, die anfangen, von »Anschlagsdynamik« zu reden, wegen des spezifischen Gewichts von Elfenbein. Denen wünsche ich, dass sich mal das spezifische Gewicht von einem Elefanten auf sie drauf setzt.

Wir können jedes Material ersetzen.

Auch Leder.

Wenn wir wirklich noch nicht wissen, durch was wir Leder ersetzen könnten, dann müssen wir forschen. Wir sind doch diese tollen Tiere, die sich von allen anderen Tieren durch ihren enormen Grips unterscheiden. Die Liebe eines Schusters, die Liebe eines Künstlers zu seinem Material darf uns nicht davon abhalten.

Ich muss jetzt an Hanf denken: Daraus kann man Karosserien für Autos bauen, die sehr stabil sind. Oder Hosen nähen, die wesentlich haltbarer sind als andere. Man kann aus Hanf Taue drehen, die länger mitmachen als andere, oder Papier machen, das länger durchhält als das Papier dieses Buches. Kann man aus Hanf auch Schuhe bauen?

Das vollkommen unsinnige Verbot von Hanf ist ein Beispiel dafür, wie sich die Menschheit der Möglichkeit beraubt hat, ein hervorragendes Material für alles Mögliche zu nutzen. Ein hervorragendes Material vielleicht sogar für Schuhe. Aber in diese Richtung wurde nicht genügend weitergeforscht und entwickelt, weil sich aus Hanf ja auch eine Droge gewinnen lässt. Weil es Leute gibt, die kiffen!

Als würde das Verbot irgendwelche Leute vom Kiffen abhalten. Alle, die kiffen wollen, kiffen! Das konnte bislang niemand verhindern, und es sollte uns nicht davon abhalten, Hanf weiter zu erforschen. Hanf ist wertvoll.

Und Hanf ist nur ein Beispiel für Materialien, denen wir zu wenig unserer Aufmerksamkeit widmen. Vielleicht kann man aus Hanf anständige Schuhe bauen, vielleicht nicht. Ich weiß das nicht. Aber wenn es nicht Hanf ist, dann wird es ein anderes Material geben, das Leder zwar nicht zur Befriedigung der Ästhetik eines Schusters, wohl aber zum praktischen Nutzen für genug modische Ideen und zur Bewahrung unserer Lebensgrundlage wird ersetzen können.

Ein Schuster, der sagt: »Wow, das habe ich ja so noch gar nicht betrachtet, das will ich mal weiter erforschen«, ist der Mann der Stunde.

Ein Schuster, der auf Leder beharrt, ist der gleiche Handtuchwerfer wie Udo Pollmer aus dem letzten Kapitel.

RETTET DIE WÜHLMAUS!

Eigentlich müsste man ein Witzbuch mit den beknacktesten Argumenten der Gegner einer veganen Ernährung zusammenstellen. Das wäre Heiterkeit pur! Zum Beispiel das Argument mit der Wühlmaus und anderen Kleintieren: Da wird gesagt, Veganer würden sich schuldig machen am Leid der Wühlmaus, die ja beim Anbau von pflanzlicher Nahrung immer wieder getötet wird. Auch Rehkitze würden immer wieder Opfer von Mähdreschern.

Ja, Heilandssack noch einmal! Man will sich darüber lustig machen, wie diese Deppen argumentieren, bis einem auffällt, dass die sich ja auch lustig machen wollen. Wie lacht man jemanden aus, der meint, er würde einen auslachen?

Leute, was glaubt ihr eigentlich, auf was für wühlmaus- und rehkitzfreien Feldern das Futter für die Tiere wächst, die ihr essen zu müssen glaubt? Wenn ihr auf Fleisch verzichten würdet, dann würden weniger Wühlmäuse getötet werden.

Aber ihr habt ja schon aufgegeben, habt das Handtuch geworfen. Wenn wir über den Tod von Wühlmäusen reden, dann können wir uns überlegen, wie wir den verhindern oder zumindest auf ein unerlässliches Minimum begrenzen können. Ihr aber seid daran gar nicht interessiert. Ihr wollt nichts ändern, ihr wollt das kreative Potenzial des Menschen gar nicht ausschöpfen, um auf neue Ideen zu kommen. Ihr wollt einfach nur jeden Tag Fleisch fressen, und in Wirklichkeit ist euch die Wühlmaus scheißegal. Ihr benutzt sie nur als Witz. Und selbst wenn ihr es ernst meinen würdet: Was ist denn das bitte für eine bescheuerte Haltung? Anstatt ein Problem zu verringern, kümmern wir uns erst gar nicht darum? Heuchler!

Und noch so ein »witziges« Argument: Da werden Veganer gerne mal gefragt, ob ihnen denn nicht klar sei, dass Nüsse ungeborene Bäume sind. Boah, ey! Wer hätte das gedacht!

Stellen wir uns mal vor, alle Pflanzenfresser würden über Nacht verschwinden. Dann hätten die Pflanzen aber ein kleines Problem. Es sei denn, es würden Sauerstoffatmer auftauchen, die sich von Sonnenlicht ernähren können.

Haben wir es nicht alle in der Schule gelernt? Pflanzen atmen Kohlenstoff und geben Sauerstoff ab. Bei Menschen und anderen Lungenatmern ist das andersherum. Ohne uns würden die Pflanzen aussterben. Es ist ein Geben und Nehmen. Daran können wir nichts ändern. Außerdem haben sich Bäume in solcher Art entwickelt, dass sie mehr Nüsse produzieren, als zur Arterhaltung nötig wären, wenn keine Eichhörnchen und andere ein paar davon fressen. Das war schon der Deal, lange bevor es Menschen gab.

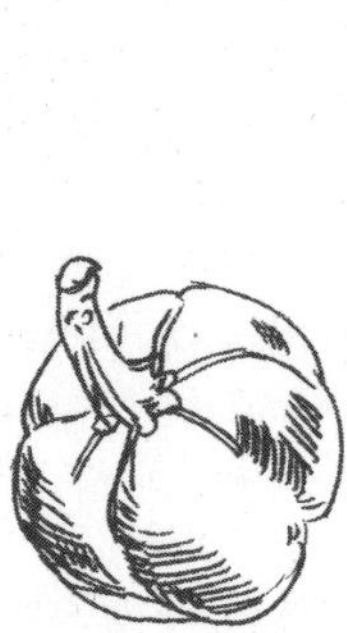

Ameisen und andere ethische Probleme

Die Autoren Karen Duve (*Anständig essen*) und Mark-Stefan Tietze (*Allein unter Veganern*) stellen in ihren Büchern irgendwann die Frage, wie sie mit den Ameisen in ihrem Haus beziehungsweise ihrer Wohnung umgehen sollen. Bei Karen Duve ist die Auseinandersetzung umfangreicher als bei Mark-Stefan Tietze, weil sie sich insgesamt viel mehr mit den verschiedenen Tieren, die sie auf ihrem Landwohnsitz umgeben, auseinandersetzt, ja ihren Selbstversuch sogar bis in die frutarische Ernährung treibt, bei der man nur noch Früchte essen darf, die man gewinnen kann, ohne die Pflanze zu verletzen. Bei Mark-Stefan Tietze ist die Angelegenheit offensichtlich ein Joke. Es ist aber auch verführerisch, die »ethischen Ansprüche der Veganer« am Beispiel einer Ameiseninvasion zu überprüfen. Am Ende bewegt man sich jedoch auf dem Niveau jener Frage, auf die sich Wehrdienstverweigerer, als es die Wehrpflicht noch gab, zur Gewissensprüfung vorbereiten mussten: »Zwei Russen dringen in Ihr Haus ein und vergewaltigen Ihre Frau. Sie haben ein Gewehr. Was tun Sie?« Okay, die Russen aus dem Beispiel mögen gefährlicher sein als Ameisen. Aber man kann ja, statt von Ameisen zu reden, ein anderes Tier nehmen: »Ey, Veganer, du gehst mit deinem Kind im Wald spazieren, plötzlich bedroht ein Wolf dein Kind. Du hast ein Gewehr. Was tust du?« Ich habe zwar nie ein Gewehr dabei, aber ich nehme an, in dem Fall würde ich schießen. Klarer Fall.

Man kann unendlich viele Probleme konstruieren, die uns in eine ethische Zwickmühle führen. Aber diese konstruierten Probleme haben so gut wie nie etwas mit unserem täglichen Leben zu tun. Im Falle der Ameisen würde ich die Tiere vielleicht auffegen und im Garten aussetzen. Dann würde ich mal gucken, ob es was genutzt hat. Wenn nicht, dann muss ich eben zu drastischeren Maßnahmen greifen. Ich bin Veganer, kein Jain! Ein Jain würde sich vielleicht eine andere Schlafstätte suchen, wenn ihm Ameisen durchs Bett krabbeln. Ein Jain würde die Ameisen vielleicht sogar füttern. Bei mir ist das allerings anders. Ich habe die Ameisen nicht eingeladen, die haben in meinem Zuhause nichts zu suchen. Ich gehe nicht in den Wald oder Garten und stochere in Ameisenhaufen herum, und ich gehe nicht los und kaufe Tiere, um die in meiner Wohnung in Käfige zu sperren. Ganz einfach: Ich drinnen, Tiere draußen.

Wenn Termiten das Haus eines Jains fressen wollen, vielleicht zieht der dann um, ich weiß es nicht.

Aber wenn Termiten mein Haus fressen wollen, dann haben die sich nun mal das falsche ausgesucht. Auch einer Mücke billige ich es nicht zu, mein Blut zu trinken. Kopfläuse haben in Kindergärten nichts zu suchen und Mäuse und Ratten nichts in meiner Wohnung. Bei all diesen Problemen hat man Zeit, sich eine Lösung auszudenken (nur Mücken erliegen bisweilen meinen Reflexen).

Manchmal hat man aber auch keine Zeit, sich ethische Fragen zu stellen. Im Mai 2016 stürzte ein Kind in ein Gorillagehege im Zoo von Cincinnati. Im Internet kann man die Meinung vieler Leute nachlesen, die sagen, der Gorilla Harambe hätte daraufhin nicht erschossen werden dürfen, weil der sich doch so nett um den kleinen Jungen gekümmert hätte. Diese Leute haben offensichtlich nicht hingeguckt, als sie das entsprechende Video sahen. Da zieht der Gorilla nämlich den Jungen am Bein hinter sich her durch flaches Wasser. Über Beton also. Später ist er sanfter, dann wieder grob. Der Zoodirektor hatte wohl nicht besonders viel Zeit, sich zu überlegen, welches die beste ethische Entscheidung wäre, denn eines ist gewiss: Wäre der Junge gestorben, dann hätte es keine Diskussion um die Ethik mehr gegeben. Zumindest nicht für den Zoodirektor. Der wäre mit Klagen überzogen worden.

Auch die Frage, ob eine Betäubung nicht gereicht hätte, nützt nichts. Man weiß es nicht. Man weiß nicht, ob die Betäubung schnell genug gewirkt hätte. Man wisse nie, wie ein Silberrücken sich verhalten wird, hieß es.

Bei der ganzen Diskussion darüber, ob die Erschießung gerechtfertigt war, bleibt eine Frage anscheinend auf der Strecke: Welche Ethik rechtfertigt es eigentlich, ein solches Tier (oder Tiere überhaupt) in einen Zoo zu sperren? Reichen unser »Interesse« als Besucher des Zoos, unsere Neugier, unser Bedürfnis nach Unterhaltung wirklich aus, um solch ein intelligentes Tier der Freiheit zu berauben?

Aber man kann die ganze Angelegenheit noch einmal anders betrachten. Ab dem Moment, in dem das Kind in das Gehege gefallen war, kann man die Situation auch als Experiment verstehen, in dem untersucht wird, wie sich ein Gorilla verhält, wenn man ihm ein menschliches Junges ins Gehege setzt. Würde irgendjemand von denen, die sagen, die Erschießung des Gorillas hätte nicht geschehen dürfen, weil der ja dem Kind letztlich nichts getan hätte, ein solches Experiment als ethisch vertretbar betrachten?

»Äh, liebe Besucher unseres Zoos, liebe Primatenfreunde. Wir möchten heute ein kleines Experiment durchführen, dazu brauchen wir ein kleines Kind. Na, wer hat mal eines? Sie dort, vielleicht. Möchten sie ins Fernsehen? Na los, geben Sie sich einen Ruck.«

Wie viele Eltern würden ihr Kind wohl zur Verfügung stellen? Und wie viele Leute würden solchen Eltern Vorhaltungen machen?

Ja, ich denke, die Erschießung von Harambe hat in jenem Moment stattfinden müssen. Allerdings denke ich auch: Wir brauchen wirklich keine Gorillas einzusperren. Wir essen die ja nicht einmal. Was ich mit Ameisen machen werde, wenn die mal in meine Wohnung eindringen, werde ich dann sehen. Wenn mal eine Taube auf meinem Balkon landet, dann darf die da gerne pausieren. Wenn sie allerdings mit fünf anderen da bleiben will und die alles zuscheißen, dann werde ich mich wehren.

Der Jainismus ist übrigens eine etwa 2.500 Jahre alte Religion aus Indien, deren ca. 4,4 Millionen Anhänger im Extremfall so sehr von dem ersten Gebot ihrer Religion, des Verbots des Verletzens und Tötens von Lebewesen, geleitet sind, dass sie sich in eine völlige Passivität begeben aus Sorge, mit irgendeiner Handlung dieses Gebot zu missachten. Es könnte ja sein, dass man mal auf eine Ameise tritt. Dieses religiöse Extremverhalten wird auch gerne mal mit den ethischen Ansprüchen von Veganern verglichen. Dazu kann ich nur sagen: Ich halte Selbstverteidigung für ein legitimes Mittel (Ameisen bleiben draußen!), und wenn ich mir Sorgen darüber machen soll, dass ich vielleicht mit meinen Schritten mal einen Käfer zertrete, dann kann ich auch aufhören zu leben.

Aber darum geht es natürlich wieder jenen nicht, die sich nur lustig machen wollen und die mich und andere Veganer als »Gutmenschen« verächtlich machen wollen. Vielleicht sollte ich jenen gegenüber handeln, wie es ein Dominik Bauer in der Rubrik »Vom Fachmann für Kenner« in der Februarausgabe 2016 der *TITANIC* in nur einem Satz beschrieben hat. Dort erklärt er nämlich, dass er, seit er in Diskussionen seinem Gegenüber auch mal was auf die Fresse haut, seltener als Gutmensch bezeichnet wird.

Aber das wäre dann ja vielleicht auch wieder mit keiner Ethik zu vereinbaren.

WITZIG

Auf einem Umzug bietet uns die Kundin Käse- und Wurstbrötchen zum Frühstück an. Ich lehne ab und erkläre, ich sei Veganer. Das nimmt ein carnivorischer Kollege mit deutlicher Tendenz zum Übergewicht als Anlass, einen Witz zu erzählen, den er im Internet gefunden hat:

»Wie erkennt man auf einer Party einen Veganer? – Vollkommen unnötig, er erzählt es einem sowieso.«

Es hat etwas Bemitleidenswertes, wenn Leute, die sich für intelligent halten, Witze über blöde Veganer machen wollen. Es scheint mir, nicht nur der überfressene Organismus des lästernden Carnivoren bräuchte eine Entschlackung, sondern auch der Witz, den er erzählt. Man kann aus dem Witz sechs Wörter ersatzlos streichen, ohne ihn zu beeinträchtigen – im Gegenteil, man verbessert ihn dadurch. Für Witze gilt: Jedes überflüssige Wort ist ein störendes Wort. Aber das kapieren diejenigen, die sich für witzig halten, in Wirklichkeit aber nur Häme ausschütten wollen, nicht. »Wie erkennt man einen Veganer? – Er erzählt es einem.« So geht der Witz. Muss ich euch das als Veganer erst noch erzählen, liebe Fleischesser, damit ihr euch über mich lustig machen könnt? Die Party braucht der Witz nicht, und »völlig unnötig« ist mehr als falsch, denn dann bräuchte der Witz die Frage gar nicht erst zu stellen. Ach je, es wäre hübsch, wenn die Leute sich Gedanken machen würden, bevor sie sich über solch ein wichtiges Thema wie eine Ansicht zur Ernährung lustig machen. Ja, es gibt sie, die aufdringlichen Veganer, die es jedem sofort erzählen. Aber solche gibt es überall.

»Wie erkennt man einen Fußballfan? – Er erzählt es einem.« Wirklich! Bevor ich mit einem neuen Kollegen oder einem Kollegen von der Zeitarbeit ins Gespräch über die Arbeit komme, fragt mich einer von denen oft genug: »Wie hat eigentlich Pauli gespielt?« Sagt das etwas über Fußball aus? Nein.

In seiner entschlackten Version bringt mich der Witz oben sogar zum Schmunzeln, aber er ist kein originärer Veganerwitz. Man kann ihn auf Vertreter einer jeden Einstellung oder Weltsicht anwenden. Wird Antirassismus weniger wichtig, wenn wir diesen Witz auf Antirassisten anwenden?

»Wie erkennt man einen Antirassisten? – Er erzählt es einem.«

Diesen Witz würde niemand erzählen, denn Antirassismus auf dem Umweg über seine missionarischen Vertreter verächtlich zu machen, käme keinem in den Sinn. Das geht nur direkt, durch Rassisten selbst, und das ist gesellschaftlich nicht akzeptiert. Rassist ist man als sauberer Bürger höchstens heimlich oder unbewusst. Zum carnivorischen Lebensstil darf man sich offen bekennen, also werden Witze, die sich auf alles Mögliche münzen lassen, auf Veganer umgedichtet, denn vegane Ernährung ist ja nun mal gerade ein Thema (was ich eigentlich sehr begrüße, weil es wichtig ist). Und also findet man Veganerwitze im Internet. Das sieht aber gar nicht mal so gut aus.

»Dürfen Veganer eigentlich Blutorangen essen?«

Muss ich jetzt erklären, dass das nicht mehr als ein kleiner Scherz ist, über den man mal grinst, bevor man mit seiner Arbeit oder was auch immer fortfährt, oder muss ich mir jetzt anhören, ich hätte keinen Humor und könne nicht über mich selbst lachen? Wer sammelt so was im Internet? Wer gestaltet Websites mit solchem Nullcontent?

»Dass ihr Veganer aber auch immer eine Extrawurst wollt!« – Nicht schlecht, aber auch nicht der Witz, der über das Spiel mit Wörtern hinausgeht und irgendetwas aussagt.

Aber Moment mal, liebe Carnivoren. Was ist daran eigentlich lustig? Regt ihr euch nicht immer über den drohenden Fleisch*verzicht* auf? Und jetzt findet ihr es lustig, wenn Veganer etwas extra wollen? Entscheidet euch!

»Warum schreien Veganerinnen beim Orgasmus nicht? – Weil sie nicht zugeben wollen, dass ein Stück Fleisch ihnen so viel Freude bereitet.« Ja, der scheint mir fast schon ein guter Witz zu sein, wenn ich nicht sofort den Verdacht hätte, dass sich in den Witz über Veganer*innen* (normalerweise *immer* Veganer, maskulin) hier noch das verklemmte Lachen über die weibliche Sexualität an sich reinmischt. Aber das kapiert garantiert wieder keiner jener, die über diesen Witz besonders laut lachen.

Das Internet bietet die hervorragende Möglichkeit zu beobachten, wie ein aktuelles Thema wie vegane Ernährung weniger die Generierung originärer Witze zum Thema vorantreibt, als vielmehr die Variation alter Witze. Spätestens bei »Wie viele Veganer braucht man, um eine Glühbirne auszutauschen …?« sollte es jedem klar werden. Aber auch andersherum sieht es nicht gut aus. Im Internet gefundene Sprüche, die Veganern »schlagfertige Antworten« auf die immer gleichen, sehr lästigen Fragen und Bemerkungen liefern sollen, sind meistens nicht besser als Veganerwitze. »Veganer haben ein kleines Gehirn. – Dann müsstest du ja Veganer sein.« Es ist zum Offlinegehen!

Aber dann trifft man bei der Arbeit wieder auf Leute, die sich ihren Humor auf den blödesten Seiten im Internet bestätigen lassen, und man weiß, dass die Flucht aus dem Netz auch nicht schützt. Da sagt ein omnivorer Kollege mit mindestens 30 Kilo Übergewicht zu mir bei der Arbeit, Veganer seien es, die den Tieren die Nahrung wegfressen. Der hält das für witzig und ahnt wahrscheinlich nicht, dass der ausgelutschte Spruch älter ist als er selbst. Und diese »Witzigen« trifft man nicht nur bei Möbelpackern oder Leuten aus sonst einem von arroganten Medien und »Bildungsbürgern« als prekär bezeichneten Umfeld, die trifft man in allen gesellschaftlichen Schichten. Manch Möbelpacker verfügt über ein feineres Gespür für Witz als ein Professor für Geschichte, der einen Bestseller über »Humor im Spiegel der Kulturen« verfasst hat. Es ist ein Phänomen unserer Tage: Immer mehr Leute erkennen, dass es so, wie wir es betreiben, mit unserer Ernährung nicht weitergehen kann, und jeder setzt sich auf seine Art und Weise damit auseinander. Für viele gehören eben auch schlechte Witze dazu. Echte Satire klammere ich hier aus, denn echte Satire zielt auf die Fehler und das Falsche, auf die Lüge und das Heucheln der Vertreter der Idee ab. Schlechte Witze zeigen nur die Unfähigkeit ihrer Erzähler, mit dem Thema umzugehen.

Ein Witz zeigt dies besonders deutlich: »Was ist der Unterschied zwischen einem Veganer und einem Fleischesser? – Der Veganer stirbt gesünder!«

Ja, Leute, *genau so* ist es. Vielleicht möchte der Carnivore mit diesem Witz an den uralten Arztwitz anknüpfen: »Kein Alkohol, keine Zigarren, keine Frauen, dann werden Sie hundert Jahre alt. – Ja, aber wozu denn?« Doch die Nummer geht nach hinten los. Wer gesünder stirbt, hat mehr vom Leben! Es mag ja sein, dass Fleischfresser es toll finden, ihr Alter im Siechtum zu verbringen, von dem sie dann durch einen gnädigen Tod erlöst werden. Meine Sache ist das nicht. Ich halte es nicht für erstrebenswert, meine letzten zehn bis 30 Lebensjahre mit Blutdruckpillen, Asthmasprays, Herztabletten, Rheumasalben und Insulinspritzen zu verbringen. Von Chemotherapie ganz zu schweigen. Wer's mag – bitte schön. Aber ohne mich!

Und darum hatte der besoffene Veganer auf der Grillparty neulich recht, als er sagte: »Weißt du, ich kann auch ohne Steak lustig sein.«

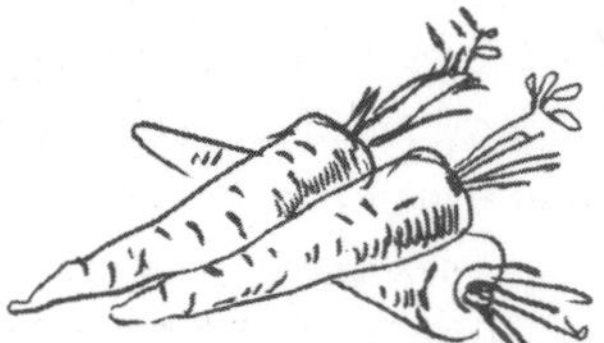

CARNIVOREN UND SPASS

Wenn Carnivoren sich über Veganer lustig machen, dann kann der Schuss auch einmal richtig nach hinten losgehen. Sie lachen ja gerne auf diese Art: »Haha, diese Veganer! Erst essen sie kein Fleisch mehr, dann keinen Käse und keine Eier, und zum Schluss meinen sie irgendwann wohl noch, man könne sich von Licht ernähren. Zu blöde, diese Leute!« Der wirkliche Witz aber besteht darin, dass es ja tatsächlich Lebewesen gibt, die sich von Licht ernähren können, und da lacht der Carnivore auch gleich wieder, weil er glaubt, Veganern erklären zu müssen, dass Pflanzen ja überhaupt nicht so peacig seien, wie Veganer das seiner Meinung nach behaupten. Aber jetzt ist er endgültig auf dünnem Eis unterwegs, der Carnivore.

Wir wollen nämlich die Reihenfolge einmal umdrehen. Also nicht die Entwicklung vom Carnivoren zur »Lichtnahrung« beschreiben, sondern von der Lichtnahrung zum Carnivoren und darüber hinaus.

Dazu müssen wir zuerst einmal an Kannenpflanzen denken. Das sind diejenigen, die Insekten mit Duftstoffen anlocken, wobei die Insekten dann auf glitschigem Untergrund immer tiefer in die Kanne hineinrutschen, bis sie am Boden in klebrigem Verdauungssekret landen, von der Pflanze also gefressen werden. Es gibt sogar eine Kannenpflanze, die Mäuse frisst. (»Ha, nehmt dies, Veganer!«)

Wir können die Evolution der Pflanzen vielleicht folgendermaßen beschreiben: Zuerst gab es die, die sich nur von Licht (na gut, auch von Mineralien) ernähren. Dann jene, die aus dem Boden Nährstoffe von abgestorbenen Pflanzen ziehen. Die wären dann so eine Art Vegetarier. Und schließlich gibt es die, welche auf nährstoffarmem Boden wachsen und Fleischfresserstrategien entwickelt haben. So weit scheint die Sache den Carnivoren zu bestätigen. Jetzt aber kommt der Witz, denn die Evolution geht noch weiter.

In seinem mehrteiligen Film *Im Reich der Pflanzen* stellt uns David Attenborough in der Folge *Leben aus dem Wasser* eine ganz besondere Kannenpflanze vor, die Nepenthes lowii, die auf Borneo wächst. Diese Pflanze lockt mit ihrem süßen Nektar im »Deckel« der Kanne ein kleines Spitzhörnchen an, das Hochlandspitzhörnchen. Dieses kleine Tier hockt auf der Kanne wie verkehrt herum auf einer Toilette und leckt den Deckel ab. Man nimmt an, dass der Nektar abführende Stoffe enthält, denn während es leckt, erleichtert sich das Hochlandspitzhörnchen in die Kanne hinein. Die Nepenthes lowii ernährt sich also unter anderem von Scheiße.

Wenn wir uns an Studien erinnern, denen zufolge die meisten Haushalte in der Küchenspüle wegen der Zubereitung von Fleisch eine enorme Zahl an Fäkalbakterien aufweisen, dann scheint uns die Evolution, die die Nepenthes lowii vorgemacht hat, vom Carnivoren imitiert. Folgendes kann man auf tuev-sued.de unter dem Titel »Keimfalle Küche« lesen: »Bis zu vier Millionen Mikroorganismen pro Milliliter Wasser pressten Forscher schon aus Spüllappen, davon gehörten 2.500 zu den sogenannten koliformen Keimen, wie sie in Fäkalien vorkommen.«[22] Wer billiges Fleisch aus der Massentierhaltung isst, der frisst mitunter Scheiße. Bei der Hochgeschwindigkeit, mit der Tiere zerlegt werden, sind saubere, präzise Schnitte selten möglich. Darum verunreinigen Darminhalte auch gerne mal den Rest des Fleisches.

Der Carnivore hat also die Entwicklung von der Lichtnahrung zur Koprophagie vollzogen.

WENN CARNIVOREN KOTZEN

Die folgende Geschichte ist keine urbane Legende, sie ist verbürgt. Der »Täter« ist meinem Koautor Karsten Wollny bekannt. Lediglich ein paar Details sind vergessen. Die Sache hat sich vor einigen Jahren zugetragen. Ein Mann hat eine Gruppe von Bekannten zum Essen zu sich nach Hause eingeladen und ihnen ein mit Liebe komponiertes Fleischgericht kredenzt. Ob es Nudeln, Reis oder Kartoffeln als Beilage gab, weiß ich nicht mehr, aber es ist auch nicht wichtig. Was wichtig ist: Allen hat es vorzüglich gemundet, und alle waren nach dem Mal angenehm gesättigt und zufrieden. Jener Mann sollte aber gleich ein paar dieser Freunde verlieren, denn er verriet seinen Gästen, was sie da eben gegessen hatten. Nein, nicht was Sie jetzt denken. Das war kein Veganer, der seine Gäste mit Fleischersatz betrogen hat. Fleisch hatten sie durchaus gegessen, aber als der Mann mit ein paar leeren Katzenfutterdosen aus der Küche kam, hat es eine der anwesenden Frauen gerade noch zur Toilette geschafft, wo sie das Essen, das ihr vorher sehr geschmeckt hatte, wieder von sich gab. Die restlichen Gäste waren empört, nur einer hat angeblich gelacht.

Was wäre wohl gewesen, wenn der Gastgeber tatsächlich nur vegane »Fleischersatzprodukte« serviert hätte? Hätte sich die Frau dann auch übergeben und die anderen die Freundschaft gekündigt? Oder hätten nicht eher die meisten zugegeben, dass das Ganze ja »schon ganz okay« geschmeckt hätte, bevor der Erste behauptet hätte, dass er doch »irgendwie einen Verdacht« gehabt hätte, worauf einige zu nicken begonnen hätten?

Ja, das erscheint mir sehr wahrscheinlich. Denn: Pflanzliche Nahrung wird im Allgemeinen als harmlos empfunden (»Na, alter Freund, da haste uns aber schön drangekriegt!«), während beim Fleisch darauf vertraut werden muss, dass da auch wirklich alles mit rechten Dingen zugeht. Die Leute, die ihrem Gastgeber vertraut hatten, fühlten sich nach der Enthüllung der Wahrheit von ihm betrogen. Er hatte ihr Vertrauen missbraucht. Das kann man bei solch einer wichtigen Sache wie Ernährung nicht verzeihen.

Und dabei assoziieren die Fleischesser in allerhöchstem Maße. Was eben noch schmackhaft war, wird jetzt wieder ausgekotzt, bloß weil Menschen kein Katzenfutter essen. Das riecht ja auch immer so schlimm, wenn man die Dose öffnet. Allerdings hat sich das mit dem Geruch nach der Zubereitung erledigt. Was von dem Fleisch, das bestimmt nicht weniger nahrhaft als Teewurst ist, bleibt, ist einzig die miese Assoziation. Und die kann einen auch schon mal zum Erbrechen bringen.

Ich kenne jemanden, der hatte als kleiner Junge eine Lieblingstasse, aus der er seinen Kakao oder seine Milch trank. Einmal war die Großmutter zu Besuch, und zum Abendbrot wurde ihr in genau jener Tasse der Tee serviert. Nun hatte der kleine Junge allerdings vorher mal mitbekommen, wie die Oma das künstliche Gebiss aus dem Mund genommen hatte. Es hat Monate gedauert, bis der kleine Junge wieder aus seiner Lieblingstasse trinken konnte, ohne an das hässlich eingefallene Gesicht der Oma denken zu müssen. Da half kein Spüli und kein zigfaches Waschen. Die Assoziationen und der Ekel waren stärker.

Fleischfresser sind hochgradig sensible Menschen, die auf ihr Vertrauen in die Industrie angewiesen sind. Allzu viele kulturelle Tabus und Vorschriften haben sich um den Verzehr von Fleisch herum im Laufe der Geschichte entwickelt.

Wenn du erfährst, dass das schmackhafte, nahrhafte Fleisch, das du eben verzehrt hast, von einem Hund stammt, dann ist dir das Kotzen wahrscheinlicher, als wenn es von einer Kuh stammt.

Wahrscheinlich beschäftigen sich darum so wenige Fleischfresser mit den Gegebenheiten der Massentierhaltung – weil ihnen ihr Vertrauen in die Industrie nachhaltig erschüttert werden würde, wenn sie es tun. Des Carnivoren Wohlgefühl steht stets auf der Kippe. Der

Carnivore muss glauben, dass das, was er isst, gut ist. Und deswegen muss der Carnivore auch sofort mit Abwehr reagieren, wenn man ihm mal vorschlägt, seine Ernährung zu überdenken. Und weil Abwehr am besten aggressiv und unter Ignorieren der Wahrheit und Verleugnen des anderen Standpunktes funktioniert, tun Carnivoren genau das: Sie ignorieren die Tatsachen, verleumden Veganer, reagieren aggressiv und machen sich im besten Fall lustig.

Aber sie kotzen nicht, wenn man ihnen ein Tofuwürstchen unterschiebt. Sie kotzen, wenn man ihnen Fleisch unterschiebt, das sie für das falsche Fleisch halten. Als wenn es richtiges gäbe.

Leichenteile sind das alles, was die da täglich zu sich nehmen. Und keiner von denen findet das eklig.

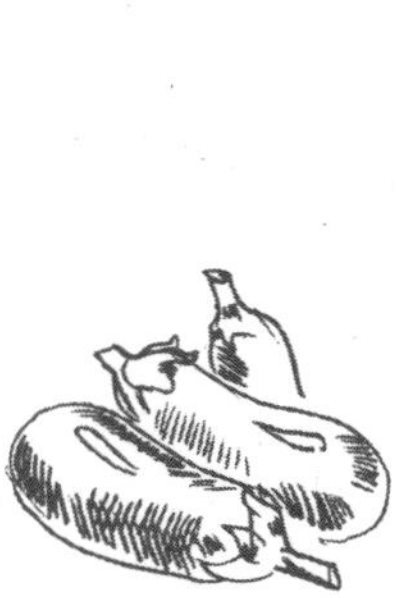

FISCH? ICH BITTE SIE!

Wenn man jemanden kennt, der jemanden kennt, dessen Bruder in Norwegen auf einer Lachsfarm arbeitet, dann kann man sehr schön beobachten, wie derjenige Bekannte davon überzeugt ist, mit diesem Lachs aus Norwegen etwas ganz, ganz Besonderes auf dem Teller zu haben. »Der ist von Hubert, dessen Bruder in Norwegen auf einer Lachsfarm arbeitet. Das ist ganz was Feines.«

Man sollte sich in solchen Momenten extrem zurückhalten und auf keinen Fall erwähnen, dass die Aussagen »Habe ich eine persönliche Beziehung zu, weil ich da jemanden kenne« und »Direkt von der Lachsfarm in Norwegen« den Geschmack des Lachses positiv beeinflussen.

Die Lachsfarmen in Norwegen und anderswo auf der Welt arbeiten nicht anders als die Massentierhaltungsbetriebe in unserem Land, in denen Kühe und andere Säugetiere misshandelt werden. Die Becken in diesen Farmen sind überfüllt, die Tiere müssen mit Antibiotika vollgepumpt werden, um die permanent drohenden oder existierenden Krankheiten zu überleben, und natürlich leiden sie dauerhaft unter Stress.

Zuchtlachs ist Massenmast unter Wasser. Unter anderem auch, weil ja Lachs zwar mal ein »Luxusfisch« war, heute aber auch nur »veredelter« Hering ist. Fünf oder sechs Kalorien Hering ergeben eine Kalorie Lachs. Fischzucht geht also mal gar nicht, weil es mit anderen Zuchtfischen auch nicht besser aussieht.

Was aber ist mit wildgefangenem Fisch?

Der ist eine ökologische Sauerei, die ihresgleichen sucht. Man zieht riesige Netze durchs Wasser, und alles, was man fängt, aber gar nicht haben wollte, das wirft man tot oder verletzt zurück ins Wasser. Das können bis zu 90 Prozent sein, wie Jonathan Safran Foer in seinem Buch *Tiere essen* beschreibt. Das sind schlimme Zahlen.

Zahlen, die gar nicht nur unser Mitleid mit all den Kreaturen wecken müssen, sondern die auch den Irrsinn dieses Tuns illustrieren. In dem Film *Cowspiracy* von Kip Andersen und Keegan Kuhn wird das Ganze mit einer simplen Animation dargestellt: Sie zeigt, wie es aussieht, wenn man zur Gazellenjagd in der Savanne so vorgehen würde, wie es die Fischerei in den Meeren macht. In einem riesigen Schleppnetz, das über die Savanne gezogen wird und das eigentlich nur zur Jagd auf Gazellen eingesetzt wird, hat sich ein »Beifang« von 90 Prozent verfangen: Löwen, Zebras, Giraffen, Elefanten, Gnus, Nashörner und viele mehr. All diese Tiere werden tot oder verletzt auf der Savanne zurückgelassen, wenn man die 10 Prozent des Fanges, die man eigentlich haben will (die Gazellen), heraussortiert hat. In der Serengeti können wir uns ein solches Jagdverhalten nicht vorstellen. Vor allem, weil die Serengeti ja nicht sterben darf. Aber der Ozean ist kein Lebensraum für Menschen, also berührt uns das Ganze nicht so sehr. Tatsächlich aber hängt der ozeanische Lebensraum mit unserem zusammen. Und irgendwann werden wir das vielleicht alle direkt zu spüren bekommen.

Nachdem die ersten Menschen vor 40.000 bis 50.000 Jahren Australien besiedelt hatten, begannen sie mit Brandrodungen. Das war damals *keine* Methode zur Gewinnung von Agrarland, das war eine Jagdmethode! Nach dem Brand konnte man die gegrillten Tiere einsammeln. Das Ergebnis ist der trockenste und unfruchtbarste Kontinent der Erde.

Mit dem Film *Der Fluch der Karibik* kamen die Piraten nach langer Zeit erfolgreich ins Kino zurück. Piraten sind im Film Figuren, die sich gegen die Macht von Königreichen auflehnen. Natürlich gibt es auch Filme, die aus der Perspektive eines königstreuen Kapitäns geschildert werden, in denen Piraten der Abschaum der Menschheit sind. Aber die erfolgreichsten Filme sind jene, in denen Piraten romantische Helden sind, so wie Errol Flynn, oder wo Piraten den Mächtigen eine lange Nase zeigen, wie bei Käpt'n Vallo oder Jack Sparrow. Letztere Figur, gespielt von Johnny Depp, kämpft mit ihren Verbündeten im zweiten und dritten Teil der *Karibik*-Saga gegen die East India Trading Company. Das muss man sich mal auf der Zunge zergehen lassen: Eine kapitalistische Filmindustrie bejubelt die Kämpfer gegen die »Konzerne« des Anfangs der kapitalistischen Globalisierung!

Aber dieser Anfang ist ja schon sehr lange her. Das ist ein bisschen wie bei Akten zu irgendeinem Skandal oder Geschehen, die 50 Jahre unter Verschluss gehalten werden. Damals hätte sich keiner zur Piraterie bekennen dürfen. Heute dürfen wir die Piraten von damals im Kino bejubeln. Natürlich wird da romantisiert, bis der Arzt kommt, aber dass diese Leute gegen die East India Trading Company kämpfen, macht sie zu Stellvertretern unserer unerledigten Träume, auch wenn diese Helden in einer längst vergangenen Zeit kämpfen.

Wie sieht es denn heutzutage aus?

Wo kommt unser Fisch her, den wir im Supermarkt gedankenlos in den Einkaufswagen werfen? Und welche »Trading Company« handelt heute mit dem Fisch, den sie in den Gewässern ihres Heimatlandes nicht mehr finden kann? Mit was für Piraten haben wir es heute zu tun? Können wir heute noch von einem freien Leben in der Karibik träumen, wenn wir uns in der Fantasie der Vorstellung vom Piratenleben hingeben? Oder ist das Piratenleben schon damals so unromantisch gewesen wie das der heutigen Piraten beispielsweise in Afrika?

Ich weiß nichts darüber, wie die afrikanischen Piraten ticken, ich frage mich, wie *wir* ticken. Während wir in die Kinos rennen und Johnny Depp bejubeln, fürchten wir die echten Piraten, die vor der Küste Somalias wichtige Frachter kapern.

Während die blöde Tageszeitung, die auf dem Weg zur Arbeit in der U-Bahn gelesen wird, *Der Fluch der Karibik* begeistert bespricht, macht sie aus afrikanischen Piraten gefährliche Terroristen. Das ist ein Zwiespalt, mit dem wir leben müssen, wenn wir unseren Lebensstil nicht ändern wollen. Der »freie Handel« darf nicht gefährdet werden von irgendwelchen unzufriedenen Afrikanern, die kapern und plündern und ja sowieso in strenger Hierarchie von irgendwelchen »Warlords« (oder »Pirate Lords«?) beherrscht werden.

Aber irgendwie bleibt da dann doch so ein Gefühl …

Dieses Gefühl lässt mich fragen, ob ich mich als verarmter afrikanischer Fischer irgendwelchen Piraten anschließen würde, ob ich in irgendeiner Fabrik Fischkonserven zusammennageln würde, oder ob ich mich fragen würde, wo zum Teufel noch mal in Somalia eigentlich ein Jobcenter zu finden sei. Was würde ich tun? Was würden Sie tun, wenn Sie das Leben eines verarmten Fischers in Afrika führen müssten? Ich habe eine Ahnung, wie dieses Thema verarbeitet werden wird: In 50 bis 100 Jahren wird irgendein Johnny Depp, irgendein Errol Flynn, irgendein Burt Lancaster einen afrikanischen Fischer des ersten Jahrzehnts des 21. Jahrhunderts darstellen, der es nicht mehr mit ansehen kann, dass die Europäer vor afrikanischen Küsten ihren Müll ins Meer kippen oder mit riesigen Fangflotten die dortigen Fischgründe leerfischen. Und dieser Fischer wird im Film zum glorreichen Helden der afrikanischen Piraten aufsteigen, und wieder werden die Leute in Massen in die Kinos rennen.

Es ist ein Jammer.

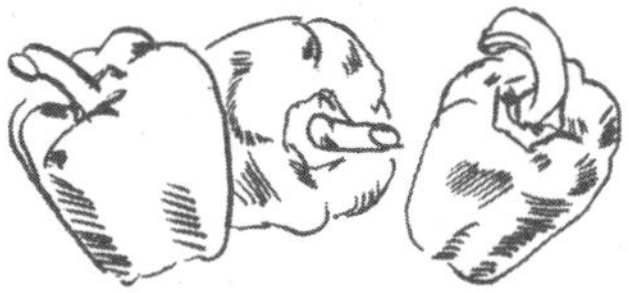

SUSHI GEFÄLLIG?

Wer immer noch glaubt, Fisch könne bedenkenlos verzehrt werden, dem möchte ich am Beispiel von Sushi ein wenig die Augen zu öffnen versuchen. Ich werde ein paar Zahlen bringen aus dem Buch *Tiere essen* von Jonathan Safran Foer, welches ja überhaupt ein Buch ist, das ich allen meinen Lesern dringend als Lektüre empfehlen möchte.

In dem Abschnitt *Beifang* schreibt Foer zum Beispiel, dass ein durchschnittlicher Garnelenkutter 80 bis 90 Prozent der Tiere, die er fängt, tot oder sterbend wieder über Bord wirft. Das sind Tiere, die leidensfähig sind!

Foer schreibt weiter, dass wir darüber nie nachdenken, weil wir darüber nie etwas wissen. Aber man könne ja auf Lebensmittelverpackungen darüber schreiben, zum Beispiel so (wie Foer schreibt): »Für 1 Pfund dieser Garnelen wurden 12 Kilo anderer Meerestiere getötet und ins Meer zurückgeworfen.«[23] Und dann kommt Foer auf Thunfisch, und er zählt von den 145 anderen Arten, die beim Thunfischfang – »unnötigerweise« – getötet werden, über ungefähr eine Seite hinweg auf, was da an verletzten lebenden Wesen einfach so wieder ins Meer geworfen wird. Nach dieser fast eine Seite langen Aufzählung schreibt er (und darauf will ich hinaus):

»Stellen Sie sich vor, man serviert Ihnen einen Teller Sushi. Und auf diesem Teller sind auch all die Tiere, die für Ihre Portion Sushi getötet wurden. Der Teller müsste einen Durchmesser von 1,50 Metern haben.«[24] Da staunt man doch erst einmal, wenn man das liest. Aber 1,50 Meter ist auch nur eine Zahl, die man schnell wieder vergisst. In seiner Aufzählung von 145 Arten, die unter anderen »nebenbei« getötet werden, hat Foer es richtig gemacht. Die »1,50 Meter« allerdings beeindrucken uns nur in dem Moment, in dem wir davon lesen. Später, nur wenig später (viel zu schnell), haben wir diese Zahl wieder vergessen. Darum will ich an dieser Stelle darüber schreiben.

Vielleicht essen Sie Ihr Sushi mit Fisch auch mal draußen vor dem Restaurant, in dem sie zubereitet werden. Wir lieben doch alle dieses Flair: Am frühen Abend oder später entspannt vor dem Lokal sitzen und das Treiben im »In-Viertel« beobachten, während unser exquisites Mahl uns mundet.

Da können Sie dann mal Folgendes machen, um sich die Dimension von »1,50 Meter« vor Augen zu führen: Eine normale quadratische Gehwegplatte ist 50 Zentimeter lang. Drei davon in einer Richtung ergeben 1,50 Meter. Betrachten sie ein Kreuz aus fünf solchen Gehwegplatten, und rechnen Sie die Teile dazu, durch die der Kreis gezogen wird, die nicht in diesem Kreuz liegen. Am Ende macht Ihr Kreis mit einem Durchmesser von 1,50 Metern mindestens fünfeinhalb Gehwegplatten aus. Vielleicht fast sechs. In der Mitte dieser Gehwegplatten (auf denen, um im Bild zu bleiben, all der Fisch drapiert liegt, der für Ihr Sushi sinnlos vernichtet wurde) steht ein kleiner Teller mit Ihrer winzigen Portion von Essen, das Sie unbedingt zu brauchen meinen. Und für dieses »brauchen meinen« werden all die Fische, die auf dem Rest der fünf Gehwegplatten liegen, ohne Not getötet, vernichtet.

Das ist ein sinnloser und brutaler Raubzug gegen die Natur, die wir doch alle so sehr lieben. Aber das vergessen wir gerne, wenn es mal etwas Besonderes sein soll. Ich habe das Beispiel der Gehwegplatten gewählt, weil es wirklich jeder sehen kann, weil es keine abstrakte Zahl ist. Sie können es sich betrachten, während Sie Ihr Wochenende genießen.

Aber ist es nur am Wochenende so? Wollen wir nicht eigentlich sogar am völlig unbedeutenden Montag alles, aber auch alles und immer jederzeit haben? Was ist das für ein Wahnsinn? Wie blind müssen wir alle sein, dass wir das mitmachen? Ist es wirklich wichtig, Sushi mit Fisch zu essen? *Rohem* Fisch? Was ist das überhaupt für ein Scheiß, dass sich die Essenskultur der Carnivoren über solch lange Zeit dahingehend entwickelt hat, dass allen klar ist, dass man nichts Rohes isst, und dann wird es »trendy«, rohen Fisch zu essen? Leute, spinnt ihr eigentlich alle nur noch?

Und wenn der nächste Trend ist, dass irgendwelche Australier Schafwolle rauchen, dann macht ihr das mit, aber nur, wenn es zuerst unbezahlbar teuer ist und obendrein in Japan und Harvestehude als chic gilt? Ihr hättet doch nie angefangen, rohen Fisch zu essen, wenn euch nicht irgendwer eingeredet hätte, dass das in der »japanischen Kultur voll toll total traditionell verwurzelt« und es nicht chic geworden wäre hierzulande.

Ihr seid so lächerlich, so unglaublich lächerlich – es ist zum Erbarmen. Mitleid müsste man mit euch haben, weil es so abgrundtief albern ist, was ihr tut. Wenn es nicht so verbrecherisch wäre.

Nein, ein Verbrechen ist es nicht, Sushi zu essen. Da muss ich euch in Schutz nehmen. Ihr seid ja nur hungrig. Dumm ist es, was ihr tut, weil ihr zwar manchmal etwas ahnt, manchmal überlegt, dass da irgendwas nicht ganz stimmt mit der Art und Weise, wie unsere Nahrung produziert wird, ihr aber am Ende doch ganz andere Sorgen habt, als euch zu informieren und euch schlauzumachen.

Nein, Verbrecher seid ihr nicht. Die Verbrecher sind die, die mit ihren riesigen Fangflotten durch die Meere ziehen und den Umfang von fünf Gehwegplatten voll mit Fisch zurück ins Meer werfen, damit sie euch ein Tellerchen mit der wertvollen Beute hinstellen können. Das sind die Verbrecher. Ihr seid nur die bemitleidenswerten Süchtigen, die den Verbrechern das Produkt abkaufen. Und ihr Fleischesser lacht wieder über mich, weil ich Veganer bin. Lacht ihr auch über den Cracksüchtigen mit den verfaulten Zähnen, der meint, ihr hättet den Spaß im Leben nicht richtig verstanden?

Wahrscheinlich.

Aber welch ein Schuss ins eigene Knie das ist, das versteht ihr wahrscheinlich nicht.

HELDEN UND WIR

»Der glaubt wohl, er sei Gandhi« oder »Der hält sich wohl für was Besseres« – so was wird auch gerne mal über einen Veganer gesagt, der schon mal jemandem erklärt hat, dass er den ganzen Scheiß der Ernährung mit Produkten aus der Massentierhaltung nicht mehr mitmachen will.

Jedenfalls hörte ich das einmal einen Kollegen zu einem anderen sagen, als ich einem Kunden erklärte, dass es ja stimmen würde, dass sein Umzug verdammt anstrengend sei, ich deswegen aber immer noch nicht glauben würde, ich müsse mich vom Qualfleisch im Döner ernähren, den er uns angeboten hat. Gandhi will ich nicht sein, und ob ich mich für etwas Besseres halte ... Tja, äh, wenn man sich so anhört, was die Leute immer wieder für einen Blödsinn von sich geben, dann gerät man natürlich in Versuchung. Aber mal im Ernst: Das gesamte Christentum gibt vor, nach den Lehren Jesu zu leben. Was wäre denn falsch daran, wenn es das wirklich täte?

Ich will kein besserer Mensch sein als andere, ich will einiges besser machen, als ich es in meinen früheren Jahren getan habe. Wenn dabei herauskommt, dass ich so toll bin wie Gandhi – was wäre das Problem?

Aber war Gandhi eigentlich toll? Ich habe keine Ahnung, denn ich habe mich mit ihm genauso wenig beschäftigt wie wahrscheinlich die meisten, die über ihn reden. Aber das ist auch egal, denn unser Bild von Gandhi entsteht natürlich eher durch Erzählungen als durch Fachliteratur. In Gandhis Fall vor allem durch den Kinofilm von Richard Attenborough. Und weil das Kino die Mythenfabrik unserer Zeit ist, wollen wir uns einmal fragen, was die Kinohelden uns eigentlich bedeuten. Ich suche nicht lange nach Beispielen, ich nehme einfach, was nach kurzem Brainstorming auf meinem Notizzettel landet.

Da haben sich zwei Kollegen doch neulich über *Der mit dem Wolf tanzt* unterhalten und den Film beide sehr gemocht. Was passiert unter anderem im Kopf eines Menschen, der diesen Film guckt? Es stellt sich ein gewisses Gefühl ein, nach dem Motto: »So hätte ich auch gehandelt. Solch ein Freund der Lakota wäre ich auch geworden.« Stimmt aber nicht. Die Mehrheit hätte auf einem Kavalleriepferd Jagd auf die Lakota gemacht und Leute wie Kevin Costners Figur verhaftet.

Das ist das, wozu solche Filme uns dienen. Ihre Helden sind Stellvertreter für unsere unerledigten Träume, jene Träume, die unerledigt bleiben, weil wir ja in Wirklichkeit gar nichts ändern wollen.

»Ich hätte Seite an Seite mit Robin Hood gekämpft.« Wer's glaubt …

»Ich hätte auch behauptet, *ich* sei Spartacus.« Ja, als 35. vielleicht. Eher noch hättest du ihn an die Römer verkauft.

»Ich wäre auch so ein cooler Typ im Wilden Westen gewesen wie Christoph Waltz in *Django Unchained!*« Nee, du würdest eher seinen Opportunismus am Ende von *Inglourious Basterds* teilen.

Du hättest dich wie keiner deiner Helden verhalten. Deshalb brauchst du sie im Kino. Die Bilder leben später in deinem Kopf weiter und entwickeln vielleicht eine beruhigende Wirkung: Irgendjemand wird schon irgendetwas tun.

Aber niemand tut etwas, wenn man es nicht selbst tut.

Ich bin kein Held, kein Spartakus, kein Gandhi, kein Robin Hood, kein Gladiator. Und ich muss das auch nicht sein, denn all diese Helden kämpfen gegen etwas oder gegen jemanden. Ich brauche nicht zu kämpfen. Dazu ein letztes Beispiel aus dem Kino. In dem Film *Insider* setzt Russell Crowe alles aufs Spiel, als er als Zeuge gegen die mächtige US-Tabakindustrie aussagt, und Al Pacino als Reporter setzt alles aufs Spiel, damit sein TV-Bericht zu diesem Prozess gesendet wird. Moderne Helden, moderne Davids im Kampf gegen Goliath. Keiner von uns wird je solch ein Held sein. Aber das brauchen wir gar nicht. Um die Tabakindustrie zu beseitigen, brauchen wir nur und lediglich auf ihre giftigen Scheißprodukte zu verzichten. So einfach ist das.

Wer nicht krank werden will von den Giften im Tabak, der braucht nur das Rauchen zu vermeiden. Er muss keinen heldenhaften Kampf gegen die Industrie führen. Er kann das ganz privat für sich selbst regeln.

Wir müssen nicht um eine Verbesserung der Massentierhaltung kämpfen. Wir können einfach aufhören, den ganzen Scheiß zu essen. Und wenn wir das tun, dann haben wir vielleicht nicht diejenigen auf unserer Seite, die über uns lachen, aber immerhin uns selbst und unser Wissen, dass wir uns von den Lügen der tierverarbeitenden Industrie unabhängig gemacht haben.

Und jene, die uns für blöde Weltverbesserer halten, die werden vielleicht in einigen Jahrzehnten im Postklimakatastrophenkino einen Film sehen oder ein Buch lesen, in dem die fiktive Geschichte eines veganen Helden erzählt wird, der mit seinem Fleischverzicht den Massen ein Beispiel war und die Tierindustrie in die Knie gezwungen hat. Und dann werden sie sagen: »So hätte ich auch gehandelt.« Sie werden dieses Gefühl brauchen, während sie ihren Nächsten im Kampf um die allerletzten Ressourcen erschlagen.

HELDEN UND ARSCHLÖCHER

Fall Sie noch nie den Film *The Wolf of Wall Street* von Martin Scorsese gesehen haben, dann holen Sie das schnell nach. Der Film läuft noch keine zehn Minuten, da liefert Matthew McConaughey in seiner Nebenrolle als Broker Mark Hanna die überzeugendste Darstellung eines bekoksten Arschloches ab, die je in einem Film zu sehen war. Schauen Sie sich das unbedingt im englischen Original an.

Wir sehen da keinen durchgeknallten Drogenfreak, sondern einen Mann, der in jener Szene zusammen mit Leonardo DiCaprio in feinem Restaurant mit Respekt behandelt wird. Er führt DiCaprio in das Geschäft des Brokers ein, und eines der wichtigen Dinge, die er ihm zu sagen hat, ist: »Fuck the clients!«

Der Aktienhändler arbeitet eben nicht im Interesse seiner Kunden, sondern im eigenen. Wenn ein Kunde sich freut, dass seine Aktien im Wert gestiegen sind, und er sich also für reich hält, dann rät man ihm nicht, zu verkaufen, sondern man bietet ihm einen neuen Handel an. So ist der Kunde zwar auf dem Papier reich, aber die Broker sind es, die tatsächlich Cash nach Hause bringen.

Die wenigen Minuten dieser Szene aus *The Wolf of Wall Street* gehören zu dem Besten, was Matthew McConaughey in seiner Karriere gespielt hat. Wenn Sie solch einen Typen treffen, dann sehen Sie zu, dass Sie sich in Sicherheit bringen!

Natürlich will ich nicht sagen, dass an der Börse alle kokainsüchtig sind, aber dass dort kaum mehr als eine Handvoll geistig gesunde Menschen unterwegs sein kann, sollte jedem klar sein, der mal mehr als zwei Minuten drüber nachdenkt.

In vielen Kritiken ist Martin Scorsese vorgeworfen worden, er würde mit seinem Film verherrlichen. Solche Kritik kann nur von Leuten kommen, denen man jeden Film, den sie sehen, moralisch erklären muss. Scorsese verherrlicht nichts, er stellt lediglich dar. Und wer das, was in dem Film zu sehen ist, für einen erstrebenswerten Lebenswandel hält, der hat schon akzeptiert, dass unsere Welt nach Prinzipien gestaltet sein soll, die den Bedürfnissen von hormongesteuerten 16-jährigen Partygängern genügen: Schnelle Autos, teure Nutten, Drogen und endloses Feiern im Rausch. Und niemals, aber wirklich niemals erwachsen werden.

Und das ist ja auch die Propaganda unserer westlichen Welt. Alles für jeden. Immer und sofort. Wer sich das nicht leisten kann, der hat es eben noch nicht richtig versucht.

Und wer keine Jacht und keine Villa auf riesigem Grundstück sein Eigen nennt, der hat wenigstens jeden Tag Fleisch auf dem Teller oder der Stulle, auch wenn dieses Fleisch das Billigste vom Billigen ist. Alle glauben, dass es so, wie es läuft, richtig läuft. Alle bei uns.

In anderen Gegenden auf der Welt sieht das aber vielleicht ganz anders aus. Haben Sie schon einmal von William Kamkwamba gehört? Dieser Mann wurde 1987 in Malawi geboren, einem der ärmsten Länder der Welt. Und dieser Mann ist ein Held. Mit 14 Jahren wurde er berühmt, weil er sich nicht hat unterkriegen lassen. Zu einer Zeit, als in Malawi Hungersnot herrschte und seine Familie das Schulgeld für ihn nicht aufbringen konnte, hat er ein Windrad gebaut, welches das Haus seiner Familie als erstes im Dorf mit Licht in der Nacht versorgte.

Man kann sich hierzulande kaum vorstellen, was es bedeutet, wenn abends um sieben oder acht die Sonne für zehn, elf Stunden verschwindet und man tatsächlich im Dunkeln sitzt, weil man sich auch keinen Brennstoff für ein Feuer leisten kann. Da findet nur noch wenig soziales Leben statt, und von privater Fortbildung oder Hobbys gar ist dann wohl auch weniger die Rede.

Kamkwambas Familie hatte Glück. Sie überlebte die Hungersnot des Jahres 2002. Und außerdem hatte sie Glück, einen solchen Sohn zu haben. Der Junge hat sich in der Zeit, in der er nicht zur

Schule gehen konnte, aus der Bücherei seines Dorfes zwei Bücher über Physik beziehungsweise Elektrizität geliehen. Und dann hat er sich auf dem Schrottplatz und überall, wo er sie finden konnte, Teile besorgt, aus denen er schließlich sein erstes Windrad gebaut hat. Allen, die ihn für einen Spinner hielten, hat er es gezeigt.

Seine Geschichte hat er später aufgeschrieben. Unter dem Titel *Der Junge, der den Wind einfing* ist sie in Deutschland als Buch erschienen. Dieses Buch erzählt außerdem die Geschichte der Hungersnot in Malawi. Auf Anweisung des Internationalen Währungsfonds hat Malawi im Jahre 2001 Getreide verkauft. Der IWF ist ein Kreditgeber, und wenn ein Land seine Kredite nicht zurückzahlen kann, dann wird es zu Maßnahmen gezwungen. Dann geht es auch mal an das Familiensilber. Oder besser: an die Grundlage der Ernährung der Bevölkerung.

Und wenn Börsenspekulanten Wetten auf den Aktienkurs von Getreide abschließen, dann wird auch mal Getreide teuer. Und wenn Getreide teuer ist, dann kann ein armes Land damit ein paar Schulden begleichen.

Und wenn Fleischhersteller in aller Welt glauben, dass sie jeden Tag ihre Proteinbomben mit Getreide füttern müssen, dann muss das Getreide irgendwo herkommen. Mit anderen Worten: Wir sollten uns gefälligst endlich besinnen, dass unsere endlosen Fressorgien immer wieder und täglich zu Hunger auf der Welt führen, und wir sollten langsam mal dahinkommen, von diesem Wahnsinn abzusehen.

Von aller Unmenschlichkeit, die sich im Zusammenhang mit unserer Ernährung zeigt, mal abgesehen: Die »Weltgemeinschaft« steht vor unüberschaubaren Problemen und kann es sich nicht leisten, Genies verhungern zu lassen, so wie es im Falle von William Kamkwamba fast geschehen wäre. Und eine »zivilisierte« Welt sollte es sowieso nicht zulassen, dass Menschen ihr kreatives Potenzial (welches auch immer) nicht entfalten können, weil ein Teil der »Gemeinschaft« sie der permanenten Unterernährung ausliefert.

IM KOPF EINES WELTVERBESSERERS

Wir wollen doch mal sehen, wie es im Kopfe eines sogenannten »Weltverbesserers« aussieht. In meinem Kopf also. Bevor ich mich länger gegen diese Bezeichnung sträube, will ich mir überlegen, ob es eigentlich falsch ist, die Welt verbessern zu wollen. Die Antwort finde ich sofort, wenn ich eine Sekunde in mich reinhöre: Aber nein! Nichts ist falsch daran, die Welt verbessern zu wollen! Im Gegenteil, dies ist ein durch und durch zu unterstützendes Vorhaben.

Aber bin ich wirklich so naiv zu glauben, ich könne überhaupt mit meinem persönlichen Handeln die Welt verbessern? In gewisser Weise bin ich das wohl.

Nehmen wir mal an, dass ich ein Menschenleben rette, wenn ich ab sofort bis zum Zeitpunkt meines Todes kein Fleisch mehr esse. Und nehmen wir weiter an, ich könnte den Menschen, den ich damit rette, in meinem täglichen Leben immer wieder treffen. Wäre es naiv von mir, auf Fleisch zu verzichten?

Natürlich nicht!

Und hier ist der Ausdruck »Verzicht« auch mal richtig und angebracht, denn weil wir in der freien Welt immer alles und sofort haben wollen, existiert im ärmeren Teil der Welt Elend, das wir uns lieber nicht vorstellen wollen.

Stellen Sie sich vor, an einem Grillstand auf irgendeinem Wochenmarkt steht neben jedem Kunden ein Kind, das dem Kunden sagt: »Wenn Sie nicht aufhören, jeden Tag diese Unmengen an Fleisch zu essen, werde ich elendig verhungern. Gucken Sie mal, wie abgemagert ich schon bin!« Wäre der Kunde, der sich davon beeindrucken ließe, naiv? Wäre das ein »verdammter Weltverbesserer« und eine »Spaßbremse«?

Wer diese Frage bejaht, ist entweder gewissenlos oder ein Beispiel für die Beschränktheit der menschlichen Intelligenz. Diese ist nämlich nicht dazu da, globale Zusammenhänge auf den ersten Blick zu begreifen. Das menschliche Gehirn ist nicht dazu ausgelegt, die Zusammenhänge in komplexen Systemen zu verstehen. Das berühmte Beispiel mit den Weizenkörnern auf dem Schachbrett mag dies verdeutlichen. Jeder kann sich ein Schachbrett mit 64 Feldern vorstellen, und jeder kann sich vorstellen, wie viele Weizenkörner auf dem 64. Feld liegen, wenn man auf das erste Feld ein Korn legt und auf jedes nächste Feld einfach jeweils ein Korn mehr, als auf das vorangegangene. Es kann sich auch jeder schnell überlegen, wie viele Körner dann insgesamt auf dem Schachbrett liegen werden. Was sich auf Anhieb niemand vorstellen kann, ist, wie viele Weizenkörner auf dem 64. Feld liegen würden, wenn man die Zahl der Körner von Feld zu Feld verdoppelt, also: 1, 2, 4, 8, 16, 32, 64 usw. Niemand kann sich vorstellen, wie 18.446.744.073.709.551.615 Weizenkörner aussehen. »Die gesamte Menge Weizen, die sich auf dem Schachbrett befände, hätte bei einer Tausendkornmasse von ca. 40 g eine Masse von ca. 730 Mrd. t. Das entspricht etwa der 1200-fachen weltweiten Weizenernte des Jahres 2004 (624 Mio. t).«, heißt es auf Wikipedia.[25]

So wenig wie die Hand dazu geeignet ist, einen Nagel in eine Wand zu schlagen, so wenig kann das Gehirn große Zahlen oder komplexe Zusammenhänge überblicken. Aber genauso, wie die Hand einen Hammer ergreifen kann, kann der Verstand dem Gehirn Werkzeuge (Wissenschaft, Mathematik) geben, um die verflochtenen, komplexen Beziehungen in Politik, Ökonomie und Ökologie, in Gesellschaften und Biotopen und im Weltklima zu erforschen und in unsere Vorstellungskraft zu übersetzen. Das heißt für mich unter anderem, dass jeder die Pflicht hat, sich immer wieder weiterzubilden, um zu verstehen, welche Auswirkungen sein eigenes Tun und Handeln auf den Rest der Welt hat, und gegebenenfalls Konsequenzen aus den Erkenntnissen zu ziehen.

Das ist nicht immer leicht, und manchmal ist das Ergebnis auch nicht gerade befriedigend. Deswegen wollen Recherche-faule

Fleischfresser auch nicht einsehen, welche Schuld sie am Hunger in der Welt tragen. Aber ich will ja nicht missionieren. Ich will ja nur erklären, warum eure Angriffe auf mich als »veganer Gutmensch« mir auf die Nerven gehen. Nicht meine Naivität ist das Problem, eure Kurzsichtigkeit ist es.

Natürlich, ja, es gibt doofe Veganer. Aber welche Gruppe von Menschen kann sich frei von Doofen wähnen? Wer sich bei seiner Kritik irgendeiner Sache an deren dümmsten Vertreter aufhält, schießt ein Eigentor. Wer sagt, Film an sich könne keine Kunst sein, weil er bisher nur Karl May-Verfilmungen gesehen hat, der beweist nur, dass er keine Ahnung hat. Auch das Argument, dann müsse man ja »alles« sofort ganz anders machen, und überhaupt würde ja jener Veganer noch dieses und jenes tun, das der Umwelt schadet (er wäre also alles andere als so perfekt, wie er zu sein behauptet), zieht nicht. »Alles sofort« geht nicht. Aber sich selbst entwickeln, das geht.

Deswegen zieht auch der Begriff der »Spaßbremse« nicht, bloß weil ich einige Sachen ablehne, die andere für selbstverständlich halten. »Spaß« ist unter Umständen ein infantiler Begriff. Bier trinken kann Spaß machen. Es kann aber auch sehr schnell schädliche Folgen nach sich ziehen. Wein trinken kann schlicht nur Spaß machen, es kann aber auch in kultiviertem Ambiente der Kontemplation förderlich sein (so wie Biertrinken auch). Mit anderen Worten: Wein oder Bier trinken kann mehr sein als Spaß.

»Spaß« ist ein Ausdruck, der von Leuten zur Rechtfertigung von Verhalten genutzt wird, die niemals erwachsen geworden sind.

Sex und Musik machen Spaß. Auf jeden Fall. Sie können aber noch viel mehr als nur das. Wer Sex nur aus dem Puff kennt und Musik nur vom Karneval, der kann das natürlich nicht verstehen. Es gibt Leute, die sagen, Sex sei für sie ein Weg zu Gott, und es gibt Leute, die das Gleiche über Musik sagen. Das kann man auch als Atheist verstehen. Dazu sollte man aber die Pappnase abnehmen und sie in die Kiste der Erinnerungen an die eigene Kindheit verstauen.

Erwachsen werden ist eine Voraussetzung dafür, dass wir die »Welt verbessern«. Und zwar unsere Welt. Die Welt, in der wir, die Gesamtheit aller Menschen, leben, die »Welt der Menschen« sozusagen. Dem Planeten, der »Umwelt«, sind wir nämlich herzlich egal. Die haben schon ganz andere Katastrophen überstanden.

Die Liebe, die wir als junge Menschen das erste Mal zum anderen (oder zum gleichen) Geschlecht empfinden, ist etwas Wunderbares. Der junge verliebte Mann möchte seine Gefühle der Geliebten gegenüber zum Ausdruck bringen und versucht sich vielleicht in unbeholfener Lyrik. Oder er stottert ihr ein Bekenntnis vor, dass es ihm anschließend die Schamesröte ins Gesicht treibt, während sie vielleicht schon erfolgreich umworben ist, ohne dass der junge Mann das kapiert. Bei einem gemeinsamen Spaziergang pflückt er ihr eine Blume vom Wegesrand.

Das ist ein schönes Bild, das wir wohl aus allen Kulturen kennen, und obwohl auch ich dieses Bild mag, kann ich nicht anders, als hier sofort wieder die »Spaßbremse« zu machen.

Denn was ist aus diesem romantischen Bild geworden? Eine Blumenindustrie hat sich entwickelt, die uns allen, die wir immer alles unbedingt sofort und jederzeit haben wollen, den Blumenkauf zu jeder Stunde an jedem Tag ermöglicht. Der unromantische Geldprotz kauft dem Rosenverkäufer am Abend in der Kneipe natürlich gleich den ganzen Strauß ab, und zu jedem Muttertag, jedem Besuch bei der Schwiegermutter und zu unendlich vielen anderen Anlässen müssen Blumen her. Myriaden von Blumen.

Und jetzt fragt bestimmt wieder jemand, was diese Blumen mit veganer Ernährung zu tun haben. Ganz einfach: Sie nehmen Ackerfläche weg, und zwar nicht nur in Holland, sondern vor allem in Afrika. Der Veganer, der meint, man dürfe die weltweiten Getreidevorräte nicht nutzen, um Vieh zu mästen, der muss auch die Blumenindustrie verdammen.

Ich bin hier übrigens gerne die Spaßbremse. Verschenkte Schnittblumen, die gestern oder vorgestern noch auf einem afrikanischen

Feld standen, stehen heute als Geschenk in der Vase und sind übermorgen verwelkt und landen im Müll.

Derweil leiden dort, wo die Blumen herkommen, die Menschen. In armen Ländern, deren traditionelle Landwirtschaften während der Kolonialzeit zerstört wurden und die heute als Zulieferer für westlichen Luxus dienen, verhungern Menschen zu Zigtausenden, und ich werde eine »Spaßbremse« genannt, weil ich da nicht mitmachen will.

Die Journalistin und Politikwissenschaftlerin Petra Ramsauer schreibt in ihrem Buch *So wird Hunger gemacht*: »Die Hälfte der globalen Getreideernte wird für Tierfutter verwendet, ein immer größerer Anteil für Biotreibstoffe.«[26]

Das Zitat des ehemaligen UN-Sonderberichterstatters Jean Ziegler für das Recht auf Nahrung sollte eigentlich inzwischen jeder kennen: »Jedes verhungerte Kind ist ein ermordetes Kind.«

Wir haben ein Flüchtlingsproblem. Immer mehr Menschen wollen nach Europa. Aber die wollen nicht nach Europa, weil ihre Heimat an sich so scheiße und Europa so unvergleichlich toll ist, die wollen nach Europa aus einem einzigen Grund: aus schlichter Not.

Ein Arbeitskollege sagte sinngemäß: »Die Kriegsflüchtlinge sollen bleiben dürfen. Wirtschaftsflüchtlinge müssen zurückgeschickt werden.« Was bitte stellt sich so einer unter einem »Wirtschaftsflüchtling« vor?

Wer in einem westafrikanischen Land kein Auskommen mehr hat, weil die europäischen, vom Staat subventionierten Produkte seinen heimischen Markt ruiniert haben, ist ein »Wirtschaftsflüchtling«? Wer nichts zu essen hat, weil die Getreideernte seines Landes exportiert wird, während er selbst gezwungen ist, Baumwolle für den internationalen Markt anzubauen, ist ein »Wirtschaftsflüchtling«?

So einfach ist das nicht.

Im Zusammenhang mit dem Internet wird seit Jahren gerne vom »globalen Dorf« geredet. Globalisierung ist ein gängiger Begriff geworden, sie läuft seit Hunderten von Jahren und hat inzwischen eine solche Eigendynamik angenommen, dass es unmöglich ist, meinen Kauf, mein Handeln im Supermarkt, vom Schicksal eines Bauern in zum Beispiel Malawi zu trennen. Das kann man nur trennen, wenn man es wirklich will – wenn man also ignorieren will, was man wissen könnte, wenn man es wollte.

Oder weil man wirklich blöd ist.

Und wir diskutieren noch darüber!

Das muss man sich mal vor Augen halten: In der Zeit meines Aufwachsens war Deutschland in zwei Staaten geteilt, in die BRD und die DDR. Die Bürger der DDR waren eingezäunt und eingemauert, und viele von ihnen wollten in den »goldenen Westen« flüchten. Jeder der Flüchtlinge, die es schafften, wurde aufs Allerherzlichste willkommen geheißen. Weil wir nämlich beweisen mussten, dass in der BRD das bessere System herrscht.

Laut wikipedia.de geben das Zentrum für zeithistorische Forschung und die Stiftung Berliner Mauer die Zahl der »Mauertoten«, also jener Menschen, die bei der Flucht erschossen wurden oder aus einem anderen Grunde starben (zum Beispiel durch eine Tretmine), mit mindestens insgesamt 138 an, für die gesamte Zeit der Existenz der Mauer vom 13.08.1961 bis zum 09.11.1989.

138 Tote in 28 Jahren, die in den Medien des Westens als Opfer eines Unrechtsregimes betrauert und deren »Mörder« als Verbrecher gebrandmarkt wurden. Schließlich ging es ja um die Konkurrenz zweier verfeindeter Systeme. 138 Tote in 28 Jahren, die einen Skandal in der öffentlichen Diskussion in der BRD während der ersten 23 Jahre meines Lebens darstellten.

In einem Artikel zur »Flüchtlingskrise« auf wikipedia.de kann man eine Zahl finden, die die Proportionen sprengt, auch wenn das für uns nicht solch ein Skandal ist wie jener um die Mauertoten. Schließlich waren die Mauertoten uns ein Beweis für die Überlegenheit unseres Systems gegenüber der Konkurrenz. Mit den aktuellen Flüchtlingen ist das ein etwas schwierigeres Thema, denn mit unserer »Überlegenheit« lässt sich da nicht so ohne Weiteres argumentieren.

Seit dem Jahre 2000 (also in den letzten 17 Jahren) sind auf dem Weg nach Europa mindestens 30.000 Flüchtlinge ums Leben gekommen. Das sind 1.875 pro Jahr. Rechnen Sie das mal auf die 28 Jahre der Existenz der Mauer hoch.

Das wären 52.500!

Ich will jetzt nicht ein »Unrechtssystem« gegen das andere aufwiegen – das wäre vulgär, aber eine Frage sei gestattet: Sind diese 30.000 Menschenleben nicht rettungswürdig gewesen?

Klar, im Falle der Maueropfer konnte unsere Propaganda noch mit dem Begriff der »Freiheit« hantieren. Das wird jetzt schwieriger, denn wenn man von »Freiheit« faselt, dann muss man sich das Bild vom »globalen Dorf« noch einmal ganz anders vor Augen halten. Da geht es dann nämlich nicht um irgendwelche »Wirtschaftsflüchtlinge«, die von irgendwo irgendwie hierher wollen, weil sie auch irgendwas von »unserem« abhaben wollen. Da geht es um etwas anderes. Da geht es um das »globale Dorf«, in dem die Lebensbedingungen aller, die dort wohnen, zusammenhängen, und es geht um eine Villa am Rande des Dorfes, zu der aller Reichtum des Dorfes hinströmt und von dort aus eben nicht gerecht verteilt wird. Und es geht um ein paar Bewohner der ärmeren Teile des Dorfes, die es in diese Villa geschafft haben und dort nun die vollgeschissenen Toiletten der fettgefressenen Villabewohner sauber machen oder, wenn sie Glück haben, den Gärtnern bei der Landschaftsgestaltung helfen dürfen. Andere, die auf dem Weg zur Villa verrecken, haben eben weniger Glück. Aber da können wir ja nichts für.

Doch. Der reiche Westen frisst buchstäblich die Leben der Menschen in den armen Ländern.

In dem Film *... Jahr 2022 ... die überleben wollen* (Originaltitel: *Soylent Green*) aus dem Jahr 1973 leben in New York 40 Millionen Menschen, die meisten in Armut und hungernd. Das neueste

Lebensmittel, mit dem die Massen abgespeist werden, ist »Soylent Green«, irgendein Zeug mit irgendwelchen Inhaltsstoffen, die alles bringen, was der Mensch braucht. »Soylent« (es gibt in dem Film dafür auch andere Farben als »green«) ist ein Kunstwort, das sich zusammensetzt aus »Soy« (Soja) und »Lentil« (Linse), etwas also, was durch seine pflanzliche Herkunft recht harmlos wirkt. Vor allem wohl für uns Veganer, denn Linsen und Soja essen wir natürlich auf jeden Fall mit gutem Gewissen.

Aber dann stellt sich am Ende des Filmes heraus: Soylent Green ist Menschenfleisch! Der Held des Films, Detective Thorn (Charlton Heston), sieht, wie Leichen auf einem Laufband in einer Fabrik der Produktion von Soylent Green zugeführt werden.

Das ist Science-Fiction, wie sie damals üblich war. So wie die Computer der Zukunft in jenen alten Storys immer größer wurden, weil niemand mit unseren modernen Speichermedien gerechnet hat, so wurden Probleme wie Überbevölkerung und Hunger »vergrößert«, indem man Kannibalismus prophezeite. Das Ganze ist zwar sinnbildlich zu verstehen, aber wenn wir uns die Situation heute angucken, dann kann man kaum anders als zu sagen: Unser archaisches Fressverhalten frisst die Lebensgrundlage von Menschen in anderen Teilen der Welt. Sinnbildlich: Wir fressen das Leben der anderen. Sinnbildlich fortgeführt: Wir fressen die anderen.

Und wem das noch nicht reicht, dem serviere ich jetzt (nicht gerne) eine extrem makabere Pointe, die alles andere als »sinnbildlich«, sondern wortwörtlich zu verstehen ist.

Alle, die noch einmal in ihrem Leben ihren Fischteller wirklich genießen wollen, sollten jetzt aufhören, zu lesen. Jugendlichen unter 18 Jahren sollte an dieser Stelle das Buch aus der Hand genommen werden. Oder nö, wieso eigentlich?

Den Hinweis auf das, was jetzt kommt, verdanke ich Thomas Fischer, im Jahre 2016 vorsitzender Richter am Bundesgerichtshof in Karlsruhe. Er schreibt in seinem Buch *Im Recht* zu ertrunkenen

Flüchtlingen: »800 afrikanische Kadaver pro Woche! Das sind, selbst bei durchschnittlich 65 unterernährten Kilogramm, 52 Tonnen Menschenfleisch pro Woche. Kein Wunder, dass der Blauflossenthun triumphiert und die Dorade sich fühlt wie die Made im Speck.«[27] Kapiert?

Was wir beim massenhaften Import von Getreide zwecks Schlachtviehfütterung noch *sinnbildlich* als Kannibalismus betrachten können, rückt hier verdammt in die Nähe von *tatsächlichem* Kannibalismus. Der Thunfisch ist ein Raubfisch, der in so ziemlich allen Meeren außer den arktischen und antarktischen vorkommt. Er kommt also auch im Mittelmeer vor und an der Küste Westafrikas, die von »westlichen« Fischereibetrieben mit ihren riesigen Fangflotten leergefischt werden.

Natürlich wird jeder tote Mensch letztlich durch Mikroorganismen zersetzt und gelangt somit in den Nahrungskreislauf und, wenn man so will, über zahlreiche Glieder der Nahrungskette auch immer wieder auf den Teller anderer Menschen. Aber ist dieses Bild vom ertrunkenen Flüchtling, der von einem Thunfisch angenagt wird, nicht ein kleines bisschen zu dicht an unserem Fischteller beim Griechen dran?

Wir können es so betrachten: Wir ruinieren die Landwirtschaft in afrikanischen Staaten. Dadurch produzieren wir »Wirtschaftsflüchtlinge«, die wir nicht haben wollen. Diese Flüchtlinge versuchen, in Booten Europa zu erreichen. Boote, die vielleicht von ehemaligen Fischern stammen, die nichts mehr fangen können, weil die europäischen Fangflotten alles abgegrast haben. 52 Tonnen Menschenfleisch pro Woche sind ertrunkenes Menschenfleisch jener, die aus ihrer Not flüchten wollten. An diesen 52 Tonnen tut sich vielleicht der Thunfisch gütlich, der von ebenjenen Fangflotten, die des afrikanischen Fischers Leben ruiniert haben, gefangen wird, bevor er auf *Ihrem* Teller landet.

Oder die Dorade, die doch beim Griechen nebenan oder beim Griechen im Urlaub gerne vom Gast mit viel Genuss verzehrt wird.

Diese Dorade kommt im gesamten Mittelmeer vor. Außerdem unter anderem an ebenjener Westküste Afrikas bis zum Senegal, wo die Fangflotten alles leerräumen. Sie ernährt sich von Muscheln und Krebsen. Keine Ahnung, ob sie auch mal eine menschliche Leiche anknabbert, aber es reicht ja wohl, dass sie die Krebse frisst, die das tun.

Und jetzt folgendes Bild: Sie sind im Urlaub am Mittelmeer oder an der nordwestafrikanischen Küste und sitzen mit Meerblick im Restaurant. Sie genießen diesen Blick zum Sonnenuntergang, der Ihnen aber auch das unerfreuliche Erlebnis vom Anblick angespülter Leichen von Flüchtlingen bieten kann. Von Flüchtlingen, deren Freunde oder Verwandte von ebenjenem Fisch angeknabbert wurden, den sie auf dem Teller haben.

Na, noch einen Nachschlag?

Komm schon, ist doch lecker!

Und jetzt nenn mich noch mal »Spaßbremse«.

Ich weiß ja nicht, wie es in *deinem* Kopf aussieht, aber jetzt weißt du, wie es in meinem aussieht.

Nimm doch noch einen Happen!

KANNIBALISMUS

Manche Leute sagen, das Beste, was ein Mensch essen könne, wäre Fleisch von Säugetieren, weil der Mensch selbst ein Säugetier ist. Das ist quasi zur optimalen Verarbeitung schon mal vorbereitete Nahrung, und so ziemlich alles, was man braucht, ist drin enthalten. Ob das jetzt stimmt oder nicht, sei mal dahingestellt, es soll hier um etwas anderes gehen: Wenn wir die Logik, auf die sich diese Behauptung stützt, weiterführen, dann müsste eigentlich Menschenfleisch das Nahrhafteste für uns sein.

Warum essen wir also keine Menschen?

Klar, das ist eine eklige, eine abscheuliche Vorstellung, geradezu widerlich, und es wäre außerdem »unmenschlich«! Das wäre mit keinerlei Ethik zu vereinbaren. Dass die letzten beiden Sätze nicht stimmen müssen, können wir bei dem Anthropologen Marvin Harris erfahren, den wir in diesem Buch schon kennengelernt haben. Doch vorher will ich kurz mal fragen, was wir eigentlich mit Ethik meinen, wenn wir die Idee des Kannibalismus verwerfen. Durch die Jahrtausende hindurch haben sich Menschen gegenseitig ermordet, schreckliche Kriege gegeneinander geführt, »Feinde« gefoltert, andere ausgeplündert und verhungern lassen, versklavt und unterworfen. Das alles ist natürlich auch immer wieder heftig kritisiert worden, aber wirklich aufgehört hat davon nichts.

Warum darf ein Soldat zum Ruhm und zur Ehre des Vaterlandes beziehungsweise zur Verteidigung der »freien Welt« einen anderen Menschen töten, ihn aber nicht aufessen? Warum ist es schlimmer, einen Menschen zu essen, als ihn verhungern zu lassen? Warum ist Folter »umstritten«, während Kannibalismus als pervers gilt? Warum essen wir keine Menschen?

Leute, die sich professionell über die Leute von PETA lustig machen, weil diese meinen, (zumindest höhere Säuge-) Tiere hätten ähnliche Rechte wie Menschen, verplempern ihre Zeit damit, sich darüber lustig zu machen, anstatt sich gegen Krieg und Folter zu engagieren.

Warum?

Wer glaubt, Kühe und Schweine würden zwar vielleicht Schmerz empfinden, aber dieser sei mit dem eines Menschen nicht vergleichbar, der kann ja gerne einmal bei YouTube unter dem Stichwort »Beschneidung« das Video suchen, in dem einem männlichen Säugling ohne Betäubung die Vorhaut beschnitten wird, während der Vater daneben steht und die Schreie des hilflosen Sohnes erträgt, weil ihm der Arzt wohl eingeredet hat, dass das Ganze nicht so schlimm sei, wie es sich anhört.

Hier sei eine Warnung angebracht: Das Video ist nichts für Leute mit schwachen Nerven, denn es ist grauenhaft anzusehen. Allerdings: Wer dieses Video gesehen hat, der wird sich vielleicht auch nicht mehr einreden lassen, dass die millionenfache tägliche Folterung von Kühen und Schweinen in der Massenzucht »nicht so schlimm« sei, weil diese Tiere nicht über einen solch brillanten Intellekt verfügen wie wir. Das tun Babys erst einmal auch nicht.

Warum tun wir das?

Warum lassen wir es zu, dass andauernd und immer empfindende Wesen gequält werden, und zwar ihr Leben lang? Warum lassen wir es zu, dass unsere Ernährung auf einer perversen Folterindustrie beruht? Warum gilt jemand, der sich ein Steak munden lässt, als Genießer, während einer, der einen Menschen verspeist, ein perverser Unmensch ist?

Ich möchte natürlich nicht den Kannibalismus als Ernährungsweise einführen, aber nach den Erfahrungen der letzten Jahrtausende leuchtet das Argument der Ethik nicht unbedingt ein. Vielleicht kann uns Marvin Harris helfen.

In seinem Buch *Wohlgeschmack und Widerwillen – Das Rätsel der Nahrungstabus* beschreibt er immer wieder, dass hinter allen ethisch oder religiös bedingten Ernährungstabus letztlich eine Kosten-Nutzen-Rechnung steht. So essen Hindus laut Harris nicht deswegen keine Kühe, weil die ihnen heilig sind, sondern Kühe wurden den Hindus heilig (gesprochen), weil die lebende Kuh (einfach ausgedrückt) auf lange Sicht für die Landwirtschaft (also für die Ernährung) nützlicher ist als die gegessene Kuh.

Bevor in jener Region, in der das Judentum beziehungsweise der Islam entstand, die Wälder abgeholzt waren, wurden dort Schweine gezüchtet. Ohne Wälder allerdings ist das Schwein in der Ernährung dem Menschen bei Landwirtschaft in karger Region ein Nahrungskonkurrent, weil es Ähnliches frisst wie der Mensch. Genug Küchenabfälle, mit denen man Schweine füttern könnte, gab es nicht mehr, und Wälder, in denen sich die Schweine selbst ernähren konnten, erst recht nicht. Also wurde das Schwein zum »unreinen« Tier, weil die Kosten für seine Zucht einfach zu hoch waren.

Ich gebe zu, meine Darstellung ist sehr vereinfacht (weshalb ich die Lektüre von Harris' Buch empfehle), aber es soll hier um etwas anderes gehen. Harris wendet diese Kosten-Nutzen-Rechnung nämlich auch auf den Kannibalismus an, und da kommt er zu einem überraschenden Ergebnis.

In kleinen Gemeinschaften, denen die Nachbargruppen als Todfeinde gegolten haben, hat es nach Harris' Ansicht tatsächlich Kannibalismus gegeben. Wer sein kleines Dorf nicht verlassen kann, ohne Gefahr zu laufen, von seinen Nachbarn erschlagen zu werden, der entwickelt ein anderes Verhältnis zum Menschenessen als zum Beispiel ich, der ich in Hamburg lebe und staunend lese, was Harris beschreibt.

Der Autor beschreibt Kannibalismus als ein Phänomen, das vor allem in Regionen auftrat, die an sich schon isoliert waren, wie zum Beispiel karibische oder ozeanische Inseln, oder in Regionen, die sich durch eine extreme Knappheit an Großwild auszeichneten, wie zum Beispiel Mittelamerika, wo es wie in ganz Amerika extrem wenig Tiere gab, die sich zur Domestikation eigneten.

Wer nun also unter einem gewissen Proteinmangel litt und außerdem um sich herum nur Feinde hatte, die ihm das Essen der Region streitig machten, der hatte vielleicht nicht die Hemmungen einer kannibalistischen Nahrung gegenüber, die wir heute haben.

Kannibalismus gilt uns als »primitiv«, »barbarisch« und »unzivilisiert«, auch wenn wir uns (siehe Kriege und Folter) nicht selten barbarisch, primitiv und unzivilisiert verhalten. (Und vielleicht verstehen wir das bloß nicht mehr als »primitiv«, weil wir uns dabei der allermodernsten Techniken bedienen – im Gegensatz zu dem »keulenschwingenden« Kannibalen aus den Bildern unserer Filme und Comics.)

Natürlich wollen wir gerne Krieg und Folter abschaffen, aber wir führen immer wieder Krieg, um die Zivilisation (die »westlichen Werte«) zu retten. Und da liegt die Lösung der Frage nach dem Kannibalismus, wie Harris sie erklärt:

Gemeinschaften, die größer sind als ein Verband weniger Hütten, größer als die vom menschlichen Fassungsvermögen überschaubare kleine Gemeinschaft, können nur ohne Kannibalismus funktionieren. Kriege gehen auch wieder vorbei, und dann kann man die Besiegten unterwerfen oder versklaven, oder sie unterwerfen sich selbst und werden Teil des Imperiums (wenn auch als Unterprivilegierte). Aber alle Überlebenden eines Konfliktes bleiben am Leben. So funktioniert Politik seit Jahrtausenden. Jeder Sklave kann genauso eine unsterbliche Hoffnung auf Besserung seiner Situation hegen, wie ein Hartz-IV-Empfänger unserer Tage. Wer allerdings befürchten muss, nicht einmal die Chance auf Unterwerfung zu bekommen, weil er weiß, dass er gegessen werden wird, der kämpft wirklich bis zum Tod. Das ist in knappen Worten die Erklärung, die Marvin Harris seinen Lesern anbietet: Größere politische Einheiten funktionieren nicht, wenn es Kannibalismus gibt.

Das hat mit Ethik nichts zu tun.

Und dann gibt es da eine Ausnahme, für die Harris auch eine Erklärung hat, die ich hier aber nicht bringen kann, denn das würde zu weit führen: In der Hochkultur der Azteken gab es Kannibalismus. Das ist für mich interessant. Denn genauso wie ich Leute kenne, die sagen, der Mensch solle am besten Fleisch von Säugetieren essen, weil er selbst eines sei – genauso kann ich mir einen Azteken vorstellen, der das Gleiche über den Verzehr von Menschenfleisch sagen würde. Und dann würde er vielleicht noch mit anderen über jene lachen, die sagen, auch andere Menschen hätten Gefühle und würden Schmerz empfinden.

In seinem Buch *Don't Go Veggie!* erstellt der Lebensmittelchemiker Udo Pollmer eine Art Rangliste, nach der Vegetarier Fleischesser verachten, während sie selbst von Veganern verachtet würden. Zwischen den verschiedenen Veganern herrscht laut Pollmer dann auch noch Verachtung, weil diejenigen, die aus dem wohl weniger wertvollen Grund der eigenen Gesundheit Veganer sind, von jenen verachtet werden, die aus ethischen Gründen auf Nahrung vom Tier verzichten.

Alle Veganer werden laut Pollmer von Frutariern verachtet, die nur Früchte essen, die die Pflanze freiwillig hergibt, also Fallobst und Ähnliches. Und dann schreibt er noch von jenen, die das alles ablehnen und sich nur von Licht ernähren. Mit diesem Coup (der Erwähnung der Anhänger der »Lichtnahrung«) hat Pollmer es geschafft, die ganze Skala vom Vegetarier bis zum Lichternährer der Lächerlichkeit preiszugeben, anstatt sich selbst als Teil auf dieser Skala zu sehen und zu bemerken, *dass er als Carnivore Kannibalen verachtet.*

Kannibalismus ist die logische Folge von Pollmers Gedankengang. Aber weder ich noch Pollmer wollen Kannibalismus. Wir betrachten wohl beide Kannibalismus als barbarisch und unzivilisiert. Ist nicht (auch wenn die »zivilisierten Europäer« sich oft genug unzivilisiert verhalten haben) die Zivilisation an sich eine Entwicklung, die von »barbarischem« Verhalten fortführen soll?

Wenn nicht das, was wäre der Sinn der Zivilisation?

Wann werden wir begreifen, dass wir uns mit der Toleranz der Folter von empfindenden Wesen in der Massentierhaltung, von

Wesen, deren Fähigkeit zum Ichbewusstsein noch lange nicht widerlegt ist, von Wesen, deren soziale Fürsorge zueinander offensichtlich ist – wann werden wir begreifen, dass wir uns mit der Toleranz all dieses Elends auf unserem Weg zur ethischen Reife nicht weiterbewegen, uns also von wirklicher Zivilisation noch Lichtjahre und Ewigkeiten entfernt befinden?

LIFESTYLE?

In seinem 1925 gedrehten Film *Goldrausch* spielt Charlie Chaplin einen Goldsucher in Alaska, der in einer Szene zusammen mit seinem Kameraden Big Jim in einer eingeschneiten Hütte festsitzt. Nachdem die Nahrungsmittel ausgegangen sind, sind die beiden extrem hungrig, und so bereitet Chaplin in der Not eine Speise, die aus einem Schuh besteht. Während Big Jim das Mahl angeekelt herunterwürgt, genießt Chaplin wie ein Gourmet. Er wickelt Schnürsenkel wie Spaghetti auf seine Gabel und schleckt die Nägel ab wie Hähnchenknochen.

Im Zusammenspiel aus Jims Entsetzen und Chaplins Genießen entsteht eine hochkomische Situation, über die wir nach 90 Jahren immer noch lachen können, und dabei denken wir wahrscheinlich überhaupt nicht daran, dass Chaplin dort selbstverständlich keinen echten Schuh verspeist. Sein Schuh ist eine Nachbildung aus Lakritze. Aber das beschäftigt uns nicht, denn wir sehen einen Film, und in einem Film werden Illusionen verkauft.

Wenn ein Trinker in einem Film einen Schnaps nach dem anderen in sich reinkippt, dann denken wir in den seltensten Fällen daran, dass der Schauspieler beim Dreh keinen Schnaps trinkt, sondern Wasser oder Apfelsaft oder was auch immer.

Wenn sechs amerikanische Schauspieler, die überzeugte Veganer sind, in einer Filmszene eine Thanksgiving-Feier spielen, dann kann es wohl sein, dass der Truthahn, den sie sich da zu Gemüte führen, kein echter Truthahn ist. Wir sind ja beim Film. Wenn ein millionenschwerer Schauspieler sagt, dass er kein Fleisch isst, dann tut er das auch nicht. Dann wird eben ein Truthahn nachgebaut. Die können das beim Film.

Chaplins Szene erfordert einen falschen Schuh. Das wird so für die Story gebraucht. Eine Szene mit einem Trinker erfordert falschen Schnaps, weil nicht der Schauspieler sich besaufen soll, sondern die Figur, die er spielt, weil die Story das erfordert. Ein Truthahn zu Thanksgiving muss im Film echt sein, nicht bei den Aufnahmen, weil eben nur *die Story* einen Truthahn braucht.

Und was für eine Story im echten Leben erfordert einen gefälschten Truthahn? Welcher Illusion hängen Leute an, die sich im veganen Supermarkt Veganz einen »veganen Truthahn« kaufen? Was für eine Geschichte leben Leute, die sich vegane »Chicken Nuggets« kaufen? Was glaubt ein Mensch, der sich (lachsfarbenen!) »Lachs auf Erbsenbasis« kauft?

Was ist das?

Das ist die Story vom Lifestyle. Und der ist immer das, was angesagt ist.

Angesagt ist bei uns das Wohlfühlen. »Sieh nur, wie gut es uns geht! Wir essen zwar vegan, aber wir brauchen auf nichts zu verzichten. Wir sind jung, wir sind fit, wir sehen gut aus und wir können uns alles leisten! Wir gehen ins Fitnessstudio und ernähren uns vegan. Wir werden immer jung sein.«

Dieser »Lifestyle« widert mich an. Er ist genauso eine Illusion wie der Schuh in Chaplins Film. Es merkt nur keiner von denen, die sich von fleischlosem Fleisch ernähren. Die Illusion »Ich verzichte auf Fleisch, und deswegen greife ich zu Fleischersatz« ist eine Tünche, die eine mangelnde Entwicklung von Bewusstsein überdeckt.

Hinter der Idee eines »veganen Truthahns« steht eine Industrie, die genauso funktioniert wie jene Lebensmittelindustrie, die uns das ganze Problem eingebrockt hat: »Wir verkaufen den Leuten Illusionen und machen damit irrsinnig viel Kohle. Wer kein Huhn aus der Massentierhaltung mehr essen will, dem drehen wir jetzt eben die Illusion eines Huhnes an.« Und dann können die Leute in ihren SUVs zum Veganmarkt fahren und ein gutes Gewissen haben.

Hier kann ich die Kritiker verstehen, die behaupten, vegane Ernährung sei ein »Luxusproblem«, denn die, die nur auf jeden Zug aufspringen, der gerade nur so tut, als fahre er zum Zielbahnhof

»Besseres Leben«, obwohl er niemals den Abfahrtsbahnhof verlassen wird, sind oft die, die sich die falschen Gedanken machen. Und jene, die den Beruf des Journalisten nur aufgrund eines Missverständnisses ergriffen haben, füttern in entsprechenden Magazinen diesen ganzen veganen Lifestyle-Scheiß, diesen Irrglauben. Das kotzt mich an.

Man kann aus pflanzlichen Produkten eine unübersehbare Menge an Nahrung zaubern, aber jene, die zuerst nur geiles Geld verdienen wollen, und jene, die Geld damit verdienen wollen, indem sie »toll« über den neusten Trend berichten, interessieren sich viel zu oft nicht dafür und preisen den lachsfreien Lachs.

Es ist entsetzlich.

Wie ich bereits sagte: Setz einem Mann eine Mütze auf, und schon wird eine Tätigkeit, die in der traditionellen Rollenverteilung Hausfrauenarbeit ist, »Chefsache«.

Jetzt kümmern sich Männer darum, denn die konnten ja schon immer am besten das Ruder in die Hand nehmen, wenn es um wirklich Wichtiges geht. Und dann kommen Alfred Biolek, Jamie Oliver, Attila Hildmann und die ganzen anderen Fernsehköche und »Ernährungsweisen« und erklären uns, wie man was zu essen macht, sei es vegan oder nicht.

Und dann wird ein bisschen gekleckert und extrem viel geklotzt.

Natürlich funktionieren Kochshows, weil Kochen, also Essen, sehr wichtig ist, aber kann sich irgendjemand vorstellen, dass (obwohl Staubsaugervertreter natürlich ein klassischer Männerberuf ist – wegen des technischen Know-hows) eine Staubsauger-Show irgendeinen Erfolg haben könnte?

Mit dem »richtigen« Staubsaugen lässt sich kein Lifestyle verbinden. Mit Staubwischen oder Wäschewaschen auch nicht. Aber mit Kochen. Also erklären uns die Stars der Shows, wie es geht. Und das sind meistens Männer, die uns (weil Männer ja so erfinderisch und technisch begabt sind) im veganen Zusammenhang »Chicken Nuggets« ohne Huhn präsentieren.

Was soll der Scheiß? Ich brauche als Veganer diese ganzen Illusionen nicht. Ich brauche keinen falschen Hahn, bloß weil ich keinen echten esse.

Ja, ich esse auch gerne mal ein »Seitansteak«, aber ich empfinde dieses Produkt nicht als Steak. Ich frage mich eher, warum es eigentlich »Steak« genannt wird. An der Form kann es nicht liegen, denn allzu viele Formen kann Essen, das in der Pfanne brutzelt, nicht annehmen. Vielleicht liegt es an der Entwicklungsfähigkeit von Sprache. Vielleicht entwickelt sich unsere Sprache nicht so schnell, wie sich zur Zeit unsere Essgewohnheiten ändern. Womöglich kommt man mit neuen Bezeichnungen nicht schnell genug hinterher.

Wer einen Truthahn oder Lachs »nachbaut«, der hat tatsächlich den echten Truthahn und den echten Lachs im Sinn. Wer ein »Seitansteak« isst, der hat vielleicht etwas anders im Sinn. Ich weiß nicht, warum zum Beispiel ein Grünkernbratling nicht »Grünkernfrikadelle« genannt wird, und ich weiß nicht, warum vom Seitan-»Steak« gesprochen wird. Das sind Dinge, die sich in der Sprache entwickeln, und vielleicht wird mit dieser fortschreitenden Entwicklung auch der fortwährende Vergleich zwischen »echtem Fleisch« und »Fleischersatz« verschwinden.

Kennen Sie den Unterschied zwischen Obst und Gemüse? Mit dieser Frage können Sie eine angeheiterte Runde einige Zeit beschäftigen, weil niemand eine exakte Antwort finden wird, obwohl alle Obst und Gemüse essen. Da werden alle möglichen Versuche einer Erklärung unternommen, aber je länger alle durcheinanderreden, desto klarer wird, dass es keine Erklärung gibt. Keine biologisch-botanische und keine kulinarische. Und nur ganz selten kommt jemand auf die Idee, mal in den Duden zu gucken – in den etymologischen Duden.

Da steht für »Obst«: »Das Wort bezeichnete in alter Zeit alles das, was außer den Hauptnahrungsmitteln Brot und Fleisch während einer Mahlzeit gegessen wurde, also auch Hülsenfrüchte, Gemüse und dgl.«

Und für »Gemüse«: »Es bedeutete zunächst nur allgemein ›Brei, Speise‹, dann bezeichnete es speziell den Brei aus gekochten Nutzpflanzen und schließlich auch die unzubereiteten Nutzpflanzen.«[28] Wenn ich also heute einen Apfel oder eine Tomate esse, gilt das dann als »Breiersatz«?

Zum Wort »Steak« schreibt der etymologische Duden, das englische Wort stamme aus dem Altisländischen »steik«, was »Braten« bedeute, eigentlich »an den Spieß gestecktes Fleisch«. Das gehöre seinerseits zu altisländisch »steikja« (»braten«), was ursprünglich »an den Bratspieß stecken« bedeutete (verwandt mit dem deutschen »stechen«).

Wir sehen also, wenn ich einen Seitanklumpen auf einen Spieß stecke und ihn über den Grill halte, dann kann das tatsächlich ein »Steak« sein und muss überhaupt nichts mit Fleisch oder Fleischersatz zu tun haben.

Ja, jetzt lachen wir alle, weil wir wissen, dass ursprüngliche Bedeutungen von Wörtern nichts mehr mit der heutigen zu tun haben muss. Aber vielleicht hat ja unser zukünftiger Umgang mit dem Thema »vegan« auch nichts mehr mit unserem heutigen zu tun. Vielleicht in einer Zeit, in der das Wort »Fleischersatz« nur noch in historischen Wörterbüchern auftaucht – und das grottenhässliche Wort »Lifestyle« und alles, was mit ihm zusammenhängt, auch.

Also lasst bitte uns Veganern die Tofu*wurst*, denn ihr lacht ja auch nicht über Leute, die Erdnuss*butter* essen. Oder hat sich wirklich schon mal jemand über Leute amüsiert, die Erdnusscreme als Butterersatz betrachten? Nee, denn solche Leute gibt es nicht. Das Zeug heißt bloß so, weil Sprache eben nicht immer die Wirklichkeit so abbildet, wie sich ein jeder das vielleicht denkt. Im Holländischen ist dabei übrigens von Erdnuss*käse* (»Pindakaas«) die Rede. Und wo wir gerade bei Käse sind. Wozu braucht ihr Fleischfresser eigentlich fleischlichen Ersatz für ein Milchprodukt? Vielleicht braucht ihr den ja gar nicht. Dann hört aber auch auf, Brühwurst als »Leberkäse« zu bezeichnen.

Und glaubt eigentlich jemand, Schokolade könne ein Ersatz für edelste Pilzsorten sein? *Schokotrüffel* – im Ernst? Den »Falschen Hasen« könnt ihr euch jetzt selbst zurechtgoogeln, und wenn ihr immer noch meint, »Kalbsleberwurst« sei Wurst, die in erster Linie aus Leber vom Kalb bestehen würde, dann ist das auch nicht mein Problem. Wenn es euer Lifestyle ist, euch vormachen zu lassen, dass eine Wurst als »Wurst von der Leber eines Kalbes« bezeichnet werden darf, obwohl sie zum größten Teil aus Schweinefleisch besteht, dann macht doch weiter. Und lacht meinetwegen über jene, die einen »veganen Truthahn« essen und sich damit auf dem richtigen Weg wähnen.

Erzählt mir aber bitte nicht, *ich* wäre der weltfremde Idiot dabei! Danke.

LEISTUNGSSPORTLER

Ach so gerne behaupten die Leute, dass Leistungssportler aber nun wirklich Fleisch bräuchten, um ihre tollen Ergebnisse erzielen zu können. Da kann man natürlich mit einem Zitat von Leichtathlet und Jahrhundertsportler Carl Lewis kontern: »My best performances were when I was 30 years old, and I was a vegan.« (Wikiquote.org)

Vielleicht reicht es für den Leistungssportler ja einfach, wenn er Dopingkontrollen besteht. Fleisch ist nicht nötig. Im Gegenteil. Schauen wir uns doch mal die von uns wohl am meisten bewunderten Carnivoren an: Löwen.

Löwen bezeichnen wir als Könige unter den Tieren. Und was tun diese Könige? Genau das, was nur Könige das Privileg zu tun haben. Sie liegen fast den ganzen Tag im Schatten und dösen vor sich hin. Ab und zu machen sie sich auf und jagen ein Tier, wobei sie aber meistens nur kranke oder sonst irgendwie geschwächte Tiere erwischen. So wie Könige nun mal eben sind. Erst mal auf die Schwachen. Dann wird gefressen und schließlich wieder gedöst. Ein Sprint, wie ihn ein Löwe auf der Jagd hinlegen muss, verbraucht ungeheuer viel Energie. Sobald der Löwe merkt, dass er sein Opfer nicht erreichen wird, lässt er von ihm ab. Ganz anders geht oder ging mitunter der Mensch auf die Jagd, nämlich bei der Hetzjagd. Er lässt nicht von seinem Opfer ab. Er hetzt es in die Erschöpfung, denn er ist ein Ausdauersportler. Er nimmt die Spur des Opfers auf, und wenn das Opfer meint, es könne sich jetzt mal ausruhen, taucht der Jäger in der Ferne schon wieder auf, und die Hatz geht weiter. Alles, was der Mensch dabei tun muss, ist darauf zu achten, dass das Tier kein Wasserloch erreicht. Er selbst hat Wasser dabei. Und außerdem hat er seine Ausdauer dabei. (Und während die Männer den ganzen Tag hinter einem Tier herlaufen und es schließlich erlegen oder auch nicht, kümmern sich die Frauen um die Grundlagen der Ernährung, indem sie Früchte und Ähnliches sammeln.)

Wenn wir über Ausdauer reden, kommen wir nicht umhin zu bemerken, welches die ausdauerndsten und auch stärksten Tiere sind, die der Mensch für seine Arbeit eingespannt hat: Elefanten, Pferde und Rinder. Sie sind allesamt Vegetarier. Diese Tiere haben im Laufe der Geschichte irrsinnig viel Arbeit für den Menschen geleistet. Da wird nicht den ganzen Tag faul herumgehangen, da wird rangeklotzt. Man kann sich gar nicht ausmalen, wie die Weltgeschichte ohne die Arbeit dieser Vegetarier abgelaufen wäre.

Und bevor wir jetzt ins Spekulieren kommen, bevor wieder jeder dem anderen seine Theorien um die Ohren haut und am Ende alle wieder nur das glauben, was sie ohnehin schon die ganze Zeit geglaubt haben, will ich an etwas erinnern.

Ich bin Möbelpacker. Ich ernähre mich vegan und verrichte dabei eine Arbeit, vor der die Mehrheit der Bevölkerung zurückschreckt. Wenn ich mir vorstelle, dass ich einen fleischfressenden Pianisten treffe, der mir erklären will, wie wichtig Fleisch für die Fähigkeit zu anstrengender körperlicher Arbeit ist, während ich sein Klavier über die Treppen schleppe, dann würde ich dem am liebsten empfehlen, das Klavier selbst zu tragen. Oder doch vielleicht auf Querflöte umzusatteln.

Noch mal: Ich erledige diesen »Knochenjob« seit siebeneinhalb Jahren bei veganer Ernährung. Hört also auf, mir irgendwelchen Scheiß über die Notwendigkeit von Fleisch zu erzählen!

LEISTUNGSLEBEN

Normalerweise wird der Job des Möbelpackers als sehr anstrengend betrachtet. Oft fällt auch das Wort »Knochenjob«, und das natürlich zu Recht. Umzüge können eine verdammt kräftezehrende Angelegenheit sein. Darum mag es für den einen oder anderen paradox klingen, was ich jetzt sage: Oft sind es die besonders anstrengenden Umzüge, bei denen sich die Möbelpacker Freiheiten herausnehmen können, zum Beispiel die Freiheit, die eine oder andere Pause mehr einzulegen. Nach dem Transport eines Klaviers in den dritten Stock ist es einfach selbstverständlich, dass erst einmal Pause gemacht wird. Da spielen dann das »Transportvolumen« und die kalkulierte Zeit erst mal keine Rolle mehr, obwohl sie den größten Einfluss auf den Preis eines Umzuges haben. Bei einem Job am Fließband wird es immer jemanden geben, der sich überlegt, ob man den Arbeitsprozess nicht auf die eine oder andere Art noch beschleunigen könnte. Wie kann man es schaffen, dass an der Kasse im Supermarkt die Waren noch schneller gescannt, die Kunden also noch schneller durchgeschleust werden? Mit solchen Gedanken stoßen »Ablaufoptimierer« in der Möbelpackerei schnell an ihre Grenzen. Ein Umzug ist nichts, was man mit der Stoppuhr in der Hand zeitlich optimieren kann. Wenn wir Pausen brauchen, dann machen wir sie. Als Möbelpacker wird man natürlich oft auch mal gefragt, was denn so ein Umzug eigentlich koste. Was soll man darauf antworten? Kein Umzug gleicht dem anderen.

Es gibt natürlich Größen, nach denen berechnet wird, es gibt aber genauso immer wieder unvorhersehbare Gegebenheiten, die den Ablauf eines Umzugs verzögern können, und sei es nur ein Gewitterregen im Sommer, der alle Beteiligten sofort nach drinnen treibt.

Das wichtigste Kriterium, nach dem der Preis für einen Umzug berechnet wird, ist natürlich die Menge des Umzugsgutes. Die wird nach Listen berechnet.

Ein Umzugskarton nimmt eine »Raumeinheit« ein, vielleicht auch mal 1,5, wenn er etwas größer ist. Ein Hocker ist auch eine Raumeinheit. Ein klassischer Stuhl bringt es schon auf zwei und ein Schreibtisch auf etwa zwölf. Zehn Raumeinheiten sind ein Kubikmeter. Fünf Kubikmeter sind ein Möbelwagenmeter. Acht Möbelwagenmeter machen den Container auf einem »großen« Umzugslaster voll. Der Rest des Umzugs muss dann auf einen zweiten Laster oder auf einen Anhänger. Man kann anhand dieser Listen ziemlich genau die Menge kalkulieren, und man kann unter Berücksichtigung anderer Gegebenheiten (Wegstrecke bis zum Lkw, Stockwerke, Vorhandensein von Fahrstuhl etc.) auch relativ genau ausrechnen, wie lange der Umzug wohl dauern wird, aber eben nur *relativ* genau. Und dann werden für die geschätzten sieben Stunden, die das Ganze vielleicht dauern soll, entsprechend viele Leute eingeteilt. Das klappt meistens. Aber manchmal auch nicht, weil, wie gesagt, unvorhersehbare Umstände eintreten können. Wenn zum Beispiel der vorgesehene Fahrstuhl ausfällt, dann glaubt niemand im Ernst, dass die Möbelpacker jetzt dreimal so schnell arbeiten, um den »Schnitt« einzuhalten. Die arbeiten weiter, wie sie es bisher getan haben, und sie stöhnen und fluchen vielleicht über die zusätzliche Anstrengung, aber sie werden nicht um ein Vielfaches schneller, bloß um eine Verzögerung abzufangen, für die sie nichts können.

Den »Schnitt« können sich die Leute im Büro später ausrechnen. Möbelpacker machen ihre Arbeit. Und dabei liegen sie gut in der Zeit, und haben vielleicht Glück, dass alles sehr schnell geht, oder eben nicht. Niemand kann hier mit einer Stoppuhr daneben stehen und die Leute auf »Vorgaben« hinweisen, auf ein Soll, das es zu erfüllen gilt. Die Lösung eines Problems wie ein ausgefallener Fahrstuhl ist nicht die Sache der Möbelpacker. Das ist die Sache der Disponenten, die vielleicht mal Verstärkung schicken.

Das ist es, was ich meine, wenn ich sage, dass Möbelpacker gewisse Freiheiten haben. Keiner am Fließband kann sich gegen die Taktung wehren. Beim Möbelschleppen gibt es diese Taktung erst gar nicht. So anstrengend unser Job ist – exakt vermessen lässt er sich nicht.

Auf einem Umzug entdecke ich beim Blick aus dem Fenster im Treppenhaus eine Gruppe Kinder im Hinterhof. Diese Kinder verausgaben sich auf eine ganz und gar andere Art, als wir Möbelpacker es gerade tun. Zwischen zwei Bäumen ist horizontal ein Seil gespannt, von dem andere Seile herabhängen. An denen sind am unteren Ende Bretter befestigt, auf denen die Kinder sitzen und schaukeln. Aber sie schaukeln nicht einfach nur immer vor und zurück, sondern in alle Richtungen. Und zwar wild und voller Freude. Der herbstliche Himmel wechselt seine Bewölkung im Viertelstundentakt, was bekanntlich in Hamburg höchst dramatisch wirken kann. Wo eben noch strahlender Sonnenschein herrschte, jagen schon bald schwere Wolken dahin. Was uns Möbelpacker immer wieder nach dem Wetter schielen lässt (na, regnet es gleich?), das stört die Kinder da unten im Hof kein bisschen. Im Gegenteil. Sie sind nicht nur in ihrem Element, sie sind inmitten der Elemente. Eine extreme Windbö stört nicht, die steigert nur den Spaß beim Schaukeln. Und wenn die Bö ein paar Regentropfen mitbringt, dann ist das ein ganz und gar erquicklicher Spaß für diese Kinder, die jetzt irgendwann genug geschaukelt haben und anfangen, »Kriegen« zu spielen. Ein besonders kleines Kind, das offensichtlich noch nicht lange auf zwei Beinen unterwegs ist, fällt dabei auf die Nase. Verdutzt schaut es sich um, bevor ein größeres Kind kommt und ihm aufhilft. Dann wird weitergerannt.

Später, bei einem weiteren Gang durchs Treppenhaus, sehe ich, dass die Kinder jetzt Wettrennen veranstalten. Dieses Wettrennen unterscheidet sich in gewisser Weise von den anderen Spielen der Kinder, denn bei diesem Wettrennen gibt es einen – und nur einen – »Gewinner«.

Man kann sich jetzt fragen, ob ein solcher Wettbewerb mit einem »Besten« der natürlichen Veranlagung der Kinder entspricht oder ob sie nur das Verhalten von Erwachsenen imitieren. Aber die Antwort auf die Frage ist noch (!) nicht wichtig. Denn natürlich freut sich der Gewinner, der Erste gewesen zu sein, aber sobald die Mehrheit der Kinder gelangweilt ist, keine Lust mehr hat und ein anderes Spiel vorschlägt, wird auch der Gewinner nicht auf einen weiteren Wettbewerb bestehen, und es wird vielleicht Verstecken gespielt oder etwas anderes.

Interessant wird die Antwort auf die Frage erst, wenn diese Kinder ihre Freiheit verlieren und in die Hände von Lehrern und Trainern fallen, denn diese Leute werden eine Stoppuhr dabeihaben. Dann werden diese Kinder gedrillt werden. Dann wird es nicht mehr darauf ankommen, in einem Wettrennen Freude am Laufen zu erleben, dann wird es wirklich darauf ankommen, der »Beste der Besten« zu sein. Und wer das ist, das kann man mithilfe von Millisekunden herausfinden.

Irgendwann werden diese Kinder einer Ideologie unterworfen, in der vor allem Leistung zählt. Bewegung wird nicht mehr in Freude daran gemessen sowie daran, wie sehr der Körper sie braucht. Bewegung wird der Ideologie der Fitness unterworfen. Was gebraucht wird, sind Ergebnisse und Erfolg. Wenn ich im vorangegangenen Kapitel Carl Lewis als Beispiel bringe oder anmerke, dass ich selbst Möbelpacker bin, dann hat das einzig und allein den Grund zu zeigen, dass es eben auch ohne Fleisch funktioniert, körperlich anstrengende Tätigkeiten auszuführen.

Die Zurichtung des menschlichen Körpers auf irgendeinen Erfolg hin meine ich nicht. Die Zurichtung des Körpers auf den Erfolg, der Beste der Besten der Besten zu sein oder zu werden, ist einer Ideologie geschuldet, mit der wir in jeder Sportübertragung und in unzähligen Spielfilmen malträtiert werden. Ich stelle mir gerne die Spielfilmparodie einer Sportlerbiografie vor, in der ein Gewichtheber für nichts anderes lebt, als seinen Traum wahr zu machen: Zehn Gramm mehr zu stemmen als sein berühmtester Opponent, der ihn im letzten Wettkampf besiegt hat. Und dann wird einem am Ende des Filmes die Propaganda um die Ohren gehauen (im Hintergrund erklärt einem schwülstigste Musik, was man zu fühlen hat): »Ich habe auf meinen Traum hingelebt. Ich wollte schon immer der beste Gewichtheber werden. Dank intensiven Trainings und eisenharter Disziplin habe ich es geschafft. Ich möchte an dieser Stelle meinen Eltern und ganz besonders meinem Vater danken, der mir schon sehr früh gesagt hat: ›Was immer du tun wirst in deinem Leben, gib dich nie damit zufrieden, der Zweite zu sein. Versuche immer, der Beste deines Fachs zu sein!‹«

An dieser Stelle dreht sich der Held zu seinem Vater und hält ihm den Pokal entgegen. »Vater, ich danke dir!« Und dann bricht Jubel aus, und die Geliebte des Gewichthebers erkennt, dass all die Zeit der Entbehrung, in der sie ihren Liebsten vermissen und an ihm zweifeln musste, nicht umsonst war, und sie liebt ihn jetzt wirklich, denn immerhin ist er der Beste und hat zehn Gramm mehr gestemmt als sein härtester Gegner.

Es ist furchtbar. Und das Furchtbarste an allem ist, dass die ganzen populären Veganer, die man in den Medien treffen kann, bei diesem Zirkus mitmachen.

Auf der Webseite des veganen Fitnesstrainers Karl Ess stoße ich auf folgendes Motto: »Mit einem Ziel und harter Arbeit ist alles möglich.«[29]

Ist das wirklich so? Natürlich, mit »harter Arbeit« kann sich auch das Kind von Hartz-IV-Empfängern Erfolg erarbeiten. Aber wie hart ist eigentlich »harte Arbeit«? Und wie viele Menschen schaffen »es« trotzdem nicht, weil ganz oben nicht genug Platz für alle ist?

Mich widert diese Erfolgsideologie an. Dieses Streben, dieses Zurichten, dass allen, die nicht genug Erfolg haben, sagt, sie seien selber schuld.

Und deswegen mag ich auch die ganzen Bücher nicht, die man mit einer Suche auf Amazon schnell überblicken kann, zum Beispiel die Bücher von Attila Hildmann. Was die schon für Titel haben! *Vegan for Fit, Vegan for Fun, Vegan for Youth.* Geht's noch? Im Untertitel des letzten heißt es: »… messbar jünger in 60 Tagen.« Wer fällt auf solch eine Lüge herein? Man *kann* nicht jünger werden! Das geht nicht! Aber der Jugendwahn macht, dass es die Leute glauben. Vegan *for Fun*? Ja, Fun muss natürlich dabei sein. Mit Spaß zum Erfolg. Richte dich den Anforderungen der Ideologie entsprechend zu und habe gefälligst Spaß daran!

Fit, Fun, Jugend. Das sind die drei Wörter, die den Leuten vorgaukeln, dass sich mit deren Erfüllung alle Probleme dieser Welt aus dem Weg räumen lassen. Klar, fit zu sein ist nichts Schlechtes, aber kann man »Spaß« nicht auch mal wieder durch echte Lebensfreude ersetzen, die kein Marketingschlagwort ist?

Und dann kommt der nächste entsetzliche Buchtitel von Attila Hildmann: *Vegan for Fit – Gipfelstürmer*. Unterhalb des Gipfels geht es natürlich nicht. Nein, man muss immer ganz oben beziehungsweise vorne mitspielen, sonst ist man vielleicht einer jener Loser, die sich gehen lassen, die sich dem Müßiggang hingeben und vielleicht auch noch Hartz IV beziehen. Denn merke: Müßiggang ist erst dann erlaubt, wenn du auch wirklich so richtig toll Erfolg hattest! Schließlich schuldest du dieser Gesellschaft etwas und nicht andersherum. Alle, die keinen Erfolg haben, nutzen nämlich diese Gesellschaft nur aus und sind zu verachten. Nur wer wirklich etwas geleistet hat, darf auch einmal relaxen, darf sich einmal ausruhen. Und dieses Ausruhen jener Leute, das sieht haargenau so aus wie ihr Streben nach Erfolg: Wie direkt aus dem Werbefernsehen übernommen. Nein, nicht übernommen. Das *ist* Werbung. Das ist Propaganda. Die Propaganda einer Welt, in der Leistung alles zählt und echter Müßiggang nichts.

LEBENSART!

Oft kann man den Vorwurf hören, vegane Ernährung sei ein Luxusproblem wohlstandsverwöhnter Mittelschichtler. So eine Art Heilslehre für Leute, die sonst keinen Sinn in ihrem Leben mehr finden, weil sie ja schon alles haben. Man muss nicht lange im Internet suchen, um in Kommentarspalten von beispielsweise »Nachrichtenmagazinen« auf solche Kritiken zu stoßen.

Von etwas klügeren Leuten wird auch gerne mal erwähnt, dass sich diese ganzen Lifestyle-Veganer mit ihrer Ernährung von den unteren Schichten abgrenzen wollen. Man ist eben was Besseres, und man isst auch was Besseres als diese ganzen »Prolls«, Arbeitslosen und Hartz-IV-Empfänger. An diesem zweiten Punkt, den die »etwas klügeren Leute« klarmachen, ist bestimmt etwas dran. Aber wenn wir verstanden haben, dass es diese Mittelschichtler gibt, die sich gerne für etwas Besseres halten und gehörigen Abstand »nach unten« wahren wollen, dann erklärt nämlich genau das, warum eben nur der *Eindruck* entsteht, dass vegane Ernährung ein Luxusproblem ebendieser Leute sei. Die grenzen nämlich nicht nur sich selbst ab, sondern andere auch aus. Die »gehobene Mittelschicht« ist in den Medien überdurchschnittlich vertreten. Die »gehobene Mittelschicht« macht diese Medien – die Medien, aus denen die meisten von uns ihr Weltbild beziehungsweise ihr Bild von unserer Gesellschaft beziehen. Der überwiegend größte Teil aller Bilder in diesen Medien, die das »normale« Leben in Deutschland schildern, sind Bilder der Mittelschicht. Und wie gesagt: Diese Bilder gleichen den Bildern aus der Werbung. Untere Schichten tauchen in Fernsehfilmen oder Talkshows als Teile vom normalen Leben nicht auf. Das Leben der unteren Schichten wird entweder problematisiert, oder schlechte Comedians machen sich über sie lustig, wie zum Beispiel die entsetzliche Cindy aus Marzahn.

Wenige haben das so gut beschrieben wie Berthold Seliger in seinem Buch *I Have a Stream,* in dem er sich unter anderem mit der Wirklichkeit auseinandersetzt, die in den Produktionen der öffentlich-rechtlichen Sender dargestellt wird. »Und wenn in einem Film – wie etwa in der Serie *Wilsberg* im ZDF – einmal Menschen gezeigt werden, die keine erfolgreichen Mitglieder der Mittelschicht sind, in dem Fall: eine Taxifahrerin und ein eher erfolgloser Fotograf, der um Aufträge ringt, dann leben sie in der ZDF-Wirklichkeit in einer extrem großen, modern und modisch eingerichteten Wohnung mit Parkettfußboden. Schöner wohnen mit prekärem Einkommen!«[30]

Woher solche Bilder kämen, fragt Seliger und liefert gleich die Antwort: »Die Fernsehmacher, selbst Angehörige der eher erfolgreichen Mittelschicht, können sich ganz offensichtlich keine anderen Wohnungen als ihre eigenen vorstellen. Nicht weil es ihnen an Fantasie, sondern an Empathie, an Interesse und an Haltung mangelt. Es geht um die Spiegelung der eigenen Lebenssituation, die nur als bürgerliche denkbar ist.«[31]

In Seligers Buch geht es zwar um die Öffentlich-Rechtlichen, aber bei den Privaten sieht es wohl auch nicht besser aus. Die Mittelschicht wird uns als das Normale verkauft. Und wenn diese Mittelschicht glaubt, einen Trend zu erkennen, der ihr nützlich sein kann, dann saugt sie diesen Trend auf, und alle Medienkonsumenten denken irgendwann, dieser »Trend« sei »typisch Mittelschicht«.

In einem stylishen Flyer zum Aufklappen der Reihe *hamburg city walks* werden Orte (Locations!) in Altona und Ottensen vorgestellt, zwei Hamburger Stadtteile, die in den letzten Jahren extrem gentrifiziert wurden. Die »Places to Be« werden dabei in verschiedene Kategorien zusammengefasst, die mit bestimmten Schlagwörtern beschrieben werden. Zum Beispiel »Design, Art, Gifts, Furniture«. Das ist typisches Mittelschichtsgehabe, aber heißt das, dass möbliertes Wohnen (»Furniture«) ein Luxus der gehobenen Mittelschicht ist? Und heißt das, dass Angehörige der Unterschicht ihren

Lieben nicht auch gerne mal ein Mitbringsel, eine kleine Überraschung (Gifts) mitbringen?

Nein, das heißt es natürlich nicht.

Aber wenn es um vegane Ernährung geht, dann glauben viele gerne an den Quatsch vom »Luxusproblem«, weil sie nicht begreifen, wie sehr sie ihr Weltbild aus den von der gehobenen Mittelschicht produzierten Medien beziehen, in denen diese gehobene Mittelschicht überrepräsentiert ist.

Dabei geht es doch auch anders.

Auf einem Umzug hat uns die Kundin ein Frühstück zubereitet: Käsebrötchen und Wurstbrötchen. Wir sind zu viert. Ich esse so was ja nicht, aber einer der Kollegen greift beherzt zu, während die anderen beiden noch zögern. Der zugreifende Kollege ist Deutscher. Von den zögernden beiden kommt der eine aus der Türkei, der andere aus Gambia. Beide haben heute keinen Appetit auf Käse oder Wurst. »Ich kann doch nicht jeden Tag Käse essen«, sagt der Türke. Na, guck mal! Der ist kein Veganer, aber er scheint doch aus einer Ernährungstradition zu kommen, wo man eben nicht jeden Tag Käse- oder Wurstbrötchen isst, so wie das viele Deutsche tun. Der Kollege aus Gambia hält sowieso generell nichts von Käse, und bei Wurst sind sich beide einig, dass das ja nicht wirklich was Tolles sei. Und Schweinefleisch finden sie beide nicht gut. Sie gehen los, um sich was anderes zu besorgen. Falafel, Obst, Hähnchen – keine Ahnung. Aber es geht. Man kann als »Unterschichtler« Alternativen zum Klischee des »typischen Handwerkeressens« (Mettbrötchen) finden, ohne sich einem »Luxusproblem« zuzuwenden. Dazu muss *ich* dann die Kollegen bewegen. Oder besser: Ich kann, wenn es mal in der richtigen Situation stattfindet:

Auf einem anderen Umzug gibt es kein Frühstück von den Kunden, also geht jeder los, um sich selbst was zu besorgen. Ich sitze im Lkw und genieße mein Mitgebrachtes, als Kollege Klaus einsteigt. Er hat nur Geld für eine Frikadelle gehabt, die er jetzt aus einer Pappschale heraus vertilgt. Satt macht sie ihn nicht, und so richtig toll schmecken tut sie wohl auch nicht. Neugierig beäugt er meine Mahlzeit. Ich frühstücke ein Reisgericht (zubereitet am Abend zuvor) mit klein geschnittenen Karotten, Lauch und Ingwer, etwas Petersilie – abgeschmeckt mit Tahin (Sesammus) und Miso. »Schmeckt das?«, fragt Klaus, und ich gebe ihm etwas zum Probieren in seine Pappschale. In Ermangelung von Essbesteck mümmelt er am Rand der schräg gehaltenen Schale, kaut dann, wiegt abschätzend den Kopf, schluckt und sagt: »Das hat was.« Aber es scheint dem auch etwas zu fehlen. Als Klaus zwischen meinen Essenssachen eine Packung Tofuwürstchen entdeckt, biete ich ihm eine an, und plötzlich scheint das Ganze für ihn »rund« zu sein. Er hat halt das Wurstgefühl vermisst. »Lecker«, sagt er schließlich, und ich sehe ihm an, dass ihn mein Essen mehr überzeugt hat als die pappige Frikadelle, die er sich vom Imbiss besorgt hatte. »Das hätte ich jetzt nicht gedacht«, meint er dann noch, und ich sage: »Wenn du Lust hast, dann lade ich dich mal zum Essen bei mir zu Hause ein.«

So geht das. Man quatscht die Leute nicht voll, um sie von veganer Ernährung zu überzeugen. Man passt den richtigen Moment ab, wenn man netten Kollegen etwas zeigen will. Und weil an diesem Tag auch noch der nette Kollege Stefan dabei ist, mit dem sich Klaus besonders gut versteht, wird er auch eingeladen.

Und dann muss ich improvisieren. Die Verabredung wird nämlich immer wieder verschoben, bis es endlich Winter ist, und dann stehe ich allein da. Gattin und Töchter sind verreist, ich habe also keine Hilfe zu Hause, um meine beiden Kollegen von den Vorzügen der veganen Ernährung zu überzeugen. Glücklicherweise ist gerade Grünkohlzeit, und so muss ich nicht lange überlegen. Natürlich ist frischer Grünkohl aufwendiger zuzubereiten als der aus dem Glas, aber erstens geht es hier um etwas, und zweitens: Wer die Zubereitung von frischem Grünkohl anstrengend findet, der kann sich ja mal als Möbelpacker versuchen.

Das Ganze ist eigentlich ganz einfach. Der gewaschene und geschnittene Grünkohl wird in Zwiebelschmelz (gibt es in jedem

Bioladen oder Reformhaus) gedünstet und mit Salz und frisch gemörsertem Cumin gewürzt und mit Tamari oder Sojasauce abgeschmeckt.

Bei den Ofenkartoffeln bin ich erst versucht, etwas Thymian daranzugeben, aber dann fällt mir ein, dass Thymian sich nicht gut mit Grünkohl verträgt, also belasse ich es bei Salz und Pfeffer. Grünkohl und Kartoffeln sind übrigens selbst angebaut, auf dem Acker außerhalb von Hamburg. Die »Bratknackies«, bei denen es sich um würzige Seitanwürstchen mit fester Konsistenz (passt sehr gut zu Grünkohl) handelt, sind natürlich gekauft.

Als Klaus und Stefan eintreffen, bitte ich sie, Platz zu nehmen, und kredenze ihnen selbst gebrautes Bier. Der Angehörige der »gehobenen Mittelschicht« würde hier natürlich Wein anbieten, weil ihm die Gehirnwaschanlage der Lifestyle-Propaganda eingeredet hat, Wein sei *das* Getränk, das zu einem raffiniert komponierten Mahl gereicht wird, aber das tut er natürlich nur, weil er das Opfer ebendieser Propaganda ist. Bier ist ein wertvolles Lebensmittel, dem im Laufe der industriellen Produktion viele Nähr- und Geschmacksstoffe herausgefiltert werden. Nicht so bei meinem veganen Bier. Klaus und Stefan nippen erst vorsichtig, dann finden sie Gefallen an dem Getränk und trinken in größeren Zügen. Und weil Bier nicht nur nahrhaft ist, sondern auch Alkohol enthält, befinden wir uns bald in gemütlicher Stimmung, die meine beiden Kollegen aufgeschlossen der veganen Ernährung gegenüber macht. Aber bevor jetzt ein mögliches Beschwipstsein das Urteilsvermögen der Kollegen beeinträchtigt, beeile ich mich, das Essen aufzutragen. Grünkohl und Kartoffeln kennen die beiden natürlich, und ich habe nicht den Eindruck, dass ihnen tierische Anteile an dem Mahl fehlen. Wahrscheinlich hätten sie nicht einmal gemerkt, dass die Bratknackies gar nicht aus Fleisch sind, wenn es sich bei diesem Essen nicht um ein angekündigt veganes handeln würde. Die Knackies werden abwechselnd in zwei verschiedene Senfsorten gedippt (einen süßen mit Feigen und einen scharfen), und der Genuss ist den Kollegen anzusehen. Sie nicken anerkennend und lecken sich die Finger, bevor der Ruf nach dem nächsten Bier lauter wird.

Aber erst einmal gibt es die Nachspeise: Bratapfel in Vanillesoße. Wohlig gesättigt machen wir uns an das nächste Bier. Und dann an das übernächste. Und weil ich selbst langsam auch beschwipst bin, gibt es danach noch eins mehr.

Und so sitzen wir und plaudern, und irgendwann fängt Klaus an, in einem veganen Kochbuch zu blättern, und staunt, was es da alles zu sehen gibt. Auch Stefan staunt, als Klaus ihm das Buch hinhält. »Veganes Pad Thai?«, fragt er. »Und wir kriegen *Grünkohl*?«

»Guck mal«, sagt Klaus. »Das scharfe Spinat-Kichererbsen-Curry sieht aber auch lecker aus.«

»Das gibt es dann nächstes Mal«, sage ich.

Als wir das nächste Bier beginnen, fragt Stefan nach Snacks. Und natürlich habe ich vegane Snacks im Haus. Kartoffelchips, Erdnüsse, Cashews, Mandeln – an Snacks herrscht kein Mangel.

Dann aber muss ich aufpassen, denn die Angelegenheit soll ja nicht in ein Besäufnis ausarten. Ich mache die Kollegen darauf aufmerksam, wie anstrengend die letzte Arbeitswoche war und dass ich ja morgen wieder raus müsse, und sie verstehen das gut. »Morgen wieder raus« müssen wir schließlich alle. Noch als die beiden sich ihre Pullover und Jacken anziehen, wird das genossene Mahl als vorzüglich beschrieben und »müssen wir mal wieder machen«, heißt es.

Und ich freue mich, dass ich ein Mann der Tat bin. Man quatscht die Leute nicht voll, wenn man sie überzeugen will. Ein gutes Essen sagt mehr als tausend Worte.

LUXUS

Die immer wieder auftauchende Behauptung, die Auseinandersetzung über vegane Ernährung sei ein typisches Luxusproblem verhätschelter Wohlstandsbürger, zeugt entweder von extremer Dummheit, einem erheblichen Mangel an Information oder wird in voller Absicht unter die Leute gebracht.

Noch jeder meiner Arbeitskollegen, der sich im Supermarkt Wurst zu 89 Cent pro 100 Gramm kauft, hat ein internetfähiges Telefon dabei. Er weiß die Preise solcher Telefone und kennt die besten Tarife. Und unter Garantie hat er einen modernen Flachbildfernseher zu Hause rumstehen. Die wenigsten Möbelpacker, die ich kenne, verachten das Fernsehen so sehr, wie sich das gehört. Sie *brauchen* das. Und Möbelpacker verdienen in der Regel nicht wirklich viel Geld. Ich kenne mich also aus mit Leuten, die meinen, eine vegane (sprich: gesunde) Ernährung sei »viel zu teuer« und das könne ja keiner bezahlen.

Aber kaum jemand macht sich Gedanken über die wirklichen Kosten von Nahrung, Telefonen oder Fernsehern.

Das Ende der kommunistischen Staaten hat uns gezeigt, dass Planwirtschaft nicht funktioniert. Nur im »freien Wettbewerb« kann Wirtschaft laufen. Mit der Subvention und der Landwirtschaft (und also auch der Fleischherstellung in den Massenbetrieben) in der EU wird aber dieser Wettbewerb schon verzerrt, denn arme Länder, in denen die Landwirtschaft nicht subventioniert wird, haben in diesem »freien Wettbewerb« keine Chance. Und über die Subventionen finanziert jeder Steuerzahler seine »billige« Wurst schon einmal mit, bevor er sie überhaupt kauft.

(Es versteht sich von selbst, dass die größten Konzerne die meisten Subventionen abgreifen, während kleine ökologische Landwirte in die Röhre gucken.)

Allmählich sollte sich herumgesprochen haben, dass die Massentierhaltung mehr zum Treibhauseffekt beiträgt als das Transportwesen. Mit anderen Worten: Wenn die Folgen eines Klimawandels tatsächlich katastrophale Folgen auch in diesem Land nach sich ziehen, dann werden wir sehen, wer die Kosten der Bekämpfung dieser Folgen zu tragen haben wird.

Den niedrigen Preis von Fleisch kann es natürlich unter anderem auch nur deshalb geben, weil sämtliche Arbeit in der gesamten Produktionskette bis hin zum Verkauf an der Supermarktkasse unterbezahlt ist. Aber das machen sich die Wurstesser nicht bewusst, weil sie sich von ihrem geringen Lohn ja immer noch den (ehemaligen) Luxusartikel Fleisch leisten können. Was für eine Verblendung!

Das Fleisch kann nur so billig (und eben nicht »preiswert«) sein, weil es von niedrigster Qualität ist.

Überhaupt: Was ist das für eine Wirtschaft, in der Fleisch billiger ist als pflanzliche Nahrung?

Was ist das für eine Gesellschaft, in der die Mehrheit über jene lacht, die eine gesunde Ernährung, einen gepflegten Umgang mit sich selbst und dem eigenen Körper für weniger wichtig hält als den Kauf von immer dem aktuellsten Mobiltelefon?

Und nein, es sieht nur so aus, als würden große Teile der Bevölkerung sich um einen gesunden Körper kümmern. Ein von der Propaganda des Sports als gesunder Körper dargestellter Hochleistungsorganismus ist kein gesunder Körper, das ist eine gezüchtete Maschine. Noch fast jeder, den ich kenne, der »Muckibuden« besucht oder besucht hat, hat irgendwann mal mit Anabolika zu tun gehabt. Ein Dopingskandal im Leistungssport ist kein Skandal – er repräsentiert den Charakter des Leistungssports, den Charakter der Leistungsgesellschaft.

Es scheint paradox: Auf der einen Seite der mampfende Carnivore, der alles in sich reinstopft, auf der anderen Seite das Ideal des durchtrainierten Körpers. Aber das ist nicht paradox. Ideale sind in einer Gesellschaft nicht wirklich Ideale, sondern Stellvertreter von Träumen. Während der Träumende weiß, dass eine Verwirklichung seiner Träume *möglich* ist, ändert er an seinem alltäglichen Verhalten: nichts. Die schlichte Möglichkeit beruhigt schon.

Und da liegt das Problem mit dem Luxus.

Ein fettgefressener Millionär ist immer noch ein Millionär und kann mit Villa, teuerstem Auto, Jacht und, und, und beeindrucken. Ein fettgefressener Prolet ist durch seinen Körper, seine billige Kleidung, seine Sprache gekennzeichnet. Und vom Mainstream wird er ausgelacht und seine Lage mit Wörtern wie »prekär« bezeichnet, weil der Mainstream nicht mehr von »Unterschicht« reden will. Da klingt zu sehr die »Klasse« mit, und Klassen gibt es in einer klassenlosen Gesellschaft schließlich nicht.

Die billige Wurst, das billige Huhn und das billige Schnitzel im Supermarkt geben dem Unterschichtler das Gefühl, dass er sich alles leisten kann, dass er dazugehört.

Früher war Fleisch ein Luxusgut.

Auch Zigaretten waren früher ein Luxusgut.

Heute kann sich jeder beides leisten.

Es gibt aber immer den Unterschied in der Qualität. Der Hummer im Sternerestaurant und die kubanische Zigarre haben sehr wenig gemein mit der 89-Cent-Wurst und den selbst gestopften Zigaretten aus dem Supermarkt. Die Qualität der letzteren ist unter aller Sau.

Während ich dies schreibe, spüre ich mal wieder, wie kompliziert die Zusammenhänge zwischen all den Gegebenheiten in unserer Gesellschaft sind. Also wische ich mit kräftiger Geste erst einmal meinen Schreibtisch leer. Weg mit allen Notizzetteln, weg mit allen aufgeschriebenen Gedanken – und dann von vorne:

Kann sich jeder eine vegane Ernährung leisten?

Ja, jeder kann sich eine vegane Ernährung leisten.

Natürlich muss sich niemand, der jeden Tag eine Schachtel Zigaretten raucht und dafür jeden Tag 6 Euro ausgibt, diese Fragen stellen. Wenn er es aber tut, dann sollte er sich vielleicht auch fragen: Ist mir das Rauchen, also das Vergiften des eigenen Körpers mit etwas, was ich die ersten 15 bis 20 Jahre meines Lebens kein bisschen gebraucht oder vermisst habe, so viel wert, dass ich in der Ernährung auch nur zu giftigem (oder zumindest sehr bedenklichem) greife?

Wer aufhört, sein Budget mit dem Kauf von Gift zu belasten, der wird plötzlich über enorme Mittel verfügen, sich anständig zu ernähren.

Und all jenen, die meinen, sie würden ja sowieso nicht rauchen, hätten aber ein paar Kinder zu ernähren, denen sei gesagt: Die Folgen dessen, was ihr mit euren Kindern anrichtet, die wird euch in, sagen wir mal, zehn bis 20 Jahren keine Krankenkasse mehr finanzieren, zumindest nicht in dem Umfang, in dem die das mal getan hat. Ihr werdet bezahlen. So viel steht mal fest.

MUSS VEGANES ESSEN TEUER SEIN?

Nein, muss es nicht. Das gleich vorweg. Aber schauen wir uns erst einmal an, was diese Frage eigentlich an sich bedeutet.

Was ist uns unser Essen wert?

Wir geben immer weniger Geld für die wichtigste Sache überhaupt aus. Unsere Ernährung erledigen wir oft genug tatsächlich im Vorbeigehen. Viel zu oft kümmern wir uns nicht anständig darum. Hat ein Burger vom Grill am Bahnsteig, den wir im Gehen verdrücken, irgendetwas an sich, was wir mit einem Wert von Nahrung assoziieren, außer dass er mal eben satt macht?

Ist es nicht seltsam, dass sich die meisten von uns eher darum kümmern, sich den neuesten Flachbildfernseher zu besorgen, anstatt sich für anständiges Essen zu interessieren?

Die Technik des Fernsehers wird immer ausgefeilter, während die empfangenen Inhalte unter aller Sau sind.

Die Technik der Nahrungserzeugung wird immer ausgefeilter, während die Inhalte immer mieser werden. 80 Cent für 100 Gramm Wurst? Im Ernst? Mehr wollen wir nicht ausgeben?

Da kann es dem einen oder anderen tatsächlich so scheinen, als wäre gesundes Essen teuer, vor allem, wenn er noch jeden Tag 6 Euro für Zigaretten ausgeben muss.

Nein, ich will hier nicht wieder als »Spaßbremse« verstanden werden, die jetzt auch noch den Genuss von Zigaretten madig machen will. Das tun die Zigaretten schon selbst. Das merkt bloß keiner, der seinen Zigarettenkonsum noch nicht verstanden hat. Wer im Alter von, sagen wir mal, 15 Jahren angefangen hat zu rauchen, der hat spätestens zehn Jahre später vergessen, dass er die ersten 15 Jahre seines Lebens blendend ohne Tabak ausgekommen ist und nicht einen Moment lang das Gift vermisst hat, auf das er später nicht mehr verzichten zu wollen glaubt. Aber der Körper würde eigentlich ganz gerne verzichten wollen. Das wird dem Drogensüchtigen aber nicht bewusst. Also raucht er weiter und beklagt sich vielleicht über die hohen Preise von »luxuriösen« Lebensmitteln.

Dabei ist es mit veganem Essen wie mit Fleisch. Nur das luxuriöse ist teuer. Oder einfach nur das gute. Mit »gut« meine ich zum Beispiel biologisch-dynamisch angebaute Lebensmittel. Die sind freilich teurer als konventionell angebaute. Aber das ist ja beim Fleisch nicht anders. Ein überzeugter Fleischesser, der nur im Discounter einkauft, beklagt sich ja auch nicht über Hummerpreise.

Lassen wir also erst einmal das Biologisch-Dynamische weg, dann wird die vegane Ernährung sofort für jedermann erschwinglich. Ich bin nicht der Dogmatiker, der verlangt, dass alle sofort auf konventionell Hergestelltes verzichten. Den Vorteil von biologisch-dynamisch hergestellten Lebensmitteln kann man ja später noch begreifen. Also gucken wir mal, was das Konventionelle bieten kann.

Reis, Spaghetti und Kartoffeln sind Sachen, die wir wohl alle in unseren meisten Gerichten als Grundlage haben. Reis mag jetzt nicht unbedingt der Kalorienbringer sein, ist aber in ungeschälter Form nahrhaft und liefert im Zusammenspiel mit Bohnen aller Art ausreichend Proteine. Eigentlich ein ideales Nahrungsmittel für Leute, die den ganzen Tag am Schreibtisch sitzen. Man muss sich das mal vor Augen halten: Da verbringen Leute ihren ganzen Tag vorm Bildschirm und nehmen dabei viel zu viele Kalorien zu sich, und abends rennen sie ins Fitnessstudio. Das tun natürlich viele, um »sich körperlich fit« zu halten (anstatt mit dem Fahrrad zur Arbeit zu fahren), aber wenn sie ehrlich wären, dann würden sie zugeben, dass sie einem Schönheitsideal anhängen, das ihnen den Bauch verbietet, den sie sich anfressen. Wie schön, dass es Reis gibt, der nicht fett macht.

Ja, ich höre sie schon, jene, die jetzt fragen: »Wo wächst denn hier bitte Reis? Ihr Veganer besteht doch immer auf Regionales!« Ein interessanter Einwand. Woher wollen wir unser Essen beziehen, aus Mecklenburg-Vorpommern, Neuseeland, Italien oder Indien? Oder ist der nächste Stadtteil schon zu weit weg?

Es gibt viele sehr komplizierte Fragen, auf die wir nicht immer schnell sehr einfache Antworten haben können. Bei der Frage nach dem Reis spielen wie bei allem anderen natürlich die Bedingungen der Kultivierung und die Bedingungen in den kultivierenden Ländern eine Rolle. Wenn zum Beispiel Indien genug Reis produziert, um exportieren zu können, ohne dass Inder hungern, dann bitte her damit, schließlich wollen die da drüben ja auch ein wenig Geld verdienen. Wenn allerdings irgendwelche Schweinefirmen sich alte indische Reissorten »patentieren« lassen, sodass indische Reisbauern von diesen Firmen abhängig werden (was für ein ungeheuerlicher Vorgang!), dann sollten wir unser System vielleicht langsam mal überdenken.

Mit »regional« hängt auch »saisonal« zusammen. Es gibt in Deutschland eine Zeit, in der Tomaten billiger werden. Das ist die Zeit, in der hier Tomaten geerntet werden. Zu allen anderen Zeiten werden Tomaten importiert, und was damit zusammenhängt, das sieht nicht unbedingt gut aus.

In Südspanien beispielsweise werden »illegale« Einwanderer im Tomatenanbau ausgebeutet. Die leben da am Rande der Plantagen und Gewächshäuser und haben kaum oder keine Rechte. Sie sind ja illegal. Sie sind Leute, die offiziell keiner haben will, auf die die Landwirtschaft aber angewiesen ist. Wir wollen ja schließlich das ganze Jahr über Tomaten zur Verfügung haben.

Und dann arbeitet da vielleicht so ein »Illegaler« aus Afrika, der in Afrika selbst Tomaten angebaut hat, schließlich aber irgendwann pleiteging, weil die europäischen Subventionen der eigenen Landwirtschaft dazu geführt haben, dass afrikanische Märkte zusammenbrechen. Da essen die Leute jetzt europäisches Tomatenmark aus der Dose, weil das billiger ist als die heimischen Tomaten. Das muss man sich mal vorstellen: Der afrikanische Arbeiter auf spanischer oder italienischer Plantage hält eine Tomate in der

Hand, die später einmal in der Dose zu seiner Familie zu Hause gelangt. Erst wird die eigene Tomatenzucht zerstört, dann wird der »Illegale« als billige Arbeitskraft ausgebeutet, und schließlich bekommt seine Familie einen billigen Ersatz für das, was sie eigentlich mal selbst angebaut hat.

Es ist einfach pervers.

Wenn wir also preiswertes Essen haben wollen, ohne solche Schweinereien zu unterstützen, dann sind »regional« und »saisonal« echte Optionen.

Es muss ja nicht alles in der Ernährung in diesem Sinne sofort optimiert werden. Probieren Sie aus, machen Sie sich schlau! Vergleichen Sie Preise, vergleichen Sie Produkte!

Jeder, der sich eine neue Stereoanlage kauft oder einen Fernseher oder einen neuen Computer, recherchiert tage- oder wochenlang und vergleicht Preise und führt Gespräche mit Freunden und Bekannten. Okay, *fast* jeder. Aber auch diejenigen, die das nicht tun, lassen sich zumindest im Laden beraten.

Warum, verdammt noch mal, soll das bei der Ernährung anders sein? Ist das vielleicht so, weil wir im Grunde genommen ein Leben wie auf dem Krankenbett führen, wo wir uns mit allem Möglichen beschäftigen, während uns Nährstoffe intravenös zugeführt werden? Hängen wir am Tropf der Lebensmittelindustrie?

Wollen wir uns um die wichtigsten Dinge im Leben nicht selbst kümmern?

Einmal im Jahr zumindest klappt es doch mit der regionalen und saisonalen Nahrung: Zum Winter hin fangen plötzlich alle wie wild an, Grünkohl zu essen. »Es ist Grünkohlzeit!«

Warum im Winter?

Weil Grünkohl das enthält, was wir im Winter brauchen, und weil er im Winter noch frisch verfügbar ist. Irgendwie hat die Tradition des Grünkohlessens überlebt. Ich begrüße das, auch wenn die meisten sich das Zeug im Glas aus dem Supermarkt besorgen statt frisch vom Markt. Aber immerhin …

Wenn wir uns darauf einstellen, das zu essen, was gerade reichhaltig im Angebot ist, dann wird vegane Ernährung wieder ein Stück billiger.

Die »Ich habe jetzt aber Bock auf das und das«-Einstellung können wir den Teenagern überlassen. Dann würde vielleicht auch ein Großteil der Leute, die meinen, gesunde Ernährung sei zu teuer, davon ablassen, sich überall, sei es auf dem Markt, am Bahnhof oder auf der Tanke, den ganzen »To go«-Kram zu kaufen, der selbst im Feinkostladen wesentlich billiger zu haben ist!

Man kann bei seiner Ernährung darauf achten, was gerade Saison hat, und man braucht dabei keinen Mangel zu fürchten. Nicht einmal den angeblichen oder tatsächlichen Mangel an Vitamin B12.

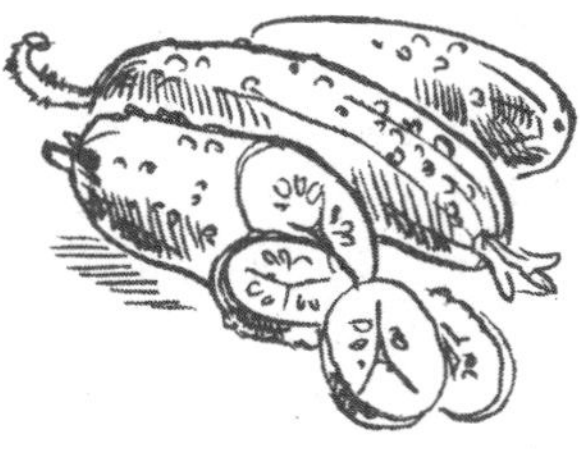

B12

Auf der Kommandobrücke eines Raumgleiters.

Der Kapitän bespricht murmelnd mit dem ersten Steuermann den Kurs des Schiffes, als sich plötzlich ein nervöser Techniker meldet.

»Käpt'n, ich glaube, Sie sollten sich das hier mal ansehen.« Der Kapitän merkt auf und eilt zum Pult des Technikers. »Was gibt es denn, Gershwin?«

»Die Vorräte, Sir …«

»Was ist mit den Vorräten?«

»Ich kann es mir auch nicht erklären, aber sieht so aus, als hätten wir ein Leck in den Tanks.« Er deutet auf seine Armaturen. Der Kapitän wirft einen Blick darauf. In einer Großaufnahme ist eine Druckanzeige zu sehen, deren Wert rapide abfällt.

»Was ist das?«

»Das sind die B12-Tanks, Sir.«

»B12?« Der Kapitän wirft einen weiteren Blick. Die Anzeige fällt dramatisch.

»Moment mal, bedeutet das etwa …?«

»Ich fürchte, ja, Sir.«

»Oh – mein – Gott!«

(Pause.)

Der Kapitän lässt seinen Blick über die Brücke und die erstarrten Mitglieder der Mannschaft gleiten.

»Wie viel Zeit haben wir?«

»Weniger als siebzig Minuten, Sir!«

Noch einmal lässt der Kapitän seinen Blick über die entgeisterten Gesichter der wegen Mangel am lebenswichtigen Vitamin Todgeweihten gleiten, dann erlangt er seine Fassung zurück.

»Kurskorrektur!«, ruft er dem ersten Steuermann zu. »Collins, bereitmachen zur Notlandung. Bringen sie uns auf den verdammten Planeten runter!«

»Sofort, Sir!«

Aber der bereits vom Vitamin-B12-Mangel geschwächte Steuermann vertippt sich bei der Eingabe der Navigationsdaten, und so kommt das Schiff in einer Bruchlandung auf den Planeten runter. Die Treibstofftanks fangen Feuer.

»Raus hier, verdammt alles raus, wir müssen raus, bewegt eure lahmen Ärsche!«

Doch schon wird das Schiff von einer gewaltigen Explosion zerfetzt.

Einzig der junge Funker Henderson kann schwer verletzt nach draußen wanken. Mit äußerster Mühe schleppt er sich weg vom Unglücksort, um dann zusammenzubrechen und mit letzter Kraft die Ursache für den Crash des Raumgleiters *Vegan* in den Lehm der Oberfläche des Planeten zu ritzen. Mit seinen Fingern malt er drei Zeichen bevor die Lebensgeister ihn verlassen: »B12«.

Panik, Panik, Panik.

Nichts als Panik verbreiten die carnivoren Feiglinge. Wenn sie keine anderen Argumente gegen eine vegane Ernährung mehr finden, dann beißen sie sich am angeblichen Vitamin-B12-Mangel fest, als würde das bisschen B12, das wir wirklich brauchen, eine solche Panik rechtfertigen. Als hinge die »Volksgesundheit« von einer übermäßigen Versorgung damit ab. Als stünde der Weltuntergang bevor, wenn wir nicht alle jeden Tag mindestens mehr B12 zu uns nehmen würden, als wir wirklich brauchen.

Es gibt verschiedene Wege, B12 aufzunehmen. Algen und Sauerkraut helfen dabei. Auch kann man seine Bio-Mohrrüben etwas weniger waschen, denn in der Erde ist auch B12. Ich habe in den letzten Jahren keine Mängel verspürt, das soll heißen, ich habe keines der Symptome für Vitamin-B12-Mangel (wie zum Beispiel fortwährende Müdigkeit) an mir bemerkt. Trotzdem ging ich im Frühjahr 2016 zum Arzt, um meine Werte feststellen zu lassen. Und siehe da: Sie waren tatsächlich ein wenig zu niedrig. Also nehme ich jetzt B12-Kapseln. Das kostet mich 5 Euro im Monat. Und bevor jetzt jemand »Siehste!« ruft, bedenke er bitte, dass Vitamin B12 nicht hitzestabil ist, und es mögen sich bitte alle Omnivoren fragen, wo sie eigentlich ihr Vitamin B12 herbekommen. Aus Rohmilch?

Einen Vitamin-B12-Mangel könnte jeder haben. Da sollte man sowieso ein Auge drauf haben. »Häh, was?«, fragt der doofe Fleischfresser. »Ich soll mich andauernd vom Arzt überwachen lassen?«

Musst du ja nicht. Kannst du aber. Das macht ja wohl jeder normale Mensch sowieso, dass er ab und zu mal zum Arzt geht. Ist es in einer solch hoch entwickelten Gesellschaft wie der unseren nicht eigentlich normal, dass die Leute zusammen mit ihrem Hausarzt relativ regelmäßig ihren Gesundheitszustand checken? Da könnt ihr ja wohl nebenbei auch mal die B12-Werte prüfen lassen. Wo ist das verdammte Problem?

Diese ganzen Spitzensportler, die ihr bewundert und im Fernsehen bestaunt, die werden ja sogar permanent von Ärzten überwacht. Und wenn ihr euch in euren Muckibuden an »Fitnessgeräten« verausgabt, habt ihr doch auch andauernd irgendwelche Messgeräte dabei. Der carnivore Bogenschütze weiß zwar nicht, wie viel B12 er noch in sich hat, aber er weiß haargenau, wie viel lbs. er zieht?

Wie doof seid ihr eigentlich? Richtet eure Datensammelwut doch einfach einmal nicht auf Meter pro Millisekunde und Kilogramm, die ihr stemmt! Könnt ihr ja trotzdem, aber wo liegt das Problem, sich um die eigenen B12-Werte zu kümmern?

Und jetzt nehmen wir mal an, wir sind uns einig, wie viel B12 man regelmäßig zu sich nehmen muss. Da gehen die Meinungen ja auch auseinander. Die einen meinen, eine Currywurst am Tag, die anderen sagen, ein Glas Milch pro Woche. Ich sehe das zwar anders, aber ich bin ja auch großzügig. Also nehmen wir an, ein Mensch bräuchte, um eine gesunde Versorgung mit Vitamin B12 zu gewährleisten, ein Glas Milch am Tag.

Was macht ihr daraus? Aus eurem Argument der B12-Not?

Ein Bild mag das veranschaulichen: Stellen wir uns vor, ihr wohnt auf einem Hof mit einer großen Wiese davor, auf der eine Kuh mit ihrem Kalb wohnt. Eure Argumentation sagt Folgendes: Jeden Tag geht ihr einmal mit einem Glas zur Kuh und sagt: »Hör mal, Kuh, wir können dich echt gut leiden, aber wir sind leider in der blöden Situation, dass wir Vitamin B12 brauchen, und das können wir nicht selber machen. Aber weil wir ja so nett sind, dass wir dich hier wohnen lassen, schieben wir jetzt mal dein Kind zur Seite und melken dir ein Glas, ein einziges Glas Milch ab, gut drei oder vier, weil wir ja mehrere sind, dann kann dein Kalb wieder ran. Das ist doch ein fairer Deal, oder was meinst du, Kuh?«

Das ist der Kern eures Redens. »Wir müssen das tun, sonst werden wir krank.« Wenn das denn stimmen würde! Ich wäre ja bereit, euch das zuzugestehen. Aber was ihr wirklich tut, ist etwas ganz anderes.

Mit Äxten bewaffnet stürzt ihr aus dem Haus und auf die Kuh zu. Ihr schlagt sie tot, reißt ihr die Haut vom Leib, nehmt sie aus und verschlingt ihr Fleisch, das eben noch lebendig war. Ihr fresst und fresst und fresst, bis ihr nicht mehr könnt, dann wälzt ihr euch erschöpft im Mittagsschlaf herum, und wenn ihr aufwacht, überlegt ihr, wo ihr die nächste Kuh finden könnt. Aber Moment, da ist ja noch das Kalb. Und wenn ihr euren nächsten Rausch am jungen Rind gestillt habt, fällt euch auf, dass das Ganze ja eine recht unsaubere Angelegenheit war und dass es vielleicht besser sei, andere Leute die dreckige Arbeit des Schlachtens erledigen zu lassen. Und am Ende kauft ihr für eure Kinder Wurst in Scheiben, auf denen lachende Gesichter aus Fleisch geformt sind, damit eure Kinder zwar B12 bekommen, aber mit der ganzen Widerwärtigkeit des Schlachtens nichts zu tun haben.

Und ihr wollt mit mir noch diskutieren!

Dabei habt ihr das Tollste noch gar nicht bemerkt: In der Massentierhaltung wird Vitamin B12 dem Tierfutter zugesetzt, weil es darin nicht enthalten ist und die Darmflora der Tiere so versaut ist, dass da auch kein B12 mehr produziert wird. Denn die Tiere in der Massentierhaltung werden eben nicht nach ihren natürlichen Bedürfnissen gefüttert.

Irgendwo also auf dem Weg der Nahrung in euren Magen wird B12 sowieso zugegeben. Und ihr meint, ihr braucht Fleisch als künstlichen Vitamin-B12-Träger, damit ihr eure Illusion von »natürlicher« Nahrung aufrechterhalten könnt? Irgendwie tut ihr mir leid.

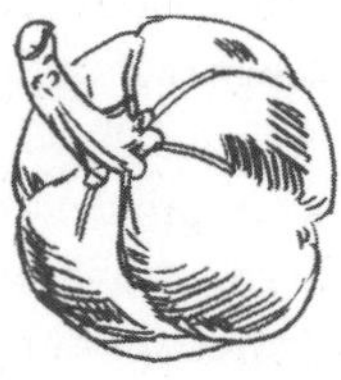

NATÜRLICH?

Ich habe schon erklärt, warum es unerheblich ist, ob der Mensch von Natur aus ein Allesfresser ist. Jetzt wollen wir mal sehen, was eigentlich der Begriff »natürlich« in der Diskussion um unsere Ernährung zu suchen hat.

Selbstverständlich gibt es Dinge, die gut für uns sind, und solche, die Gift für uns sind. Darum geht es mir aber gar nicht. Vielmehr darum, dass sowohl Veganer als auch ihre Gegner sich immer wieder auf die »Natürlichkeit« von irgendwas berufen. Als würde die Frage nach »Natürlichkeit« in unserem Leben ganz allgemein überhaupt noch Sinn ergeben. Es ist nicht natürlich, einer geregelten Arbeit nachzugehen; es ist nicht natürlich, Geld auszugeben; es ist nicht natürlich, ein Buch zu lesen. Es ist auch nicht natürlich, Fußball zu spielen. Wir haben uns im Laufe der Geschichte verändert. Wir haben unsere Umwelt verändert. Zumindest in Norddeutschland lernt es jedes Kind in der Schule, dass die Heide keine natürliche Landschaft ist. Und wer mal am Wochenende im Wald spazieren geht, denkt meistens nicht daran, dass er wahrscheinlich gerade in einem (forst-)wirtschaftlichen Betrieb unterwegs ist. Und die ganzen Felder: Na ja, Open-Air-Agrarfabriken.

Ich weiß, dass es keine »naturbelassenen« Erdbeeren oder Äpfel mehr gibt. Jedenfalls nicht da, wo wir sie kaufen. Natürliche Äpfel sind (oder waren) extrem klein, und was wir heute essen, wurde über Jahrhunderte hinweg gezüchtet. Mit der Kultivierung der Erdbeere hat man erst im Mittelalter begonnen. »Natürliche« Erdbeeren sind so klein, dass wohl niemand zur »Selbsternte« auf ein Feld gehen würde, wie das heute so viele Leute gerne mal am Wochenende machen. Der riesige Maiskolben, den wir heute kennen, kam in der Natur nicht vor, bevor ihn die Südamerikaner aus Teosinte züchteten, deren Kolben etwa so groß waren wie mein kleiner Finger. Wir haben die Pflanzen verändert. Und die Tiere auch. Schweine, Ziegen, Rinder, Hühner, Schafe, Pferde – sie alle kamen, so wie wir sie heute kennen, in der Natur nicht vor.

Man nennt das Domestikation, nicht Zähmung. Gezähmt werden Raubtiere für den Zirkus und Arbeitselefanten. Domestikation ist etwas anderes. Da steckt das lateinische Wort »domus« drin: »Haus«. Domestizierte Tiere werden »Haustiere« und unterscheiden sich bisweilen erheblich von ihren wilden Vorfahren. Es gibt, wie Obelix auf Korsika erfahren muss, einen Unterschied zwischen zahmen Wildschweinen und verwilderten Hausschweinen. Das bekannteste Beispiel, das jedem sofort einleuchtet, ist der Hund. Wahrscheinlich leuchtet es jedem sofort ein, weil wir so viele verschiedene Rassen von Hunden gezüchtet haben. Pudel, Dackel, Beagle, Afghanischer Windhund, Pitbull und, und, und. Die unterscheiden sich zum Teil extrem vom Wolf.

Diese ganzen Vergleichsmodelle haben wir bei den anderen Tieren nicht, weil wir da meistens nur die domestizierte Variante kennen. Und so sehr wie Dackel und Wolf unterscheiden sich Auerochse und Bulle auf der Weide oder in der Arena zumindest optisch nicht. Aber wir haben die Tiere verändert. In seinem Buch *Tiere essen* lässt Jonathan Safran Foer den Geflügelfarmer Frank Reese zu Wort kommen, der von Kindern erzählt, die bei Farmbesuchen fragen, wie denn der Truthahn auf den Baum oder das Dach gekommen sei. »Ich sage ihnen: ›Er ist dahin geflogen!‹ Und das glauben sie mir nicht.«[32] Es gibt Kinder, die wissen nicht, dass Truthähne eigentlich fliegen können.

Aber wir haben nicht nur Tiere domestiziert, sondern (natürlich!) zuerst einmal uns selbst. Und abgesehen davon, dass wir uns selbst so weit domestiziert haben, dass wir arbeiten gehen, haben wir auch angefangen, unsere Körper zu verändern. Wir haben die plastische Chirurgie erfunden. Das mag für Unfallopfer von allerhöchstem Wert sein. Aber weil wir uns ja weit genug von der Natur entfernt haben, nutzen wir die plastische Chirurgie eben nicht nur, wenn es wirklich notwendig und hilfreich ist. Man kann darüber streiten, ob eine »Nasenkorrektur« sinnvoll ist. Wahrscheinlich werden die, die wegen ihrer ehemals extrem schiefen Nase nach der Operation keine Nachteile mehr erdulden müssen, dies bejahen. Auch die Korrektur schiefer Zähne mittels einer Spange ist für den pubertierenden Teenager wahrscheinlich sehr ärgerlich. Meistens aber nur, während er die Spange tragen muss. Später freut er sich über das nicht mehr schiefe Gebiss.

Aber wie sieht es denn aus, wenn Frauen dem Schönheitswahnsinn gemäß eingeredet wird, sie müssten sich ihre Gesichtshaut glätten und die Lippen aufpumpen lassen? Oder was ist mit Brustvergrößerungen?

Männer stehen auf Titten. Ja, ich schreibe das so, weil Männer untereinander in den seltensten Fällen von Brüsten sprechen. Titten, Dinger, Möpse. So weit, so gut. Jeder (heterosexuelle) Mann mag Brüste, die auch wirklich und deutlich welche sind. Immerhin sind die »sekundäres« Geschlechtsmerkmal. Aber wie ist es mit »Melonen«? Wie sieht es aus, wenn Frauen sich ihre Brüste immer mehr und mehr vergrößern lassen? »Big Bazoobies«? Da wird es den meisten dann wohl doch irgendwann zu viel. Übrig bleiben diejenigen, die wirklich auf »Megatitten« stehen. Wahnsinnig riesige Dinger! Unglaublich unnatürliche Monstermöpse. Da gab es vor ein paar Jahren die Geschichte von jener jungen Pornodarstellerin, die während ihrer vierten oder fünften Brustvergrößerung gestorben ist, weil etwas mit der Anästhesie schiefgelaufen ist. Und wofür? Weil sie in extrem schlechten Filmen spielte, in denen Geschlechtsverkehr gezeigt wird, der ungefähr so erotisch ist wie die Kolben im Getriebe eines Autos. Noch etwas länger ist es her, da stand in der *Hamburger Morgenpost* ein Artikel über eine Pornodarstellerin, die sich ihre riesigen Dinger wieder hat verkleinern lassen, weil sie zu sehr unter ihren Rückenschmerzen gelitten hat.

Und jetzt kommen wir endlich zurück zu unseren Opfern in der Massentierhaltung. Mich widert es immer wieder an, wenn irgendwelche Typen Brüste als »Euter« bezeichnen, aber hier muss der Vergleich einmal sein. Schließlich sind Menschen und Rinder Säugetiere. Es handelt sich also quasi um das gleiche Organ. In der Massentierhaltung und in der Pornobranche wird dieses Organ überzüchtet. Was dem einen oder anderen beim Menschen pervers erscheint, nimmt er in der Tierzucht hin. Riesengroß gezüchtete Euter einer Kuh, die jedes Jahr hektoliterweise Milch abgeben muss, sind hochgradig pervers. Was bei der Pornodarstellerin vielleicht nur Rückenschmerzen verursacht, schwächt die Kuh insgesamt. Der Begriff »Turbokuh«, der so gerne von Kritikern benutzt wird, führt in die Irre.

Ein Auto, das »Turbo« fährt, ist darauf ausgelegt. Das wird gleich so gebaut. Eine Kuh ist dafür nicht gemacht. Einem biologischen Organismus steht nicht eine Gesamtmenge an Energie zur Verfügung, ein biologischer Organismus kann nur eine bestimmte Menge an Energie umsetzen. Das heißt: Jede Aufrüstung an der einen Stelle hat eine Schwächung an anderer Stelle zur Folge. Oder die Schwächung wird auf mehrere »Stellen« verteilt.

Bei Hühnern, die zur Gewinnung von Hühnerbrustfilets gezüchtet werden, kann man es besonders deutlich sehen. Mal abgesehen davon, dass die schon lange nicht mehr fliegen können: Die können noch nicht einmal mehr *gehen*! Die fallen nämlich vornüber, wenn sie versuchen, sich und ihre überdimensionierte Brust zu Fuß fortzubewegen. Außerdem ist ihr Knochenbau derartig im Arsch, dass sie sowieso nicht weit kommen, wenn sie mal ein bisschen spazieren gehen wollen.

Das Ganze ist nicht nur extrem pervers. Es ist auch sehr, sehr grausam. Aber das kümmert keinen, der sich ein »leckeres« Hühnerbrustfilet schmecken lässt. Und den ganzen anderen minderwertigen Kram vom Huhn brauchen wir ja auch gar nicht zu essen. Den schicken wir nach Afrika, wo dieser Dreck immer noch billiger angeboten werden kann als die heimischen Produkte.

Natürlich ist das auch nicht.

STUDIEN UND EXPERTEN

Experten vertreten Standpunkte, die durch Fakten, Statistiken und Studien belegt werden. Was uns Experten erzählen, das halten wir für wahr. Schließlich müssen die wissen, wovon sie reden, deswegen nennen wir sie ja Experten.

Das Problem, das viele Laien verunsichert, ist, dass es für praktisch jeden Standpunkt einen Experten gibt, der ihn vertritt. Gerade in den Ernährungswissenschaften scheint es so zu sein, dass man für wirklich jede Theorie irgendwelche Studien und Statistiken finden kann, die sie belegen.

Wer heute in der Zeitung liest, dass Fleischkonsum schädlich ist, der kann auch heute noch im Internet Seiten finden, auf denen das Gegenteil behauptet und mit »fundierten« Belegen untermauert wird. Was soll man als Laie also tun, was kann man glauben?

Wer sowieso davon überzeugt ist, dass Fleisch ein unverzichtbarer Bestandteil unserer Ernährung ist, der braucht gar nichts zu tun. Der wird vielleicht höchstens Bücher lesen wie *Don't Go Veggie!* von Udo Pollmer, in denen mal richtig klargemacht wird, dass Veganer alles in allem einfach nur Spinner sind. Er wird dieses Buch lesen, weil er sich in seiner Meinung bestätigt sehen will. Und weil er gerne über Veganer lacht.

Wer allerdings noch schwankt und nicht weiß, ob an der Idee, Fleisch und andere Tierprodukte vom Speiseplan zu streichen, etwas dran sein könnte, der wird durch solche Bücher gehörig verunsichert. Schließlich gilt der Lebensmittelchemiker Udo Pollmer ja als Fachmann.

Und manchmal hört sich das, was Udo Pollmer sagt, sogar vernünftig an, obwohl es vielem widerspricht, was man von anderen Ernährungsexperten hören kann. Nehmen wir als Beispiel einfach mal Salz, von dem heutzutage wohl jeder glaubt, dass ein Zuviel davon ungesund ist. Aber nicht so Udo Pollmer. Der sagt in einem Vortrag, den man sich auf YouTube angucken kann, dass man mit dem Salzstreuer eigentlich gar nichts falsch machen kann: »Wenn Sie zu viel Salz haben, passiert gar nichts, weil da kriegen Sie Durst, dann können Sie's auspieseln.«[33] Wer zu viel Salz zu sich genommen hat, »kann den Überschuss ausgleichen«, sagt Pollmer. Das hört sich recht schlüssig an und dürfte einige Leute verunsichern, die Salz bisher für Teufelszeug gehalten haben, weil sie überall lesen können, wie gefährlich ein zu hoher Salzkonsum ist.

Wer hat denn jetzt recht?

Natürlich ist Salz wichtig, aber das heißt nicht, dass es kein Zuviel davon gibt.

Wir sind heiß auf Salz, weil es in der natürlichen Nahrung nur in geringen Mengen vorkommt und weil immer eine gleiche Menge davon im Körper vorhanden sein muss. Aber kann man den Überschuss wirklich immer ausgleichen? Bei Pollmer hört sich das so an, als gäbe es keine Stoffwechselstörungen. Als würde jeder menschliche Organismus perfekt funktionieren.

Wir haben zu viel Salz, also bekommen wir Durst, also trinken wir. Total einfach. Eigentlich. Aber mir fällt zumindest ein Beispiel ein, in dem die Regulierung des Flüssigkeitshaushaltes massiv gestört wird. Okay, es handelt sich in dem folgenden Beispiel um eine Droge, aber es ist ja auch nur ein Beispiel: Ecstasy. Normalerweise verhält es sich bei Tänzern in Diskotheken so, dass die irgendwann Durst kriegen, wenn sie zu lange getanzt und also geschwitzt haben. Nicht so bei Ecstasy-Konsumenten. Die müssen wirklich *daran denken*, zu trinken, oder es muss sie immer wieder ein aufmerksamer Freund daran erinnern. In den Neunzigerjahren sind etliche Leute wegen Dehydrierung auf den Tanzflächen umgekippt. Die Zeitungen waren voll von Berichten über Leute, die auf Ecstasy zu wenig getrunken hatten.

Angesichts dessen, was sich heue in unseren Lebensmitteln an chemischen Zusatzstoffen findet, könnte man auf den Gedanken kommen, dass da auch mal der Flüssigkeitshaushalt gestört ist. Niemand weiß wirklich, was der übliche Mix aus künstlichen Aromen, Farbstoffen, Emulgatoren und, und, und, in unserem Körper wirklich anrichten kann. Es muss ja nicht gleich so schlimm sein wie bei Ecstasy. Aber was kann ich denn nun über die Gefährlichkeit von Salz wissen? Auf welchen Experten höre ich?

Außer dem Experten Pollmer gibt es ja noch andere Experten, wie zum Beispiel den Evolutionsbiologen Jared Diamond, der in seinem Buch *Vermächtnis* von den Yanomamo in Brasilien schreibt, deren monatlicher Salzkonsum von 1,5 Gramm laut Organisation Consumer Records der Menge an Salz entspricht, die in einem einzigen Big-Mac-Hamburger steckt. Bei den Yanomamo gibt es keine Herz-Kreislauf-Erkrankungen wie bei den Amerikanern oder Europäern. Wer hat jetzt recht, Pollmer oder Diamond? Es könnte ja sein, dass die Gesundheit der Yanomamo an etwas ganz anderem liegt.

Wir als Laien können das nicht wissen, denn wir sind ja keine »Experten«.

Das kann uns aber auch egal sein. Wir könnten nämlich sofort aufhören, zu Hause beim Kochen unsere Speisen zu salzen, ohne einen Mangel zu erleiden. Das Brot, das wir kaufen, ist gesalzen. Ebenso der Käse, die Tofuwurst und alles andere, das vorverarbeitet zum Kauf bereit liegt.

Wenn wir also ständig vor den Gefahren von Salz gewarnt werden, dann sollten wir da vielleicht hinhören. Und wenn wir einen Heißhunger auf Salziges verspüren, dann können wir ja mal wieder zum Salzstreuer greifen.

Man soll sehr wohl auf die Signale des Körpers achten, das heißt aber nicht, dass man dabei nichts falsch machen kann. Das soll uns das nächste Beispiel zeigen:

In einem anderen Vortrag redet Udo Pollmer über Kinder und Pommes frites. Darin erklärt er, dass Pommes frites besser für Kinder seien als Pellkartoffeln. Die Kinder fahren nicht auf Pommes ab, weil die Pommes so gut schmecken, sondern die Pommes schmecken so gut, weil sie so gesund für Kinder sind.[34] Hört sich plausibel an. Da sendet der Körper Signale aus, die eine eindeutige Aussage haben: Her mit den Pommes!

Aber heißt das auch, dass Kinder mit allem Begehren immer recht haben? Dann wäre es für Herrn Pollmer das Beste, er würde sich in seiner Ernährung auf Softeis, Bonbons und Lakritze konzentrieren. Ich bezweifle, dass das gut für ihn wäre. Mir kommt vielmehr die Idee, dass sich bei solchen Aussagen wie der über Kinder die Pädagogen die Haare raufen und Werbefachleute die Hände reiben. Wenn zum Beispiel Hamburger so nahrhaft sind, dass alle Kinder von ganz alleine darauf kommen, dass es nichts Besseres gibt, wozu erfindet beispielsweise McDonald's solch eine Figur wie Ronald McDonald? Wozu geben die überhaupt Geld für Werbung aus?

Ein Kollege erzählte mir, dass er in seiner Kindheit in den Siebzigerjahren total auf Nutella gestanden hat. Das tun wohl die meisten Kinder. Bei ihm allerdings war es irgendwann damit vorbei, denn es kam Käpt'n Nuss auf den Markt, und diese Nuss-Nougat-Creme war für ihn sofort der absolute Renner. Wie er später mal bemerkte, schmeckte Nutella tatsächlich besser, aber Käpt'n Nuss hatte immer diese tollen Zeichentrickfiguren in der Fernsehwerbung, die an die Piratenfiguren aus Disneys *Peter Pan* angelehnt waren. Da hatte Nutella erst mal keine Chance gegen.

Nach Pollmers Logik wäre Käpt'n Nuss die nahrhaftere Süßigkeit gewesen.

Kinder sind die wichtigste Zielgruppe für die Werbeindustrie, denn mit Kindern kann man alles machen. Man könnte Kinder auch für Kokain begeistern, aber das ist verboten. Also begnügt man sich damit, Kindern ein Suchtverhalten anzutrainieren, indem man sie für Produkte voller Zucker begeistert. Auf Kokain kommen die dann später fast von selbst.

Das Argument, was Kinder essen sei gut, weil Kinder eben »wüssten«, was gut sei, ist zumindest bedenklich. Kinder werden ständig manipuliert, und außerdem lernen sie von ihren Eltern. Und wenn sich schon die Eltern schlecht ernähren, dann haben die Kinder nicht viele Chancen, es besser zu machen.

Zu dem ungesunden Essverhalten gibt es zwei hübsche Theorien. Die eine besagt, dass in dem Junkfood, das sich Kinder und Jugendliche den ganzen Tag reinstopfen, ganz viele Suchtstoffe drin sind, die die Kinder dazu bringen, immer mehr zu essen. Die andere Theorie sagt, dass in dem ganzen Junkfood so wenig Nährwertiges drin sei, dass die Kinder und Jugendlichen instinktiv weiterfressen, bis sie genug von allen wichtigen Nährstoffen haben, wobei sie allerdings erheblich zu viele Kalorien aufnehmen.

Suchen Sie sich eine Theorie aus! Eine wird schon stimmen, und das Ergebnis ist das gleiche: kranke Kinder.

»DANN KANN MAN JA GAR NICHT MEHR WISSEN, WAS MAN NOCH ESSEN KANN!«

Doch. Man kann sehr wohl etwas wissen. Man muss nur auf den besten Ernährungsexperten der Welt hören: den eigenen Körper. Niemand weiß so gut, was wir zur Ernährung brauchen, wie unser eigener Körper. Millionen von Jahren haben es Säugetiere geschafft, sich zu ernähren, ohne dass ihnen dabei studierte Fachmänner zur Seite standen.

Dazu noch einmal eine wichtige Bemerkung: Ja, der Mensch ist ein Allesfresser und kann Fleisch verarbeiten, so wie er es Millionen von Jahren lang gemacht hat. Mir geht es mit meiner veganen Ernährung nicht darum, diese Jahrmillionen zu leugnen. Es geht darum, dass wir es heute nicht mehr nötig haben, und darum, dass der Verzehr von Fleisch und anderem vom Tier in der westlichen Welt untragbare Ausmaße angenommen hat. Auch missionieren will ich nicht, sonst würde ich kaum mit einer Frau zusammenleben, die Ziegenkäse isst.

Ich möchte vielmehr Hinweise geben, was man tun kann, wenn man sich nicht sicher ist, aber doch mal probieren möchte.

Der ehemalige Redakteur der Satirezeitschrift *TITANIC*, Mark-Stefan Tietze, schreibt in seinem Buch *Allein unter Veganern* von einer Autonomie, die er während seines hunderttägigen Selbstversuches erfahren habe. Das ist schön ausgedrückt.

Ein Kollege erzählte mir, dass er, seit er ab und zu mal Tofu isst und Tahin für sich entdeckt hat, weniger Bock auf Eier hat. Das deutet darauf hin, dass Tahin und Tofu Nährstoffe enthalten, die auch in Eiern stecken. Mit anderen Worten: Durch die Entdeckung von Tahin und Tofu hat mein Kollege nicht einen dauerhaften Verzicht auf Eier eingeleitet, sondern eine gewisse Unabhängigkeit, eine Autonomie in der Nahrungsauswahl erlangt. Er ist eben nicht mehr darauf angewiesen, immer nur Eier zu essen, wenn er jene Nährstoffe zu sich nehmen will. Der angebliche Verzicht bei veganer Ernährung ist in Wirklichkeit ein Gewinn.

Was also kann man tun, wenn man keine Ahnung hat, wenn man nicht auf »Fachmänner« hören will, weil die sich alle gegenseitig widersprechen?

Man kann mal auf den Gemüsemarkt gehen!

Im Ernst. Wer sich sein Leben lang nur von Fritten, Cola, Chicken Nuggets, Käsebrot und Ähnlichem ernährt hat und nur aus Vernunftgründen sich ab und zu mal eine Banane oder einen Apfel reingedrückt hat, der kann auf einem Gemüsemarkt lernen, was sein Körper haben will, auch wenn er das meiste, was dort verkauft wird, gar nicht kennt. Die Vertreter jener Ernährungsweise nennen das »Instincto«.

Aber auch hier lauern Fallen, denn die Instinkte lassen sich verführen. Süßes zum Beispiel schmeckt uns so supergut, weil reifes Obst eben fast immer süß ist. »Süß« sagt unserem Körper, dass da ganz viele wichtige Sachen drin sind. Im Industriezucker sind diese Sachen aber nicht drin, der ist nur noch Brennstoff und insgesamt etwa so gesund wie Kokain. Auch Fette brauchen wir, aber nicht diejenigen, die uns die Fleischindustrie verkaufen will, und vor allem nicht in den Mengen, die sie empfiehlt.

Noch einmal: Alles, was uns durch die Evolution an Gier geschenkt wurde, muss nicht heute auch noch berechtigt sein, und alle Argumente, die sich auf diese evolutionär bedingte Gier berufen, gelten nicht. Der Sexualtrieb besteht ja auch selbst dann weiter, wenn man schon zwölf Kinder hat.

Was können wir also auf einem Gemüsemarkt tun, wenn wir uns noch nicht sicher sind? Wir können alles mal in die Hand nehmen und daran riechen. Und wir können mal Sachen probieren, die wir noch nicht kennen. Gehen Sie auf den Markt, wenn Sie nicht satt und überfressen sind, und ignorieren Sie alle Stände, die tierische Produkte anbieten! Konzentrieren Sie sich auf Obst und Gemüse.

Wenn Sie Ihren Ernährungsgewohnheiten entsprechend vom ersten Grillstand abgefangen werden, dann haben natürlich die pflanzlichen Produkte kaum eine Chance. Gehen Sie an der Wurst vorbei und riechen Sie am Sellerie. Ist nichts für Sie? Dann riechen Sie an etwas anderem. Alles, aber auch wirklich alles, was gut riecht, ist etwas, was Ihr Körper haben will! Kaufen Sie es, nehmen Sie es mit, lernen Sie, wie man es zubereitet, wenn man es nicht gleich roh verschlingen kann. Bereichern Sie Ihr Leben!

Und wenn Sie nicht fündig werden – wer weiß, vielleicht kann Ihr von Fertiggerichten desorientierter Organismus mit all den Sachen noch nichts anfangen –, dann probieren Sie. Beißen Sie in ein Radieschen. Ihr Körper wird sich später daran erinnern, wenn ihm Nährstoffe fehlen, die im Radieschen enthalten sind. Oder im Lauch oder im Rettich, oder, oder, oder.

Entdecken Sie die Welt!

Es gibt Wichtigeres als das, was in der sechsten Staffel von *Game of Thrones* passiert.

Wie kann es sein, dass so vielen Leuten die vielfältigen Möglichkeiten der eigenen Ernährung egal sind und diese Leute sich eher dafür interessieren, welche neue Freundin irgendein Fußballstar hat?

Irgendwo habe ich neulich gelesen, dass vor hundert oder hundertfünfzig Jahren 60 bis 80 Prozent aller Leute in der Landwirtschaft arbeiten mussten. Der Autor des Buches freute sich darüber, dass das heute anders ist und er somit studieren konnte. Das ist natürlich gut. Aber wie viele Leute sitzen heute ohne Arbeit herum und werden vom Kapital als überflüssig erachtet?

Die Industrie hat die Nahrungsmittelerzeugung nicht nur verbessert, sie hat sie auch an sich gerissen und rationalisiert, sodass auch in diesem Sektor der Wirtschaft »Überflüssige« aussortiert wurden. Mit dem Ergebnis, dass die, die keine Arbeit mehr haben, sich nur noch den billigsten Kram leisten können. Und der billigste Kram ist zum Beispiel Jagdwurst im Discounter.

Aber es gibt Ideen, wie man gewisse Dinge anders machen kann.

URBAN GARDENING

Lernen Sie anzupflanzen! Selbst wenn Sie am Anfang nichts anderes hinkriegen als Kartoffeln. Tun Sie es, wo immer Sie eine Fläche zur Verfügung haben. In vielen Teilen der Welt ist das »Urban Gardening« im Kommen. Bei uns hat es sich lange Zeit in vielen der oft als »spießig« belächelten Schrebergärten erhalten. Auf ihrem Ackerstück außerhalb von Hamburg pflanzt meine Frau Gemüse der Saison an: Kartoffeln, Grünkohl, Mangold, Salat, Kohlrabi, Karotten, Zuckererbsenschoten, Brechbohnen und, und, und …

Aber selbst wer keinen Acker gepachtet hat oder keinen Garten besitzt, kann immer noch Kräuter im Topf auf dem Balkon oder der Fensterbank ziehen. Rosmarin, Basilikum, Petersilie, Schnittlauch, Thymian, Salbei, Knoblauchranke – sie alle gedeihen auch dort, wo normalerweise nur Blumentöpfe stehen. Und es macht nicht nur Spaß, sie wachsen zu sehen wie Blumen, es macht noch viel mehr Spaß, mit ihnen das Essen zu bereichern. Es ist ja wohl jeder zu bedauern, der noch nie frischen Bärlauch gekostet hat oder gar dessen frisch gezupfte, gleichzeitig scharfe und erfrischende Samenkapseln genießen konnte.

Als Möbelpacker sehe ich in meinem Job sehr oft Gärten von Privathäusern und teilweise riesige Hinterhöfe von Wohnanlagen. Und wie sieht es dort aus? Öde! In Privatgärten herrscht meistens jene Ordnung, die in den Katalogen der Schnittblumenhändler abgebildet ist: grüner Rasen und plakativ bunte Blumen.

In den Hinterhöfen von Wohnanlagen gibt es meist einen kleinen Spielplatz mit einer Rutsche, einer Sandkiste und einem Klettergerüst – drum herum weite Rasenflächen, die nicht betreten werden dürfen. Welch trostloser Anblick! Wie viele Menschen ohne Arbeit könnten hier etwas Sinnvolles tun.

Natürlich, und das bitte in aller Klarheit: Ohne Zwang! Keine »Begrünungsbrigaden« und keine »Ein-Euro-Jobber« sollen hier tätig werden. Hier könnten Initiativen einen großen Beitrag zur Ernährung und zum Miteinander leisten. Wie viele Rentner verfügen über Wissen zum Anbau von Gemüse und könnten das weitergeben, wenn »Wohnen« nicht bloß als ein »Hausen in vier Wänden« verstanden würde und Grünanlagen betreten werden dürften.

Eine schöne Parole der Bewegung des Urban Gardening aus Amerika lautet: »Get rid of the lawn!« (wörtl.: »Werdet den Rasen los!«, sinngemäß: »Schafft den Rasen ab!«).

Es ist eigentlich nur traurig, wie wenig Menschen den Geruch frisch geernteter Zwiebeln kennen sowie das Gefühl, sie in der Hand zu halten. Das ist nur ein Beispiel. Es könnte auch etwas anderes sein als Zwiebeln. Aber Zwiebeln sind gerade hier vielleicht ein gutes Beispiel, denn daran können wir sehen, dass es Grenzen gibt für das, was sich die Menschen von der Industrie vorschreiben lassen: Die Zwiebel aus der Tube hat sich bei uns nicht durchsetzen können. Die gab es aber mal.

Also geht raus, Leute, und interessiert euch für das Wichtigste im Leben!

Dass Urban Gardening natürlich auch immer wieder mal von irgendwelchen Leuten belächelt wird, soll uns nicht zögern lassen. Urban Gardening ist einer der richtigen Wege. Dafür gibt es ein sehr schönes Beispiel. Als die Sowjetunion sich aus der Geschichte verabschiedete, hatten die Kubaner ein ernsthaftes Problem mit der Ernährung, weil die sowjetische Unterstützung wegfiel. Und was haben die dann gemacht, die Kubaner? Die haben mit Kleinstgärtnerei angefangen und in ihrer Not Wege gefunden, den Hunger zu besiegen.

Wussten Sie, dass die Stadt Havanna ihre Versorgung mit Grünzeug (also Obst und Gemüse) zu ca. 70 Prozent selbst hinbekommt?

Die brauchen dafür noch nicht einmal die Pestizide, Insektizide und anderen Kram, was sie sich ohnehin nicht mehr leisten können.

Die haben das anders gemacht. Man kann nämlich die einen Pflanzen vor schädlichen Insekten schützen, indem man andere Pflanzen an den Rand des Beetes pflanzt, die die Insekten fernhalten.

Es gibt irrsinnig viele Möglichkeiten, die sich auf Zusammenhänge in der Natur beziehen, die in Jahrmillionen vor der Entstehung des Menschen schon gegeben waren.

Aber dieses Wissen ist natürlich in den Augen jener nicht gerne gesehen, die uns die Produkte der Agrarindustrie verkaufen wollen.

WIE EIN LÖWE TICKT

Der Mensch unterscheidet sich von allen anderen Tieren vor allem durch seine Sprache, sein Denken und seinen Gebrauch von Werkzeug. Das ist die Überzeugung der meisten jener, die meinen, damit sei das Thema erledigt, und nun könne man ruhigen Gewissens mit den anderen Tieren tun, was man will – sie also in Laboren quälen, in Massenzuchtanlagen einer Behandlung unterwerfen, die Folter gleichkommt, und überall in freier Wildbahn abknallen, wenn man gerade mal Bock drauf hat.

Die schlimmsten dieser Leute sehen in Tieren so etwas wie komplizierte Biomaschinen. Das führt dann zu solchen Ansichten wie der, dass, wenn man einen Hund in den Schwanz kneift und der dann jault, dies nichts anderes sei, als wenn ein schlecht geöltes Uhrwerk quietscht. Und den Deppen fällt nicht auf, dass das Uhrwerk nur an der Stelle quietscht, die schlecht geölt ist. Diesem Bild nach müsste also der Schwanz jaulen und nicht der Hund.

Denken, Sprache, Werkzeug – das gibt es alles in der Tierwelt auch. Ja, na sicher, wird zugegeben, wenn man das erwähnt, aber das seien ja alles höchstens Vorstufen zum richtigen Denken, Sprechen und Werkzeuggebrauchen, wie es der Mensch pflegt. Alles nicht echt.

Echt jetzt?

Es gibt diese Geschichten wie die von dem Orang-Utan, der sich Haare aus seinem Fell reißt, sie zusammenflicht und daraus eine Art Angel oder Lasso baut, um Früchte zu sich heranzuziehen, die vor seinem Käfig liegen. Anschließend fusselt er den »Zopf« wieder auf und versteckt die Schalen der verspeisten Früchte, damit niemand was merkt.

Ich führe diese Geschichte als stellvertretend für alle anderen an, die von der Raffinesse tierischen Handelns berichten.

Der Einwand dagegen ist sehr oft der gleiche: »Das stimmt doch gar nicht, das ist eine Legende.« Und weil man sich jetzt darüber lange streiten kann, lassen wir die Tiere einfach mal beiseite und schauen uns den Menschen an.

Da kann einem als Erstes auffallen: Kein einzelner Mensch ist anderen Tieren gegenüber derartig einzigartig, wie es vom Menschen immer wieder behauptet wird. Natürlich ist der Mensch an sich einzigartig, aber hier geht es mir um etwas anderes.

Ein einzelner Mensch, von Affen großgezogen, ist ein schlauer Affe, ein einzelner Mensch von Wölfen groß gezogen, ist ein schlauer Wolf. Na ja, so ein bisschen jedenfalls.

Kein einzelner Mensch kann alles, was die Menschheit kann. Kein einzelner Mensch kann die Werkzeuge bauen, die alle Menschen benutzen.

Einen Stein oder einen Ast benutzen, um jemand anderen damit totzuschlagen, das kann auch ein Affe.

Kein einzelner Mensch, der in einer musikfreien Gesellschaft aufgewachsen ist, wäre in der Lage, Beethovens Neunte anständig zu analysieren, wenn er die zufällig mal hören würde.

Interessant ist, dass sehr viele jener, die stolz darauf sind, Deutsche zu sein, mit Beethoven und Goethe ankommen, obwohl sie weder den einen noch den anderen wirklich kapieren.

Oder sie kommen mit etwas anderem, mit der tollen Fußball-Elf zum Beispiel, die alle vier Jahre gegen den Rest der Welt antritt. Wenn die dann Weltmeister wird, dann sind »wir« Weltmeister. Und dieses »wir«, so peinlich es auch ist, weist auf das, was den Menschen wirklich von Tieren unterscheidet.

Was haben wir Deutschen, nein, was haben wir Menschen für tolle Leistungen gebracht, was haben wir nicht alles erfunden, wie haben wir unsere Welt gestaltet! Das kann kein Tier.

Was den Menschen von allen anderen Tieren unterscheidet ist, dass er auf eine Art und Weise und in einem Ausmaß mit anderen Menschen zusammenarbeiten kann, wie es keinem anderen Tier möglich ist. Der Mensch kann von der Sache losgelöst kommunizieren. Er kann über Dinge reden, die es nicht gibt, und er kann sein Wissen archivieren.

Alle Menschen können mit dem Fuß einen Ball treten, aber keiner, nicht ein einziger, wird Weltklassespieler, ohne die Erfahrungen anderer zu nutzen, die vielleicht schon vor langer Zeit gemacht worden sind. Beethoven hätte keine einzige Sinfonie komponiert, wenn vor ihm niemand Musik gemacht hätte. Newton hätte keine Gravitationsgesetze formuliert, wenn es vor ihm keine Physiker gegeben hätte, und Watts hat die Dampfmaschine nicht aus dem Nichts erschaffen, er hat Vorläufermodelle verbessert.

Kein Mensch kann alles, was die Menschheit kann. Vielleicht wäre es gar nicht so verkehrt, wenn man den Begriff der Einzigartigkeit, die normalerweise dem Menschen (dem einzelnen Menschen) zugeschrieben wird, für die Menschheit als »Überorganismus« reserviert. Der einzelne Mensch kann erschreckend dumm sein. Er kann natürlich auch ein Genie sein, aber das wird er nie, wenn er nicht das alte Wissen und die Erfahrung der gesamten Gemeinschaft nutzen kann.

Ja, natürlich, es sieht so aus, als wäre die Sprache der Menschen einzigartig. Das heißt aber nicht, dass Tiere nicht miteinander sprechen. Dass sie miteinander kommunizieren, setze ich mal als allgemein akzeptiert voraus.

Was können wir über die Kommunikation von Tieren untereinander wissen?

Eigentlich fast nichts, weil die meisten Tiere eben nicht in freier Wildbahn erforscht werden, sondern in Gefangenschaft.

Außerdem können wir nicht viel darüber wissen, weil wir gar nicht in der Lage sind, alle Äußerungen von Tieren auch wahrzunehmen. Und selbst wenn wir elektronische Geräte benutzen, um alles für uns hörbar zu machen, was zum Beispiel Vögel von sich geben, heißt das noch lange nicht, dass wir dahinterkommen, was deren Gezwitscher bedeuten könnte. Mir als Deutschem liegt ja das

Russische, das Lakota oder das Finnische im hörbaren Bereich, und trotzdem ist es für mich nur »Gebrabbel«, wenn ich es nicht gelernt habe. Und das sind menschliche Sprachen! Wie könnte ich tierische Sprachen verstehen? Kann ich nicht. Aber wenn ich mich auf den Gesang von Vögeln konzentriere und mal wirklich eine Stunde nur lausche, dann stelle ich fest: Das soll alles nur bedeuten »Ey, weg da, das ist mein Revier hier!« und »Komm und begatte mich!«?

Nee, Leute, da ist mehr dabei.

Was das sein mag, das können wir uns nicht vorstellen. Verneinen wir vielleicht darum eine mögliche »Sprachfähigkeit« von Vögeln, die über schlichte Signalgebung hinausgeht? Wozu muss schlichte Signalgebung so komplex sein?

Was genau für Information wird mittels Sprache eigentlich transportiert? Beim Menschen sind wir uns da einig: Wir reden über Quantenphysik und den UEFA-Cup. Beides hochkomplexe Themen. Beide Themen kann man schriftlich besprechen. Aber über den UEFA-Cup kann man sogar mit Leuten reden, deren Sprache man nicht spricht. Ein paar Stichworte genügen, und die sind dann kaum mehr als Signale. Der Rest wird anders kommuniziert.

Wenn sich ein Deutscher und ein Spanier am Tresen treffen, und beide sprechen keine andere als ihre Muttersprache, dann wird am Anfang kaum geredet. Je mehr Alkohol allerdings fließt, desto mehr entwickelt sich eine angeregte Unterhaltung, und am Ende sind beide überzeugt, sich prächtig verstanden zu haben und sich toll über Fußball unterhalten zu haben. Was passiert da?

Sprache ist mehr als die abstrakten Begriffe, die sie verwendet. Zur Kommunikation gehören Tonfall und Körpersprache wie Gestik und Mimik mindestens genauso dazu wie die reinen Begriffe. Das meiste, was direkt von Mensch zu Mensch kommuniziert wird, läuft nonverbal ab. Immer.

Das gibt mir zu denken.

Noch einmal: Das Einzigartige an der Sprache der Menschen ist, dass der Mensch von Dingen reden kann, die es nicht gibt, und dass er sein Wissen archivieren kann und auf uralte Erfahrungen anderer zurückgreifen kann.

Das ist aber lange nicht alles und außerdem nur ein kleiner Teil, was die direkte Kommunikation betrifft. Alle anderen Teile hat unsere Kommunikation mit zumindest den höheren Säugetieren gemein. Und was die sonst noch draufhaben, können wir nicht ahnen.

Denken ist abstrakt. Abstrakt heißt »von der Sache losgelöst«.

Was wäre ein Denken, das nicht von der Sache losgelöst, das »an der Sache dran« ist? Wäre das »Fühlen«? Kann man da einen absoluten Unterschied machen? Oder wäre es vielleicht sinnvoller, zwischen analytischem Denken und emotionalem Denken zu unterscheiden? Das mag sich komisch anhören, aber immerhin hat uns ja die analytisch geprägte Wissenschaft die Erkenntnis gebracht, dass es nicht nur den Intelligenzquotienten IQ gibt, den zu messen bis in die späte zweite Hälfte des 20. Jahrhunderts Standard war. Seit den Neunzigern gibt es auch den emotionalen Intelligenzquotienten, den EQ. Wie zum Teufel misst man einen EQ? Spinnen die? Wie will ein analytisches Denken Emotionen begreifen?

Das erinnert mich an einen Cartoon, der mal vor langer Zeit in der *TITANIC* abgebildet war. Da stehen zwei Weißkittel in einem Labor, und der eine sagt: »Ich habe da eine interessante Öffnung an meiner Frau entdeckt. Ich nehme an, es handelt sich dabei um eine Art Fortpflanzungskanal.«

Wissenschaftler, die auf allen möglichen Gebieten Hervorragendes geleistet haben, glauben, dass sie dadurch auch befähigt sind, auf Gebieten zu glänzen, von denen sie nichts verstehen können.

Oder anders:

Ein Bekannter erzählte, dass er auf eine Party eingeladen sei, wo auch Magic Mushrooms gereicht werden würden. »Ach, Gott«, sagte er, »dann fressen alle Pilze, und jeder weiß wieder über jeden Bescheid.« Er hat das abfällig beschrieben. Aber es kann funktionieren. Auf verschiedenen Drogen auf verschiedene Art. Ein Bewusstseinszustand, in dem man einfach die gegebene Situation komplett erfasst. So wie der betrunkene Deutsche plötzlich den Spanier, mit dem er sich über den UEFA-Cup »unterhält«, »versteht«. Das hat auch bei Magic Mushrooms nichts Magisches an sich. Wir kapieren nur meistens nicht, was da vor sich geht. Dabei könnte man es sich einfach erklären, wenn man sich vorstellt, dass der analytische Verstand seine Vorherrschaft mal kurz abgibt. Nicht für immer. Aber ab und zu tut das ganz gut. Mit Meditation kann man da auch viel machen. Natürlich bedeutet das nicht, dass man jetzt die Rede der Tiere versteht, aber es kann helfen, die Perspektive zu wechseln und mal auf ganz andere Ideen zu kommen.

Ein Forschungsreisender befindet sich allein im Dschungel. Um ihn herum Tiere aller Art. Affen, Vögel und seltsame Geschöpfe, von denen er noch nie gehört hat. Unbekannte Pflanzen, Bäume und Sträucher. Und er macht sich Notizen und versucht zu katalogisieren. Vielleicht benennt er schon den einen oder anderen neu »entdeckten« Baum oder Affen. Auf jeden Fall zerlegt er mit seinem analytischen Verstand den Wald in seine Einzelteile. Zwischendurch lässt er sich vielleicht auch einmal gehen und döst etwas vor sich hin (das käme dann der Meditation sehr nahe) und spürt den Wald als Gesamtheit. Aber diesem Spüren schenkt er nicht allzu viel wissenschaftliche Beachtung, denn er hat ja einen Forschungsauftrag, bei dem er am besten noch kartografiert, schließlich soll das Land erschlossen werden.

Plötzlich ein Geräusch, ein Rascheln im Gebüsch oder etwas anderes. Dann schreit ein Vogel. Und alle, aber auch wirklich alle Tiere, die es betrifft (also keine Insekten), reagieren, indem sie sich in Sicherheit bringen. Und während der Forscher das »Fluchtverhalten einfacher Primaten« zu analysieren beginnt, wird er von einer Raubkatze angefallen und gefressen.

Der analytische Verstand untersucht die Situation.

Der andere versteht sie in ihrer Gänze.

Diese Tiere, die in dem Beispiel scheinbar auf den Ruf des Vogels reagiert haben, haben dies vielleicht gar nicht getan. Vielleicht haben sie die Gesamtheit der Szenerie genauso schnell begriffen wie der Vogel, nur war der Vogel mit seinem Ruf am schnellsten. Das können wir erst mal nicht wissen. Was wir wissen können, ist, dass der Forscher mit seinem analytischen Verstand am wenigsten kapiert hat, was gerade Sache ist, weil er nur für den Moment des Dösens in der Lage war, den Wald als Gesamtheit zu fühlen. Und weil er im Fühlen nicht geschult war, konnte er auch nicht kapieren.

Die meisten Menschen, die von der Evolutionstheorie gehört haben und daran glauben, haben eine Variation des »Stammbaums des Lebens« vor Augen, in dessen Krone, an dessen »Spitze« der Entwicklung, der Mensch steht, weil er ja das komplexeste Stück Materie, das es im Universum gibt, im Kopf trägt – das menschliche Gehirn. Das ist aber Quatsch. Der Weg der Evolution ist kein Weg mit einem Ziel, mit einer »Spitze« der Entwicklung. Das ist eher ein Busch, der nach allen Seiten und allen Möglichkeiten hin ausschlägt. Die menschliche Intelligenz ist nur eine vorläufige Etappe neben vielen anderen vorläufigen Etappen, und sie befähigt uns nicht, uns wirklich auszumalen, wie es im Kopf anderer Tiere aussieht. Wir können nicht wissen, wie ein Löwe tickt. Dazu müssten wir ein Löwe sein.

Aber eines ist gewiss: Mit all jenen Tieren, die wir in Massenmastanlagen sperren, teilen wir ein emotionales Erbe. Mit all jenen Tieren teilen wir die Fähigkeit zur Kommunikation, zu sozialem Verhalten und die Fähigkeit, Leid, Schmerz, Angst, Verzweiflung und Freude zu empfinden.

Im März 2016 hat zum ersten Mal ein Computer gegen einen Meister des Go-Spiels gewonnen. Die Welt der Forscher der künstlichen Intelligenz dreht durch. Was für ein Fortschritt!

Was für eine Intelligenz ist diese künstliche Intelligenz?

Eine rein analytische, ohne Fähigkeit zur Emotion.

Haben Tiere Rechte?

Diese Frage führt uns auf einen Nebenschauplatz der Auseinandersetzung um die Massentierhaltung. Natürlich haben Tiere keine Rechte, wenn es um das Wohl der Menschen geht. Natürlich esse ich ein Tier, bevor ich verhungere. Das wäre ein Handeln in Not. Wir leiden aber in unserer satten Gesellschaft keine Not.

Die Gier auf Fleisch verhindert bei jedem einzelnen von uns das Interesse, an den Wundern der Natur teilzuhaben. Die Fabel ist eine literarische Gattung von hohem Alter. Wir sind dabei, sie auszusortieren, denn was sollte uns eine Fabel erzählen, die von in Mastställen gequälten Tieren berichtet?

Wir berauben uns der Möglichkeit, etwas über die Welt zu erfahren, etwas über die Möglichkeiten des Seins.

Wie kann jemand, der an Gott und die Schönheit seiner Schöpfung glaubt, etwas wie Massentierhaltung nicht nur zulassen, sondern gutheißen oder gar selbst betreiben?

Wie kann ein Atheist, der künstliche Intelligenz erforscht oder auf der Suche nach anderen Lebensformen im All ist, derartig verblendet sein, dass er das Leben um sich herum, hier auf seinem Planeten, nicht zu verstehen versucht?

Haben Tiere Rechte? Vielleicht. Vielleicht nicht. Die Frage ist eine andere.

Wie wollen wir sein? Was wollen wir wissen? Was wollten wir tun? Wir brauchen keine Ausreden im Umgang mit Tieren. Wir müssen uns nur über uns selbst im Klaren sein.

Wollen wir das, was wir tun, wirklich?

Die Sprache, das Denken, der Gebrauch von Werkzeug sind das, was uns von Tieren unterscheidet.

Das, was wir mit den Tieren in den Massenhaltungsbetrieben teilen, das gemeinsame Erbe, die Fähigkeit zu fühlen, das sprechen wir den Tieren ab. Weil wir uns nicht das Grauen vor Augen halten wollen, das wir anrichten. Aber wenn wir dieses gemeinsame Erbe verleugnen – was bleibt dann vom Tier übrig? »Instinkt«? Ich lach mich tot.

Im Betrieb der Massentierhaltung wird das Ergebnis menschlichen Forschens genutzt. Hochwissenschaftliche Methoden der Nahrungsgewinnung werden auf gewinnträchtigste Weise höchst effizient angewendet.

Das zeugt von Intelligenz, die kein Tier auf der Welt mit uns gemein hat. Der menschliche EQ geht bei dieser Veranstaltung allerdings gegen null. Er ist schlicht nicht vorhanden. Das macht den Menschen zu einem der dümmsten Tiere auf dem ganzen Planeten.

Ja, ich weiß, es gibt Raubtiere, die nicht mit ihrem Opfer fühlen.

Aber Raubtiere haben keine Wahl.

Der Mensch hat die Wahl. Zumindest heute. Und was er daraus macht, ist erbärmlich.

Alles, für was wir uns interessieren, wenn wir populärwissenschaftliche Bücher über die Intelligenz der Tiere lesen, alles, was wir uns an faszinierenden Tierdokumentarfilmen anschauen, alles, was wir wissen und gelernt haben, wird während der Massenzucht und dem Verzehr von Fleisch ausgeblendet. Das ist Selbstbetrug.

ANTISPEZIESISMUS?

Speziesismus bezeichnet die Unterdrückung anderer Spezies, anderer Arten von Tieren also durch den Menschen in Analogie zum Rassismus und Sexismus, die die Unterdrückung von Menschen aufgrund ihrer »Rasse« beziehungsweise ihres Geschlechts bezeichnen. Ich bin kein Tierrechtler. Das heißt aber nicht, dass ich Tierquälerei gutheiße. Ein Tier als juristische Person ansehen zu wollen, halte ich für Unsinn. Die bestehenden Tierschutzgesetze sollten ausreichen, die Zustände in den Massenmastbetrieben sofort zu beenden. Warum das nicht geschieht, ist eine interessante Frage, die auf die Verstrickung von Agrarlobby und Politik hinweist. Diese Frage beantworten kann ich hier nicht.

Ich will hier auf etwas ganz anderes hinaus: »Antispeziesisten« argumentieren mit der Gleichheit aller empfindenden Wesen. Das billige Argument der Gegner einer veganen Ernährung, Raubtiere würden sich ja auch nicht um solch eine Gleichheit kümmern, interessiert mich hier auch nicht.

Ich gehe einfach davon aus, dass Antispeziesisten über Rassismus noch nicht wirklich lange genug nachgedacht haben, denn man kann eine antispeziesistische Einstellung auch mal so herum betrachten: »Ich habe nichts gegen Schwarze, genauso wenig wie gegen Hunde oder Kühe!«

Wie hört sich das denn bitte an? Stellen Sie sich einen Inder vor, der gerade von einem rassistischen Mob durch die Straßen gehetzt wurde und um sein Leben fürchten musste, der jetzt aber Schutz gefunden hat in einem Haus, dessen Bewohner zu ihm sagen: »Wir sind alle eine große Familie. Wir, unser Hund, unsere Kuh, unser Huhn und du, denn wir billigen dir natürlich die gleichen Rechte zu wie unserem Hund, unserer Kuh und unserem Huhn.« Das hat etwas sehr Widerwärtiges an sich. Ich kann mich des Eindrucks nicht erwehren, dass so einige Antispeziesisten ihren eigenen Rassismus noch nicht wirklich verstanden haben. Solange in Deutschland Menschen wegen ihrer Herkunft, ihrer Hautfarbe oder ihrer Religion verfolgt werden, unterdrückt und benachteiligt werden, solange sie als »Kanaken«, »Neger« oder sonst wie beschimpft werden, solange Menschen sich mit solcher Gewalt konfrontiert sehen, so lange könnt ihr mit eurem Antispeziesismus von mir aus gerne zu Hause bleiben.

Wer jetzt meint, ich würde mich mit meiner Einstellung mit Leuten wie Udo Pollmer gemein machen, weil der und seine Mitautoren Georg Keckl und Klaus Alfs in ihrem Buch *Don't Go Veggie!* Ähnliches schreiben wie ich, dem sei gesagt: Bloß weil mal einer, der sonst hauptsächlich Blödsinn redet, eine ähnliche oder gleiche Meinung vertritt wie ich, finde ich das, was er sonst behauptet, nicht automatisch richtig.

Ich lehne ja auch nicht das Studium der Lebensmittelchemie an sich ab, bloß weil solche Leute wie Udo Pollmer Lebensmittelchemie studiert haben. Ich will aber auch nicht von mir behaupten, ich sei Antirassist, und dann alle, die von Rassisten verfolgt werden, auf eine Stufe mit Hundkatzemaus stellen.

Über die rassistische Prägung, mit der ich (Jahrgang 1966) aufgewachsen bin, über all die Stereotype, die mir im Laufe meines Lebens eingetrichtert wurden, nachzudenken, das ist eine Aufgabe, die ich nicht vorschnell vernachlässigen will. Ich will mir nicht einfach eine alles übergreifende Einstellung zulegen, mit der ich mir selbst vorgaukle, ich sei ein total guter Mensch. Wenn ich wirklich über Rassismus (oder Sexismus) nachdenken will (speziell über meinen eigenen), dann darf ich den auf keinen Fall mit einem »Antispeziesismus« auf eine Stufe stellen. Doch das würde jetzt den Rahmen dieses Buches sprengen.

Wer seinen »Antispeziesismus« konsequent zu Ende denkt, der müsste eigentlich sofort zum Jainismus übertreten. Aber das wäre dann ja auch wieder ein bisschen viel, oder nicht?

EINE FRAGE DES BEWUSSTSEINS?

Viele Menschen glauben an ein »höheres Bewusstsein«. An Gott zum Beispiel. Oder an irgendwelche Geistwesen in anderen Dimensionen, was immer das auch heißen mag. Von diesem höheren Bewusstsein erhoffen sie sich Lösungen für ihre Probleme oder auch umfangreiches Wissen über den Zustand der Welt, des Kosmos.

Andere Menschen sind davon überzeugt, dass es im Weltall außer uns noch andere intelligente Bewohner, andere Zivilisationen geben muss (es wäre ja auch etwas seltsam, wenn in diesem gigantischen Universum Leben nur auf einem einzigen Planeten vorkommen würde).

Anfang der Sechzigerjahre des 20. Jahrhunderts wurde in den USA das erste SETI-Projekt gestartet: Search for Extraterrestrial Intelligence (Suche nach außerirdischer Intelligenz). Seitdem lauschen die Menschen (irgendwelchen Theorien nach, wie und wo denn zu lauschen sei) gezielt ins All, um Signale von »den anderen« aufzuspüren.

1977 startete die NASA sogar die beiden Raumsonden Voyager 1 und 2, deren erste Aufgaben es war, die äußeren Planeten zu erkunden. Inzwischen aber (nach gut 35 Jahren Flugzeit!) haben sie das Sonnensystem verlassen und befinden sich im interstellaren Raum. An Bord haben sie beide eine »Botschaft« an mögliche Außerirdische in Form einer goldenen Schallplatte mit allerlei Daten über die Menschheit und ihre Position im Kosmos.

Was glauben all diese Leute, was sie auf ihrer Suche nach Extra-Terrestrials finden werden? Niedliche Gnome, die unsere und unserer Kinder Herzen erwärmen werden?

Oder glauben sie, sie finden eine Zivilisation, die unserer enorm überlegen ist und uns bei der Lösung unserer Probleme helfen wird? So wie wir Regenwürmern helfen und Amöben? Was für ein Interesse könnte eine Zivilisation an uns haben, die uns vielleicht Millionen von Jahren voraus ist? Das ist ein Unterschied, den wir uns in den kühnsten Gedankenspielen nicht vorstellen können, denn unsere eigene Zivilisation ist ja erst wenige Tausend Jahre alt.

Hätten die ein Interesse an uns wie wir an Tieren im Zoo? Na, danke!

Oder würden die uns vielleicht sogar fressen?

»Geil, guck mal: Neun Milliarden Exemplare, lecker!« Vielleicht beamen die uns ja einfach gleich einen nach dem anderen in den nächsten Grillimbiss.

Und da höre ich schon den Einwand, dass eine Zivilisation, die viel weiter entwickelt ist als unsere, solches ja wohl kaum tun würde.

Aha!

Und warum nicht? Weil die keinen Hunger mehr haben? Oder weil sie was Besseres erfunden haben, als Intelligenz zu essen?

Aber würden die uns überhaupt als Intelligenz akzeptieren? Oder würden die uns als Affen betrachten, mit denen man ruhig nach Gutdünken verfahren kann?

Tun wir ja auch. Wir stellen unsere allernächsten Verwandten, die Schimpansen, mit Gibbons, Meerkatzen, Rehen und Hasen auf eine Stufe. Jedenfalls was unser Handeln, unseren Umgang mit ihnen betrifft.

Wie können Menschen auf die Idee kommen, Aliens würden uns als ihresgleichen behandeln, wenn Menschen immer wieder nicht mal selbst ihresgleichen als ihresgleichen behandeln?

Noch vor wenigen Jahrhunderten haben Europäer darüber gestritten, ob Schwarze aus Afrika überhaupt als vollwertige Menschen anzusehen sind oder nicht eher als eine Art Zwischenglied, das Affen mit Menschen verbindet.

Wie können Menschen erwarten, dass Außerirdische ihnen mit einer weiter entwickelten Technik helfen? Oder denken sie, dass sie einfach nur Funkkontakt mit einer ähnlich entwickelten Zivilisation aufnehmen können, zwecks Gedankenaustausch »auf Augenhöhe«?

Das wäre angesichts des Alters des Universums allerdings etwas naiv. Diese Menschen benehmen sich wie Bewohner Amerikas vor 600 Jahren, die eine Flaschenpost nach der anderen ins Meer werfen und hoffen, dass weiter entwickelte Unbekannte (z.B. Europäer) diese Nachrichten finden und kommen, um ihnen zu helfen.

Wir sollten am besten davon ausgehen, dass da draußen, oder »da oben«, niemand ist, der kommen wird, um uns zu helfen. Keine Aliens, die Interesse an uns haben, und kein »höheres Bewusstsein«. Wir müssen dieses »höhere Bewusstsein« selbst entwickeln. Jemand, der glaubt, dass Aliens uns nicht fressen werden, weil sie ja schon so viel weiter entwickelt sind als wir, der sollte sich mal anschauen, was er selber macht mit jenen Erdbewohnern, die nicht »so weit entwickelt« sind wie er selbst. Er frisst sie. Wenn er aber meint, dass solches Fressen mit einer höheren Entwicklung aufhören würde (weil Aliens uns ja nicht fressen würden), dann gibt er zu, dass er selbst nicht wesentlich weiter entwickelt ist als jedes beliebige Tier. Tiere fressen andere Tiere. Der Mensch, der doch immer etwas Besonderes sein will, benimmt sich wie ein Tier.

Und kommt mir jetzt nicht mit dem Sexualtrieb, den wir mit den Tieren teilen! Man kann seinen Sexualtrieb auf friedliche Weise ausleben (falls ihr das noch nicht wisst). Auf friedliche Weise Tiere essen, das geht nicht.

Was wäre eigentlich, wenn es die wenigen Tiere, die der Mensch domestiziert hat (und es sind verdammt wenige, mit denen er das überhaupt tun konnte), nie gegeben hätte? Dann hätten wir unsere Wildbestände längst verzehrt. Und was bliebe uns dann? Vegetarische Ernährung.

Statt eine solche Ernährung anzustreben, betreiben wir den Wahnsinn der Massentierhaltung, als wären diese gequälten Tiere keine Lebewesen, die mit uns sehr eng verwandt sind, sondern gefühllose Biomaschinen. Außer Bello, der ist ein Freund.

Und jeder, aber auch wirklich jeder, der sich diesem Treiben widersetzen will, wird immer wieder als naiver Idealist bezeichnet.

Und das Fressen, das Morden, das Schlachten geht weiter.

Manchmal erscheint es mir, als wollten gerade diejenigen, die besonders stolz auf ihr Menschsein sind, am wenigsten aufhören, Tier zu sein.

ERKENNE DIE MATRIX!

Im Jahre 1999 wurde die Kinowelt von *Matrix* erschüttert. Für viele war dieser Film etwas noch nie Dagewesenes. Natürlich haben viele Kritiker bemerkt, dass sich die Autoren und Regisseure des Filmes, die Wachowski Brothers, nichts wirklich Neues ausgedacht, sondern sich in der Geschichte der Philosophie und in der Geschichte des Filmes ordentlich bedient hatten. Aber es gab da tatsächlich Bilder, wie man sie noch nie im Kino gesehen hatte.

Allerdings war das Thema selbst ein alter Hut. Die Matrix, um die es im Film geht, ist eine Wirklichkeit, die den Menschen nur vorgegaukelt wird. Das ist der eine alte Hut. Der andere ist der, dass die Maschinen gegen die Menschen kämpfen. In *Matrix* sieht das so aus, dass die Maschinen Menschen züchten, um ihnen die Energie abzusaugen. Dafür werden sie in riesigen »Mastbetrieben« gehalten, in denen jeder Mensch für sich allein in einem kleinen Behältnis gefangen lebt und dabei mittels einer Art Verkabelung an verschiedene Systeme angeschlossen ist. An ein Ernährungssystem, ein »Energieabsaugsystem« und (das Wichtigste für den Film) an das System der Matrix, der vorgegaukelten Wirklichkeit also. Denn während diese Menschen in ihren Batterien in einer Art »Fruchtwasser« vor sich hinvegetieren, haben sie keine Ahnung von ihrer Situation, weil ihnen die Matrix ein falsches Leben vorgaukelt, welches sie tatsächlich als ein alltägliches Menschenleben erleben. Alles nur Illusion. Um die Menschen ruhig zu halten? Oder um eine Drehbuchkonstruktion zu rechtfertigen?

Man weiß es nicht.

Auf jeden Fall konnte der aufmerksame Beobachter beim Verlassen des Kinos jede Menge erschütterte Gesichter bemerken. Gesichter von Leuten, die sich staunend umschauten und sich zu fragen schienen, ob das, was sie gerade jetzt in diesem Moment erlebten, wirklich die Realität war. Eine Frage, die sich die Philosophie seit Jahrhunderten stellt, die aber im popkulturellen Mainstream erst mit *Matrix* aufgetaucht zu sein scheint.

Wer sich jetzt fragt, was ein Text über den Film *Matrix* in diesem Buch zu suchen hat, der hat nicht genau genug hingesehen. Die Idee, dass Maschinen gegen Menschen kämpfen, gibt es in der Science-Fiction schon sehr viele Jahre. Das erschreckende Bild von Wesen, die in einer Batterie von Maschinen künstlich am Leben gehalten und ausgesaugt werden, gibt es in unserem Leben seit vielen Jahrzehnten. Nur dass es sich bei dem alten Bild nicht um Menschen handelt.

Das, was die wirkliche Realität der Menschen in *Matrix* ausmacht, ist die wirkliche Realität der Tiere in den Massentierhaltungsbetrieben (nur ist es bei denen viel schlimmer, weil sie ihre echte Situation direkt erleben). Hühner, Schweine, Kühe erleben schon sehr lange das, was in *Matrix* als die echte Realität der Menschen dargestellt wird. Man könnte jetzt sagen, dass diesen Tieren keine falsche Realität vorgegaukelt wird, in der sie zum Beispiel glücklich über eine Wiese laufen und das für echt halten. Aber das stimmt nicht ganz. Jonathan Safran Foer beschreibt in seinem Buch *Tiere essen*, wie in Hühnerzuchtanlagen mittels künstlichem Licht ein »Frühling« vorgegaukelt wird. Und zwar immer wieder. Man könne, so steht es in Foers Buch[35], das Eierlegen per Knopfdruck an- und ausschalten. Aber dieses Vorgaukeln einer falschen Realität meine ich noch gar nicht.

Weil es im Film Menschen sind, die in künstlichen Brutstätten am Leben gehalten werden, bemerken wir die Parallele zur Realität außerhalb des Kinos nicht. Das Vorgaukeln der Realität findet nicht im Hühnerbetrieb statt, es findet im Marketing statt.

Auf jeder, wirklich *jeder* Verpackung von Produkten tierischer Herkunft (ja, ich wiederhole mich) finden wir Abbildungen von bauernhöflichen Idyllen, die es schon lange nicht mehr gibt – jedenfalls nicht in der Produktion dessen, was wir im Supermarkt kaufen.

Das muss so sein. Denn wenn die Bilder auf den Verpackungen das zeigen würden, was während der Produktion wirklich geschieht, dann würde kaum noch jemand diese Produkte kaufen.

Ich weiß, es gibt ein Gegenbeispiel: Die Zigarettenpackungen, auf denen heute ekelhafte Bilder gebracht werden müssen, die die Gefahren des Rauchens darstellen sollen. Auf die reagieren ja auch nur wenige Raucher. Aber wie sieht es mit Leuten aus, die noch nicht rauchen, von diesen Bildern also vielleicht etwas mehr davon abgehalten werden?

Man weiß es nicht. Man liest ja so viel. Allerdings: Ich hatte mal einen Kollegen, der kein Steak mit Knochen essen wollte, weil ihn das zu sehr an »Tier« erinnern würde. Über den haben die anderen Kollegen gelacht. Wie sehr würden die lachen, wenn sie, wann immer sie wollten (oder auch nicht wollten – sozusagen als verpflichtendes Aufklärungsprogramm), Massenmastbetriebe besuchen könnten?

Man weiß es nicht – denn: In solche Betriebe kommt man nicht hinein. Die Betreiber der Betriebe wissen genau, dass niemand sehen darf, was sie da tun. Lieber entwerfen sie Verpackungen mit Bildern von idyllischen Landhöfen, auf denen tierische Nahrungsprodukte in einer Art hergestellt werden, wie es sie fast überhaupt nicht mehr gibt.

Wer glaubt, er hätte den Film *Matrix* verstanden, und dabei nicht über Propaganda, Werbung und Medien nachdenkt, und wer dann noch glaubt oder unbewusst fühlt, es mache keinen Unterschied, was ihm die Verpackungen von »glücklich« gelegten Eiern suggerieren sollen, der sollte sich den Film noch einmal ansehen. Wer es fertig bringt, einen Zusammenhang zwischen den Umständen, unter denen Menschen in *Matrix* »wirklich« leben, und seiner eigenen Ernährung mittels tierischer Produkte herzustellen, der kann aufhören, über mich zu lachen – der kann anfangen, Veganer zu werden. Die Maschinen aus der *Matrix*, das sind für echte Tiere die Menschen.

GESPRENGTE KETTEN

Es gibt Leute, die steigen nachts in Hühnermastanlagen ein und befreien Hühner. Nicht viele Hühner. Meistens sogar nur eines. Dafür nehmen sie es in Kauf, erwischt und strafrechtlich belangt zu werden.

Was sind das für Leute?

Von ihren Gegnern werden sie als naive Idealisten verlacht, wenn ihnen nicht sogar nachgesagt wird, sie würden aus reiner Selbstgefälligkeit handeln. Man kann diese Gegner leicht verstehen. Welchen Sinn sollte es machen, von Abertausenden von Hühnern nur ein einziges zu retten? Tun diese Leute das nicht wirklich nur, um sich als bessere Menschen zu fühlen? »*Ich* tue wenigstens was, *ich* kann ein reines Gewissen haben!«

Glauben diese Leute das wirklich? Glauben die, dass sie auch nur das kleinste bisschen die Welt verbessern?

Die Betreiber der Anlage werden ja nicht einmal merken, dass ihnen dieses eine Huhn fehlt. Dieses eine Huhn ist ja nur ein winziger Teil der Menge an Hühnern, die den Betreibern sowieso jeden Tag verreckt. Das kümmert die doch einen Scheiß!

Was treibt die Hühnerretter an?

Es gibt ja auch sogenannte »Gnadenhöfe«, wo Tiere aufgenommen werden, die dem Tod auf dem Schlachthof entkommen sind. Dort werden sie bis an ihr Ende gehegt und gepflegt und dürfen ein »artgerechtes« Leben führen.

Was soll das?

Verbessert man so wirklich die Welt?

Die Gegner der Tierbefreier verstehen es nicht und nennen es Eigennutz. Wer wie die Tierretter handelt, der kann sich als besserer Mensch fühlen. Das war's. Punkt. Weiter wird nicht gedacht. Wirklich alles nur naive Idealisten.

Ist das so?

Vielleicht nützt es der Welt tatsächlich nichts, wenn irgendwer ein einziges Huhn rettet. Aber dem Retter nützt es vielleicht sehr. Und das wäre dann wirklich eine Art Eigennutz, aber ein ganz anderer, als jene glauben, die nicht lange genug nachdenken können.

Wer es mitbekommt, wie ein bis kurz vor das Verrecken geschwächtes Huhn nach seiner Rettung nach und nach wieder Kräfte entwickelt, der wird vielleicht etwas sehr Wichtiges lernen und erleben. Aus einem fast nackten, schon zu Lebzeiten »gerupften« Huhn, das vor Wochen noch viel zu schwach war, ein gesundes Federkleid zu entwickeln, wird allmählich wieder ein ganzer Vogel. Ein Vogel mit Farbe in den Federn, ein Vogel mit *vollem* Federkleid. Das Huhn gesundet und findet seinen Platz in der Hierarchie der Gruppe.

Und während dies geschieht, erlebt der Hühnerbefreier etwas, was zum Pflichtprogramm in allen Schulen werden sollte:

Aus einem *Ding*, einem Produkt unter Millionen von anderen in der »Herstellung« von Lebensmitteln, wird ein Lebewesen mit individuellen Merkmalen. Und während der Hühnerbefreier dies erlebt, während er beobachten kann, wie das Dingsein des Huhns endet und echtes Leben beginnt, erweitert er seine Sicht auf die Welt und begreift vielleicht etwas, was seinen lachenden Kritikern entgeht.

Man muss das nicht tun. Man kann sich seine Zeit auch anders vertreiben. Man kann auch Kreuzworträtsel lösen, mit dem Auto auf Rennplätzen bei Hochgeschwindigkeit im Kreis fahren oder Flugzeugmodelle zusammenkleben, ins Kino gehen, zu Silvester Raketen und Böller abfeuern und sich alle paar Monate ein neues Telefon zulegen. Man kann sich aber auch mal fragen, wie wertvoll das alles wirklich ist.

Und vor allem kann man aufhören, über Leute zu lachen, die etwas ändern wollen. Denn eines immerhin schaffen die Tierbefreier auf jeden Fall: Sie halten die Diskussion am Laufen.

EINS VON DIESEN DINGEN

In ihrem Buch *Anständig essen* bringt Karen Duve das Beispiel »Eins von diesen Dingen ist nicht wie die anderen« aus der *Sesamstraße*, um uns damit vor Augen zu führen, wie falsch wir den Unterschied zwischen Mensch und Tier einschätzen (wenn es diesen Unterschied denn *absolut* gibt). In der *Sesamstraße* waren es immer vier Dinge, die miteinander verglichen wurden, wobei eines dann nicht zu den anderen gehörte. Karen Duve stellt Mensch, Gorilla, Schimpanse und Würfelqualle nebeneinander und sagt, die gängige Antwort sei, dass der Mensch nicht zu den anderen gehöre, weil die anderen alle Tiere seien »… und der Mensch … ist eben ein Mensch, nicht wahr. Glauben Sie das im Ernst?«[36]

Es sollte ja wohl jedem klar sein, dass Menschen, Gorillas und Schimpansen mehr miteinander gemein haben als jeder von ihnen mit einer Würfelqualle.

Aber man kann dieses Spiel auch erweitern und noch Hunde, Schweine und Rinder dazunehmen. Die sind zwar nicht so dicht am Menschen dran wie Menschenaffen, aber auch sie haben mit Menschen und Menschenaffen mehr gemein als mit einer Würfelqualle. Das ist so offensichtlich, dass es nur die Dümmsten von uns bezweifeln.

Wie viel wir über Würfelquallen wirklich wissen, ist eine schwer zu beantwortende Frage, aber über die aufgezählten Säugetiere wissen wir genug, um etliche Gemeinsamkeiten festzustellen. Man muss kein Abitur haben, um zu wissen, ja wirklich zu wissen, dass es nicht stimmt, wenn irgendein »Experte« behauptet, all die oben aufgezählten Säugetiere unterscheiden sich vom Menschen in ihrer Unfähigkeit zu leiden, oder für sie spiele Schmerz nur als irgendein Reflexmechanismus eine Rolle. All diese Säugetiere *säugen* ihre Babys! Sie erleben eine Bindung zwischen Kind und Mutter (deren

Hormonhaushalt sich während einer Schwangerschaft wohl nicht nur beim Menschen verändert).

All diese Säugetiere leben normalerweise in *sozialen* Gemeinschaften, und all diese Säugetiere träumen während des Schlafes und werden nach dem Aufwachen ihre Glieder strecken und Bewegung suchen.

Wie das bei Würfelquallen ist, wissen wir nicht, aber Würfelquallen sperren wir auch nicht in enge Boxen und berauben sie der Möglichkeit, ein Leben nach ihren Bedürfnissen zu führen.

Und wenn wir dieses Spiel noch weitertreiben wollen, dann können wir auch Hühner zu jenen Tieren zählen, mit denen wir mehr Gemeinsamkeiten haben als mit Würfelquallen.

Aber wir ignorieren gerne, was über die Intelligenz von Vögeln in den letzten Jahren herausgefunden wurde. Ja, auch Hühner kommunizieren auf irgendeine Art untereinander. Was die sich »erzählen«, das können wir auch nicht wissen, aber wir können sehen, dass sich Hennen um ihren Nachwuchs kümmern, wenn man sie lässt.

Vor meinem Fenster landen fünf Finken auf einem Baum. Immer wieder hopst einer von denen auf einen anderen Ast und piepst dazu. Die anderen antworten. Das geht bald zehn Minuten so. Hops, Pieps, Antwort. Und das soll alles lediglich Paarungsruf und Reviermarkierung sein? Wirklich? Irgendwann fliegen sie wie auf ein Kommando weiter. Vielleicht um sich auf einem anderen Baum niederzulassen und ein wenig über die Umgebung zu tratschen, vielleicht auch etwas ganz anderes. Das wissen wir nicht.

Aber anstatt dass wir staunen und herauszufinden versuchen, was da vor sich geht, sagen wir: »Alles nur dummes Gepiepse.« Und wenn wir meinen, der Piepser da sei vielleicht nahrhaft für uns, dann wollen wir erst recht nicht wissen, was in dem vorgeht. Dann drehen wir dem den Hals um, reißen ihm die Gedärme raus und packen ihn in den nächsten Grill – als gäbe es keine Alternativen.

TIERÄRZTE?

Wenn Kater Maunzi oder Hund Hasso mal krank sind, dann gehen ihre Besitzer mit ihnen zum Tierarzt, und der kümmert sich dann sehr gewissenhaft um die vierbeinigen Lieblinge. Wir haben da wohl alle ein bestimmtes Bild im Kopf, das auch in Cartoons und Comics als Karikatur oft nichts anderes als Bestätigung erfährt.

Ein Kanarienvogel mit geschientem gebrochenen Bein sieht lustig aus, und wir schmunzeln darüber, aber eigentlich zeigt dieses Bild das, was wir vom Tierarzt erwarten: Hingabe an jeden einzelnen tierischen Patienten. Unser Bild vom Tierarzt ist das von demjenigen, der sich um den Hamster unserer Tochter kümmert, als gälte es, seinen eigenen Sohn zu retten.

In schrecklichen Fernsehserien kommt der neue Tierarzt ins Dorf und verliebt sich während der Pflege des kranken Pferdes in dessen Besitzerin, die natürlich eine Tochter hat, welche sich mit seinem eigenen Sohn als zukünftigen Stiefbruder auf jeden Fall gut versteht. Nichts als Menschlichkeit verknüpfen wir mit dem Begriff des Tierarztes, und das mag vielleicht mit den Aufgaben, wie wir sie in der Berufsordnung für Tierärzte finden, zusammenhängen.

Ich zitiere die Wikipedia:

»Die/der Tierärztin/Tierarzt ist berufen, Leiden und Krankheiten der Tiere zu verhüten, zu lindern und zu heilen, zur Erhaltung und Entwicklung eines leistungsfähigen Tierbestandes beizutragen, den Menschen vor Gefahren und Schädigungen durch Tierkrankheiten sowie Lebensmittel und Erzeugnisse tierischer Herkunft zu schützen und auf eine Steigerung der Güte von Lebensmitteln tierischer Herkunft hinzuwirken. Der tierärztliche Beruf ist kein Gewerbe; er ist seiner Natur nach ein freier Beruf. Die/der Tierärztin/Tierarzt ist der berufene Schützer der Tiere.«[37]

Das klingt toll, oder nicht? Das klingt genauso, wie wir es uns vorstellen, wenn wir das Wort »Tierarzt« im Kopf haben. Ein »Tier« im Zusammenhang mit »Arzt« ist ja immer etwas, was geschützt werden muss, etwas, dem besondere Pflege zuteil werden muss. Und ein »Arzt« ist ja wohl einer, der einen hippokratischen Eid geleistet hat, der also quasi geschworen hat, Leben zu beschützen und zu erhalten.

Das alles klingt in dem Wort »Tierarzt« mit, und wir vertrauen auf diesen Mitklang, wenn wir mit unserer erkälteten Katze seine Praxis aufsuchen. Was aber haben Tierärzte eigentlich für eine Ausbildung hinter sich?

Die haben »Veterinärmedizin« studiert. Und bei dem Wort »Veterinär« fällt schon mal jeder positive Beiklang, den wir beim »Tierarzt« empfinden, weg. Und ganz schlimm wird es beim »Amtsveterinär«. Da tönt doch gleich der Klang der Verwaltung mit durch, da ist doch gleich Bürokratie mit in der Melodie des Wortes.

Natürlich muss das nichts bedeuten, schließlich haben es Fremdwörter immer schwerer, an unsere emotional aufgeladenen Bilder anzudocken. Aber wenn ich einen Veterinärmediziner treffe, der sich mir gegenüber als »Tierarzt« ausgibt, weil er denkt, ich als Möbelpacker könne mit dem Wort »Veterinär« nichts anfangen, dann macht mir das die Dimensionen der verschiedenen Aussprachen der gleichen Sache klar.

Ein Tierarzt, der sich in erster Linie als Veterinär begreift und nicht als Tierarzt, der hat sich in seinem Sprechen, in seinem Denken, vielleicht schon vom Doktor, zu dem wir mit unserem kranken Hund gehen, entfernt. Vielleicht glaubt er ja noch, dass er als Amtsveterinär der Gesundheit der Menschen dienlich sein kann, wenn er zur Inspektion in der Massentierhaltung eingesetzt wird, aber dann ist er auf jeden Fall erheblich naiver, als es die Kritiker der Veganer diesen vorwerfen.

In dem Film *Ware Tier* ist in dem Abschnitt »Auf der Suche nach dem glücklichen Huhn« ein gewisser Franz-Jürgen Beneke zu sehen, der in der Funktion des Geschäftsführers eines Hähnchenschlachtbetriebes die verschiedenen Stationen der Hähnchenverarbeitung erklärt. Eine Station ist die »Veterinärstation«. Zitat Beneke: »Äh, dort werden die Hähnchen auf bestimmte Krankheiten oder wie auch immer untersucht.«

Wie auch immer?

155.000 Tiere verarbeitet der Betrieb täglich. Zur Überwachung der Gesundheit der Tiere stehen drei amtliche Tierärzte zur Verfügung. Tiere mit veränderter Milz oder vergrößerter Leber werden laut Beneke aussortiert. »Alle für tauglich befundenen Tiere« landen dann letzten Endes auf dem Teller derjenigen, die Beneke glauben, was der wahrscheinlich auch noch selbst glaubt.

Wenn man nur das allerkleinste bisschen genau hinguckt, dann weiß man, dass diese drei Tierärzte vom Amt keine Chance haben, alle kranken Tiere zu erkennen. »Vergrößerte Leber, veränderte Milz?« Ich brauche keine Stoppuhr, um zu sehen, dass da *mindestens* zwei Tiere pro Sekunde an den Tierärzten vorbeirauschen. Was wollen die in einem Sekundenbruchteil an einem Tier erkennen? Wie grün verschimmelt muss da ein Tier aussehen, bevor die da eingreifen? Wie viel Aufmerksamkeit kann man jedem der mindestens 120 Tiere widmen, die da in einer Minute vorbeiziehen?

Wollt ihr mich verarschen?

Ja, das wollt ihr. Tierärzte, die in einem solchen Betrieb nicht sofort dafür kämpfen, dass der ganze Betrieb eingestellt wird, sind keine Ärzte, denen das Wohl der Tiere oder der Menschen, die diese Tiere essen, am Herzen liegt. Das sind Diener der Hähnchenindustrie. Sie haben vergessen, was ein Tier sein kann. Sie haben sich davon überzeugen lassen, dass sie die Produktion eines »Dinges«, zu dem das Tier degradiert wird, im Sinne der Gesundheit des Verbrauchers überwachen können. Können sie aber nicht. Der Veterinär macht sich zum Gehilfen der technokratischen Industrie. Mit dem Berufsethos eines Arztes hat das überhaupt nichts zu tun. Genau null.

DAS GLOBALE BIO-LABOR

Im Jahr 1898 veröffentlichte der britische Autor H. G. Wells mit *Der Krieg der Welten* den Klassiker der Invasions-Science-Fiction, und als das Genie, das er war, lieferte er die beste Pointe des Genres gleich mit: Marsmenschen greifen die Erde an, und die Menschheit ist deren mächtiger Technologie hoffnungslos unterlegen. Das Militär erweist sich als vollkommen wirkungslose Waffe. Allerdings haben die Menschen Glück, denn die außerirdischen Angreifer treffen auf irdische Bakterien, auf die ihr Immunsystem nicht vorbereitet ist, und verrecken allesamt.

Für diese Pointe gibt es in der Geschichte ein schreckliches Vorbild. Während der Besiedlung Amerikas durch die Europäer kamen wahrscheinlich mehr der ersten Amerikaner durch eingeschleppte Krankheiten um als durch Waffengewalt.

Als Kolumbus 1492 die Insel Hispaniola »entdeckte«, lebten dort laut Wikipedia 300.000 Menschen (wobei einige Schätzungen sogar von einer Million ausgehen). 1518 lebten davon noch 4000. Man kann es natürlich für möglich halten, dass die Spanier in nur 26 Jahren 296.000 (bis vielleicht 996.000) dahinmetzelten. Es ist aber eine Tatsache, dass die Spanier Masern, Grippe und Pocken im Gepäck hatten. Und diese Krankheiten töten unvorbereitete Immunsysteme schneller als alle Waffen.

Masern, Grippe und Pocken sind Krankheiten, die durch das Zusammenleben mit Tieren auf den Menschen gekommen sind. Im Laufe der Jahrtausende konnten sich die Europäer allerdings (wie fast alle Eurasier) an diese Krankheiten gewöhnen, also ein Immunsystem entwickeln, sodass es selbst bei Epidemien genug Überlebende gab.

Die Völker Amerikas trafen diese Krankheiten völlig unvorbereitet. 1520 überfielen die Pocken den Südosten Mexikos. 50 Prozent der Bevölkerung von Tenochtitlan starben. 1531 rafften die Masern zwei Drittel der Überlebenden der Pocken in Mittelamerika dahin.

Man kann sagen, dass die Krankheiten oft schneller waren als die Kolonisatoren, die sie mitbrachten. 1617 starben bis zu 75 Prozent der Einheimischen Neuenglands, noch bevor die Europäer überhaupt an umfangreiche Kriegshandlungen gedacht hatten.

Man könnte sich jetzt natürlich denken, dass die ersten Amerikaner da schreckliches Pech gehabt hatten, und dass wir ja glücklicherweise durch den jahrtausendealten Kontakt mit unseren domestizierten Tieren an die verschiedenen Krankheiten gewöhnt sind, aber das ist ein Trugschluss, wie eigentlich langsam mal jeder wissen sollte. Im Jahr 1918 trat die Spanische Grippe auf den Plan. Sie tötete weltweit 25 Millionen bis 70 Millionen Menschen. Niemand weiß das so genau. Aber eines sollte uns extrem zu denken geben: Zu jener Zeit gab es noch keine Massentierhaltung!

Die Massentierhaltung ist das potenteste Labor, um neue Virenstämme zu züchten, das sich denken lässt.

Darüber ist doch nun wirklich schon genug geschrieben worden. Viren springen munter von Mensch zu Kuh und zurück, von Mensch zu Schwein und zu Huhn, und wenn sich da mal ein echter neuer Supervirus entwickelt, dann hat der keine Schwierigkeiten, sich rasend schnell über die Welt auszubreiten. Man könnte dann natürlich sämtlichen Fernverkehr auf der ganzen Welt einstellen, aber dann kann man den Laden hier auch gleich dichtmachen.

Wie lange soll dieser Wahnsinn eigentlich noch weitergehen?

Wahrscheinlich immer. Zu diesem Schluss kann man jedenfalls gelangen, wenn man sich überlegt, wie eine der wichtigsten Erfindungen der Menschheit verschwendet wird, um die Herstellung von Wurst in unüberschaubaren Massen zu ermöglichen: Antibiotika. Es sind nämlich nicht nur mögliche Superviren, die uns zu denken geben sollten. Auch Bakterien stellen eine permanente Gefahr dar.

Jedes Tier in der Massentierhaltung, jedes einzelne, bekommt jeden Tag seine »Schaufel« Antibiotika ins Essen gemischt. Immer gib ihm, immer rauf! Diese ganzen elenden Kreaturen würden nämlich das Dahinvegetieren dort nicht überleben, wenn ihre permanenten Infektionen nicht dauerhaft mit Antibiotika bekämpft werden würden. Das ist krankes Fleisch, das da herangezüchtet wird und später auf Ihrem Teller landet!

Dummerweise mutieren auch Bakterien sehr gern und sehr viel, und dadurch entstehen immer wieder welche, bei denen unsere Mittel nicht mehr wirken. Man nennt das »Resistenzen«. Mit anderen Worten: Irgendwann gehen uns die Antibiotika aus, und dann brauchen wir vielleicht gar keinen Supervirus, damit es uns dreckig geht.

Kevin Costners Film *Der mit dem Wolf tanzt* von 1990 beginnt mit einer Szene, in der zwei blutbeschmierte Militärärzte das verletzte Bein Costners begutachten.

»Hm, immerhin kein Wundbrand«, sagt sinngemäß der eine. Und der andere: »Wenn wir schnell genug amputieren …« Und dann beschließen die beiden, erst mal einen Kaffee zu trinken. Costner will aber nicht, dass ihm was amputiert wird, lieber stirbt er. Und so begeht er in einer Art Selbstmordaktion eine Heldentat, die er überlebt, und anschließend befiehlt ein höher gestellter Offizier, dass dessen Chirurg sich um Costner kümmern soll: »Dies ist ein Offizier, der etwas wert ist.«

»Nehmt mir meinen Fuß nicht ab!« – so ungefähr fleht Costner, und etwa so antwortet der höher gestellte Offizier: »Du wirst deinen Fuß behalten, mein Sohn, das schwöre ich. Gott ist mein Zeuge.« Der Mann ist sich da ziemlich gewiss und scheint ein enormes Vertrauen in die damalige Medizin zu haben.

Und dann ist Costner wieder gesund und kann sich in den Westen versetzen lassen, wo er später der beste Freund der Lakota wird.

Was für Zaubermittel hatte wohl der Chirurg des höher gestellten Offiziers zur Behandlung von Costners drohendem Wundbrand?

Magische Medizin? Oder einfach nur mehr Zeit und fürsorgliche Pflege? Wir müssen uns eines vor Augen halten, wenn wir Filme sehen, die vor dem 20. Jahrhundert spielen: Es gab damals keine Antibiotika. Wir nehmen es viel zu oft einfach hin, wenn in Spielfilmen schwere Verletzungen gezeigt werden, die der Held spielend überlebt. Klar, es sind ja nur Filme, und schließlich wird der Held eines Films noch gebraucht. Aber können wir nicht zwischendurch auch mal darüber nachdenken, wie solche Filme unser Weltbild verfälschen? Wir haben uns völlig daran gewöhnt, dass äußere Verletzungen harmlos sind, und machen uns nie bewusst, dass es mal Zeiten gab, in denen eine Wunde nicht einfach etwas ist, das bald verheilen wird, sondern etwas, was bis dahin eine ständige Gefahr in sich trägt, nämlich die der Infektion. Dank der Antibiotika (und der Hygiene), über die wir verfügen, brauchen wir uns ja auch wirklich nicht allzu viele Sorgen zu machen. Aber genau darum gehören Antibiotika auch zu dem Allerwertvollsten, was wir besitzen. Und was tun wir damit? Wir hauen es raus, wo immer jemand auf die Idee kommt, dass es vielleicht gerade mal ganz gut passt. Wir verschwenden es, schleudern es dahin, unser kostbarstes Gut. Und wofür? Um billiges Fleisch essen zu können, das noch nicht einmal gut für uns ist.

VEGAN KACKEN

Das erste Mal haben wir uns auf der Party in der Land-WG am Abend getroffen. Das zweite Mal am Morgen danach, als wir gleichzeitig zwei nebeneinander liegende Gästeklos aufsuchten.

Alkohol hatten wir beide auf der sehr netten Party getrunken, auf der sowohl vegan als auch carnivorisch gegrillt wurde. Ich glaube, er hatte ein wenig mehr getrunken als ich, vor allem, weil er auch Schnaps trank. Der verträgt sich ja besonders gut mit der Fleischmahlzeit, jedenfalls wenn man glaubt, was Carnivoren so erzählen.

Spaß hatten wir beide, so wie alle anderen, und es war eine lange Nacht. Am Morgen trinke ich auf der Wiese neben dem heruntergebrannten Lagerfeuer einen Espresso und fühle einen leichten Kater, und dabei genieße ich es, dass ich schon lange nicht mehr rauche. Denn den schlimmsten Kater haben ja Raucher, weil die, wenn sie saufen, gerne eine nach der anderen rauchen.

Ich mache ein paar Dehn- und Streckübungen, freue mich über den neuen Tag und schlendere zur Toilette, wo ich jenen treffe, der die nächsten Minuten in der Kabine neben meiner verbringen wird. Blass ist er und sieht ziemlich zerstört aus. Seine Bewegung ist eine seltsame Mischung aus einem Sich-Dahinschleppen und eiligen Schritten. Wahrscheinlich hat er auch gerade Kaffee getrunken, und nun muss es einfach raus, alles, was er sich abends reingestopft hat und was sein Organismus nicht verwerten kann.

Und dann, während ich mich entspannt dessen entledige, was mein eigener Organismus nicht verwerten, aber in aller Bequemlichkeit von sich geben kann, höre ich ihn kämpfen. Er ächzt und stöhnt. Zwischendurch furzt er, dass es ein Grauen ist. Dann wieder (»Hnnnggg!«) scheint er mit aller Kraft zu drücken, und sein neuerliches Stöhnen macht mir klar, dass er inzwischen wahrscheinlich schweißgebadet ist. Der infernalische Gestank, der von seiner Seite herüberzieht, lässt mich an diesem Morgen mein Geschäft etwas eilig erledigen, und ich bin froh, dass für mich das Kacken auch am Morgen nach einer Grillparty eher eine Nebensächlichkeit ist. An der frischen Luft sauge ich mir die Lunge voll und freue mich, dass ich mich für ein andere Leben entschieden habe als jener dort drinnen, der wohl noch zehn Minuten wird weiterkämpfen müssen, um sich seiner heftigen, ganz und gar überflüssigen Last zu entledigen.

In dem Film *Basic Instinct* wird der Police Detective Nick Curran (Michael Douglas) von seinen Vorgesetzten dazu gezwungen, sich psychologisch durchleuchten zu lassen, und zwar ausgerechnet von seiner Ex (Jeanne Tripplehorn). Er ist etwas aufgebracht über diesen Unsinn, und ich weiß nicht mehr, was genau er alles zu ihr sagt, aber auf jeden Fall sagt er auch etwas wie: »Und falls es dich interessiert: Nein, ich gucke nicht in die Toilette, bevor ich abziehe.«

Ich erinnere mich daran, weil ich damals beim Gucken des Films dachte, die Amerikaner hätten ein etwas gestörtes Verhältnis zu ihrem Stuhlgang. Als hätten sie Angst, als analfixiert zu gelten, wenn sie mal einen Blick darauf werfen.

Ich stellte mir damals vor, ein Amerikaner käme zum Arzt und klagt über solche und solche Probleme mit der Verdauung, und der Arzt sagt, der Mann solle mal eine Stuhlprobe mitbringen. Und als der Arzt die dann hat, kann er dem Mann schnell erklären, dass er Würmer hat, aber das hätte er auch selbst sehen können. »Ja, sind Sie denn zu retten? Ich gucke da doch nicht hin!«

Nee, das wäre ja auch widerlich.

Aber ganz im Ernst möchte ich es hier noch einmal betonen:

Vielleicht fängt die Rettung der Welt ja tatsächlich bei der eigenen Verdauung an.

Es kann durchaus sehr sinnvoll sein, wenn wir ab und zu mal einen Blick werfen – auf die Scheiße, die wir so verzapfen!

WORAUF WARTEN WIR EIGENTLICH?

Morgens fahre ich zum Güterbahnhof, um einen Container mit dem Umzugsgut unserer Kunden abzuholen, die vom Süden in den Norden ziehen. Anschließend hole ich im Büro die Kollegen ab, und bevor es zu den Kunden geht, halten wir noch an der Tankstelle, an der sich die Kollegen Kaffee kaufen und natürlich je nach Lust und Laune eine Frikadelle, ein Schnitzelbrötchen oder einfach nur eine Minisalami. Die Kunden ziehen in ein Dorf im Hamburger Umland. Auf kleiner Landstraße sind wir unterwegs, als plötzlich einer der Kollegen fragt: »Wer hat gefurzt?«

Und dann riechen es plötzlich alle, und kurz wird sich beinahe darüber gestritten, wer es denn war, der einen hat fahren lassen, als plötzlich einer merkt, dass der furchtbare Geruch von draußen kommt. »Das riecht ja total nach Scheiße!«, empört sich einer der Kollegen.

Und er hat recht. Es ist nämlich tatsächlich Scheiße, die wir da riechen. Keiner der Kollegen hat einen fahren lassen. Wir sind einfach nur in der heutzutage oft wenig erfreulichen Lage, die Landluft genießen zu dürfen. Da draußen ist Scheiße auf die Felder geworfen worden, und zwar in rauen Mengen. »Ist ja eklig!«, sind sich die Kollegen einig, und sie bedenken dabei nicht, dass da draußen Scheiße auf die Felder geworfen wird, damit sie sich morgens an der Tanke Frikadelle, Schnitzel und Minisalami kaufen können.

Gülle ist Scheiße. Gülle wird in solchen Massen ausgebracht, dass sie die Böden vergiftet und das Grundwasser gefährdet. Von den Böden gelangt sie in die Flüsse. Gülle ist Scheiße in gigantischen Massen, die als Dünger verwertet wird, aber eigentlich ein ernsthaftes Problem der Entsorgung darstellt. Es gibt einfach zu viel davon. Und es gibt zu viele Rinder. Die furzen nämlich wirklich zu viel. Und sie rülpsen. Andauernd. Und dabei stoßen sie Methan aus, das ein wesentlich schlimmerer Klimakiller ist als CO_2. Ich sagte es bereits: Die Massentierhaltung trägt mehr zur Klimakatastrophe bei als das gesamte Transportwesen weltweit.

Die Umwelt wird durch die Massentierhaltung unhaltbar belastet. Tiere werden unter entsetzlichen Qualen gehalten. Menschen werden zur Arbeit unter entsetzlichen Bedingungen gezwungen. Antibiotika werden in wahnsinnigen Mengen an die Tiere verfüttert. Viel Fleisch in der Ernährung ist ungesund und führt zu zahlreichen Krankheiten oder begünstigt deren Entstehung. Der Fleischkonsum in der westlichen Welt verursacht Hunger in den ärmeren Regionen.

Wie lange soll das noch so weitergehen?

Worauf warten wir eigentlich?

Worauf warten *Sie*?

Dass hier alles sowieso bald »den Bach runter geht«, wie ich es öfter mal von Kollegen und Bekannten höre? Oder dass sich schon irgendwer darum kümmern wird? Schließlich hat die Menschheit ja wohl noch jede Katastrophe überstanden.

Wollen Sie nicht einfach selbst etwas tun? Oder gehören Sie gar nicht zu den Leuten, die meinen, der Staat hätte ja nun wirklich nicht alles zu regeln. Zu viel Staat! Das kann man oft von Leuten hören, die meinen, »der Staat« solle sich nicht überall einmischen. Wer ist denn bitte »der Staat«? Sind wir das nicht alle beziehungsweise die »demokratisch gewählten Volksvertreter«?

Sollen *die* vielleicht endlich mal was tun? Aber was sollen die tun? *Ihnen* vielleicht erzählen, dass Sie weniger Fleisch essen sollen? So wie die Chinesen das machen? Deren Regierung hat im Juni 2016 beschlossen, dass der Fleischkonsum im Land um die Hälfte reduziert werden soll. Da geht es nicht nur um Umwelt, sondern vor allem um die »Volksgesundheit«, denn Diabetes hat sich dort zu einem ernsthaften Problem entwickelt. Noch will die chinesische Regierung auf Aufklärung setzen. Aber, na ja, wir kennen ja die Chinesen. Denen trauen wir ja noch andere Methoden zu. »Das wird doch eine Ökodiktatur!« – ich kann es jetzt schon hören, wie meine Landsleute über das chinesische Vorhaben reden werden.

Bloß nicht zu viel Staat!

Wir sind da in einer angenehmen Position in der Mitte der Welt (wenn man es so sehen will). Auf der einen Seite können wir uns über die Einparteiendiktatur der Chinesen aufregen, auf der anderen Seite können wir uns über die »laschen Waffengesetze« der USA empören, wenn da mal wieder einer Amok gelaufen ist.

Wie viel Staat soll es denn bitte sein?

Ist nicht der Staat gefragt, wenn die Lebensmittelindustrie eines unser wertvollsten Güter (Antibiotika) in die Unwirksamkeit hinein verschleudert?

Natürlich hat »der Staat« zu handeln.

Aber wir sollten nicht darauf warten. Wir brauchen keinen Staat, der uns davor beschützt, dass wir uns diese minderwertigen »Nahrungsmittel« einverleiben. Der Staat hat sich darum zu kümmern, dass die Konzerne sich anständig und gesellschaftsverträglich benehmen. Und wenn der Staat das nicht tut, dann scheiß drauf! Ich muss doch den ganzen Dreck nicht fressen, den die mir anbieten!

Übrigens hat es mal eine Ökodiktatur gegeben. Inzwischen ist die Umweltbewegung dort nicht mehr »von oben« aufgedrückt, sondern lebt hauptsächlich »von unten«. Laut Jared Diamond gibt es kein Land auf der Welt, in dem die Umweltbewegung so sehr von unten getragen wird wie in der Dominikanischen Republik. In keinem Land der Welt sind internationale Organisationen im Umweltschutz so sehr in der Minderheit wie dort. Die Leute da nehmen das vorwiegend selbst in die Hand.

Als 1966 Joaquín Balaguer zum Präsidenten gewählt wurde, verbot er im ganzen Land die kommerzielle Holzgewinnung und ließ alle Sägewerke schließen. Und dann tat er etwas Beispielloses: Er nahm dem Landwirtschaftsministerium die Zuständigkeit für die Durchsetzung des Waldschutzes weg und übergab sie der Armee.

Wollen wir so was?

Immerhin verfügt die Dominikanische Republik heute noch über nennenswerte Waldbestände. Im Nachbarland Haiti sieht die Sache ganz anders aus. Da ist sämtlicher Wald so gut wie abgeholzt.

Bei einem Feuergefecht mit der Armee kam in einer Nacht ein Dutzend Waldarbeiter ums Leben. Wollen wir solche Verhältnisse bei uns? Oder anders: Wollen wir zulassen, dass einige wenige die Lebensgrundlage aller zerstören, weil »freies Wirtschaften« in unserer »freiheitlichen Welt« zu den Grundlagen gehört?

Oder noch anders: Können Sie sich vorstellen, dass »freies Wirtschaften« dazu führt, dass es privaten Haushalten verboten wird, Regenwasser aufzufangen? Können Sie sich nicht vorstellen? Gab es aber mal.

2000 kam es in der bolivianischen Stadt Cochabamba zum »Wasserkrieg«, nachdem die Versorgung mit Trinkwasser privatisiert wurde. Zuständig für die Versorgung war nun ein Zusammenschluss verschiedener Konzerne, und dieses Konsortium hat zuerst mal eben den Wasserpreis verdreifacht. Die Leute mussten sich fortan überlegen, ob sie ihre Kinder zur Schule schicken oder Wasser kaufen. Beides zusammen war für die meisten nicht mehr möglich. Und sie durften noch nicht einmal Regenwasser auffangen!

Während der Streiks, Unruhen und Demonstrationen »starben« (laut Wikipedia) sieben Menschen, und Hunderte wurden verletzt. Man darf annehmen, dass jene, die da »starben«, erschossen worden sind. Von Polizei oder Militär. Später allerdings blieben die bewaffneten Staatsdiener, die Vertreter der Exekutive, den Demonstrationen fern. Die hatten wohl keinen Bock mehr, auf die eigenen Leute zu schießen, weil irgendwelche geldgeilen Profiteure der Privatisierung es den Müttern verbieten wollten, ihre Pflanzen mit Regenwasser zu gießen oder das gar selbst zu trinken, weil sie sich in der Not nichts anderes leisten konnten.

Wir finden die Vorstellung absurd, dass es Leuten verboten ist, eine Regentonne auf dem eigenen Grundstück aufzustellen. Aber wir nehmen es hin, dass Lebensmittelkonzerne mit unser aller Gesundheit spielen und unsere Umwelt mit Schadstoffen überschwemmen.

Dabei sind wir in einer wesentlich besseren Position als die Bewohner von Cochabamba. Wir brauchen die Produkte der tierverarbeitenden Industrie nicht.

Lasst uns ihnen den Hahn abdrehen. Dann werden die schon was merken.

SCHLUSS JETZT!

Mark-Stefan Tietze schreibt in seinem Buch *Allein unter Veganern*:

»Würden die Leute, die die Verfügungsgewalt über das als Futtermittel genutzte Getreide besitzen, es plötzlich den Hungernden schenken, bloß weil ›wir‹ in den reichen Industrieländern auf Fleisch und Milch verzichten? Ich fürchte: nein. Freiwillig nicht.«[38]

Und dann weist er darauf hin, dass es auch in den armen Ländern Grundbesitzer, Kapitaleigner, Herrschende gibt, die auf den globalen Märkten mitspielen wollen. Natürlich, Ausbeuter und Arschlöcher gibt es nicht nur im reichen Westen. Aber für mich ist das kein Grund, eine Menge an Nahrung zu verbrauchen, die vielleicht noch für vier, fünf, sechs oder sieben andere gereicht hätte, wenn ich damit nicht ein Tier gemästet hätte.

Und jetzt bin ich für viele wieder der narzisstische Typ, der sich selbst darin gefällt, ein besserer Mensch zu sein. Dazu kann ich nur noch sagen: Es wird kommen, Leute. Es wird kommen, dass ihr euch nicht mehr jeden Tag Fleisch reinziehen könnt. Auf die eine oder andere Art wird diese Art zu leben vorbeigehen.

Es gibt so viele Gründe, auf Fleisch zu verzichten, dass sich die Diskussion darüber eigentlich erübrigt. Aber noch viel zu viele reagieren mit Abwehr.

Denen, die noch zögern, möchte ich empfehlen: Gehen Sie Schritt für Schritt vor. Sie müssen sich nicht sofort sorgen, ob in irgendeinem vegetarischen Lebensmittel Gelatine verarbeitet ist. Darüber können Sie später nachdenken. Wenn die Industrie kein Fleisch mehr verkauft, dann wird sie auch einen Ersatz für Gelatine finden. Fangen Sie mit dem Wichtigsten an: Weg vom Fleisch, von der Milch und von Eiern!

Zögern Sie nicht, Ihre Ernährung umzustellen, und vor allem: Lassen Sie sich nicht irremachen von Leuten, die behaupten, jeder,

der seine Ernährung umstellt, laufe Gefahr, einer jener »verblendeten Idealisten« zu werden. Niemand braucht ein solcher zu werden. Jeder kann Schritt für Schritt den Weg zum Richtigen zurücklegen. Niemand muss sich verrückt machen und fragen, ob er denn jetzt schon sofort alles richtig macht. Bleiben Sie gelassen, und ändern Sie was. Es wird Zeit.

Und wenn Sie Ihren Fleischkonsum heruntergefahren und angefangen haben, sich bewusster zu ernähren, dann werden Sie sehen, dass Sie vielleicht noch nicht die Welt gerettet haben, aber zumindest schon einmal Ihre Gesundheit. Wir erinnern uns: Veganer sterben gesünder.

Guten Appetit!

NACHWORT

VON KARSTEN WOLLNY

Als Koautor beziehungsweise Ghostwriter muss man sich in die Gedankenwelt des Autors hineinbegeben und gegebenenfalls Standpunkte vertreten, die nicht die eigenen sind. Die Frage einiger Kollegen während der Entstehung dieses Buches, ob ich denn jetzt auch Veganer sei, habe ich immer verneint. Ich ernähre mich nicht vegan. Trotzdem fiel es mir relativ leicht, den Argumenten und Ansichten von Webster Steinhardt zuzustimmen.

Ich kenne Webster seit gut einem Vierteljahrhundert und habe seine Entwicklung vom Omnivoren zum Veganer, wenn auch oft nur am Rande, kontinuierlich miterlebt. Der Mann ist und isst wirklich konsequent.

Wie konnte ich an der Entstehung dieses Buches mitwirken, ohne selbst sofort Veganer zu werden? Nun, Steinhardt hat es gesagt: Gehen wir Schritt für Schritt vor.

Es gab verschiedene Gründe, warum ich mich in die Materie schnell einfinden konnte. Zum einen habe ich mir schon immer Gedanken über die ungerechte Verteilung des Reichtums dieser Welt oder über Umweltschutz gemacht. Zum anderen hat mich immer alles interessiert, was mit der Evolution zu tun hat. Bücher, die die Entwicklung des Lebens auf dieser Erde beschreiben oder die Geschichte der Menschheit seit der Einführung der Landwirtschaft, haben mich immer begeistert, wenn sie gut geschrieben waren.

Mir fiel es also leicht, Gedanken zu verstehen, die den absoluten Unterschied zwischen dem Empfinden von Tieren und dem Empfinden von Menschen nicht akzeptieren.

Während der langen Gespräche, die ich mit Webster geführt habe, wurde mir klar, dass er im Grunde genommen das Gleiche denkt wie ich, nur dass er im Gegensatz zu mir daraus die richtigen Konsequenzen zog.

Warum bin ich (noch) kein Veganer?

Ich weiß es nicht. Vielleicht liegt es daran, dass ich manchmal denke, dass ich Kopfschmerzen kriege, wenn ich nicht mindestens ein Käsebrot am Tag esse, denn ich bin mit Käsebrot aufgewachsen. Und mit Fleisch. Und es fällt mir schwer, das alles so konsequent nicht mehr zu essen, wie Steinhardt das tut.

Aber soll ich deswegen aufhören, mir Gedanken zu machen?

Mein Ideal unterscheidet sich von dem Steinhardts. Mir wäre es schon fast genug, wenn ich zu 85 Prozent Veganer wäre. Und bis dahin ist es wirklich nur ein kleiner Schritt, wenn ich bedenke, wie viel Pflanzliches ich ja sowieso schon esse.

Wenn wir alle zu 85 Prozent Veganer wären, dann würden sich sehr viele unserer Probleme verkleinern. Und wenn man erst einmal so weit ist, dann ist auch der Schritt zu 90 oder 95 Prozent nicht mehr so schwer, wie er am Anfang vielleicht aussah. Und der restliche Weg zu 100 Prozent ist dann auch nur noch ein Katzensprung.

Mir hat die Arbeit an diesem Buch geholfen, über das ganze Thema neu nachzudenken, und das ist sehr gut für mich, denn eines ist meiner Aufmerksamkeit während dieser Arbeit sehr viel mehr teilhaftig geworden als früher: Wenn ich als Möbelpacker nach zwei, drei Tagen anstrengender Arbeit, an denen ich doch immer wieder eine Frikadelle oder Ähnliches »im Vorbeigehen« gegessen habe, immer wieder pappsatt und träge wurde, dann war ich froh, wenn ich zu Hause einfach nur einmal Kartoffeln mit Gemüse essen konnte. Einfach etwas, was meine Verdauung nicht so belastet wie ein Grillteller, sondern anschmiegsam durch die Därme geht.

Es funktioniert. Man kann das tun. Man kann sich den ganzen Wahnsinn langsam, Schritt für Schritt, abgewöhnen, den man aus purer Gier, aus purer Denk- und Empfindungsfaulheit, aus purer Gewohnheit noch mitmacht.

Man muss dabei nicht befürchten, solch ein »idealistischer Extremist« zu werden wie Steinhardt. Man kann gelassen bleiben. Man muss einfach nur irgendwo und irgendwann einmal anfangen. Und dann wird einem klar werden, dass das mit dem »idealistischen Extremismus« gar nicht stimmt.

Dazu ein einfaches Beispiel: Ich habe zu hohen Blutdruck. Darum verschreibt mir mein Arzt blutdrucksenkende Pillen. Ist das ein wünschenswerter Zustand? Einer der wichtigsten Verursacher von Bluthochdruck ist Salz. Bin ich »Salzist«, wenn ich so weitermache wie bisher und Pillen nehme, die ich vielleicht gar nicht bräuchte, wenn ich es anders machte? Oder bin ich »idealistischer Extremist«, wenn ich versuche, meinen Salzkonsum radikal zu vermindern? Werden die Leute von mir irgendwann als »Antisalzisten« reden?

Es gab Völker, die große Schwierigkeiten hatten, sich ausreichend Salz zu beschaffen. Heute ist es verdammt schwer, so wenig Salz zu essen, wie es gesundheitlich verträglich ist. Achten Sie mal darauf. Sie werden außer Obst und Gemüse im Supermarkt schlicht und einfach nichts finden, was kein Salz enthält.

Mit anderen Worten: Ich muss mich bewusst und aktiv gegen eine Ernährung wehren, die meinen Bluthochdruck mit verursacht.

Mit tierischen Produkten ist es kaum anders. Wo vor langen Zeiten die Menschen manchmal nur überleben konnten, indem sie tierische Produkte fanden, so können sie heute zumindest bei uns kaum noch eine Ernährung ohne tierische Produkte finden.

Der Planet ist nicht krank. Die Biosphäre schwächelt vielleicht ein bisschen, weil sie von akutem »Homo sapiens« befallen ist, aber das erledigt sich wahrscheinlich von selbst. Die Biosphäre wird sich erholen. Wir nicht, wenn wir so weitermachen. Wenn ich so weitermache wie bisher, dann werde ich Herzinfarkt, Schlaganfall oder etwas Ähnliches erleiden. Wenn der Mensch so weitermacht wie bisher, dann wird er sich selbst seine Lebensgrundlage entziehen.

Melanie Joy schreibt in ihrem Buch *Warum wir Hunde lieben, Schweine essen und Kühe anziehen*, dass 70 Prozent des ehemaligen

Gebietes vom Amazonas-Regenwald heutzutage Nutzfläche für Weidetiere sind. Das ist eine unglaubliche Zahl. 70 Prozent dieses riesigen Ökotops, dieser »Lunge der Welt«, sind schon weg. Und wir machen weiter.

Selbst wenn diese Zahl nicht stimmt und es nur 50 Prozent sind: Wir machen weiter.

Und was würde unser Hausarzt sagen? Der würde uns Pillen verschreiben. Mit was für Pillen glauben wir unsere Lebensgrundlage retten zu können?

Wir alle kennen das berühmteste Beispiel für die Vernichtung der eigenen Lebensgrundlage, die Geschichte der Osterinsel. Aber wir alle benehmen uns, als hätte es dieses Beispiel nie gegeben.

Und jenen, die schon aufgegeben haben und sagen: »Hier geht doch eh alles bald den Bach runter!«, möchte ich entgegnen: Mit 16 war ich davon überzeugt, dass »hier alles bald den Bach runtergehen wird« und dass ich keine 30 Jahre alt werde. Jetzt bin ich über 50 und habe zu hohen Blutdruck. Ich könnte jetzt auch über 50 bei normalem Blutdruck sein. Wenn ich aufgepasst hätte, wäre das vielleicht auch so. Der Witz bei der Sache: Wenn ich mich selbst gesund ernähre, dann belaste ich die Umwelt weniger. Das ist eine Win-win-Situation! Besser geht es gar nicht.

Der Letzte übrigens, den ich habe sagen hören, dass hier ja »sowieso bald alles den Bach runtergeht«, hat fünf Kinder. Wieso eigentlich?

Wozu macht ihr noch Kinder, wenn ihr nicht an die Zukunft glaubt?

Und wie erklärt ihr das diesen euren Kindern?

Nicht jedem fällt es leicht, seine Ernährung umzustellen, nicht jeder wird so konsequent werden, dass er sich nur noch vegan ernährt. Das glaube ich einfach nicht. Aber jeder kann sich mal ein paar Gedanken machen und gewisse Schlüsse ziehen. Es ist absolut unbestritten, dass es die globale Agrarwirtschaft niemals schaffen kann, allen Menschen täglichen Fleischkonsum zu gewährleisten.

Webster hat an einer Stelle in diesem Buch Sterneköche mit Musikern verglichen, die die Elbphilharmonie als Voraussetzung für Musik an sich betrachten würden. Ich sehe, obwohl ich Webster in diesem Beispiel recht gebe, einen Unterschied zwischen Musikern und Köchen. Die Musiker, die auf der untergehenden *Titanic* weiterspielen, sind ein Sinnbild für die Bedeutung der Kultur an sich. Köche, die die Innereien und die Haut der *Titanic* zerhacken, schnetzeln und zubereiten und somit deren Untergang mit hervorrufen, sind etwas anderes.

Wir werden umdenken müssen. Auf jeden Fall. Besser jetzt als später. Und jeder kann seine Ernährung umstellen. Schritt für Schritt.

QUELLENANGABEN

1 http://www.vegan.eu/index.php/meldung-komplett/items/eskimos_herz.html)
2 Jared Diamond, Der dritte Schimpanse, S. Fischer Verlag 1994, erweiterte Neuauflage 2006, Seite 55
3 Anthony Bourdain, Ein bisschen blutig – neue Geständnisse eines Küchenchefs, Karl Blessing Verlag 2010, Seite 12 f.
4 ebenda, Seite 14
5 ebenda
6 ebenda, Seite 16
7 ebenda, Seite 17
8 ebenda
9 https://www.youtube.com/watch?v=JdrQ3OCcrV8
10 ebenda
11 Geschrieben von Ray Evans und Jay Livingston, © Warner/Chappell Music, Inc., Jay Livingston Music Inc.
12 https://de.wikipedia.org/wiki/Philosophie_des_Geistes#Dualistische_Antworten_auf_das_Leib-Seele-Problem
13 Marvin Harris, Wohlgeschmack und Widerwillen – Die Rätsel der Nahrungstabus, Klett Cotta 1990, Seite 10
14 https://de.wikipedia.org/wiki/Great_Plains
15 https://de.wikipedia.org/wiki/Buffalo_Commons
16 Marvin Harris, Wohlgeschmack und Widerwillen – Die Rätsel der Nahrungstabus, Klett Cotta 1990, Seite 105
17 Marvin Harris, Wohlgeschmack und Widerwillen – Die Rätsel der Nahrungstabus, Klett Cotta 1990, Seite 106
18 Wilfried Bommert, Bodenrausch, Eichborn 2012, Seite 104
19 Goscinny/Uderzo, Asterix auf Korsika, deutsch bei DELTA Verlagsgesellschaft mit beschränkter Haftung, Stuttgart 1968, Nachdruck 1987, Seite 17
20 Stanisław Lem, Der futurologische Kongress, deutsch bei Insel 1974, suhrkamp taschenbuch 1994, Seite 108 f.
21 https://www.youtube.com/watch?v=JdrQ3OCcrV8
22 https://www.tuev-sued.de/uploads/images/1181544024646373570954/Keimfalle%20Kueche.pdf
23 Jonathan Safran Foer, Tiere essen, Fischer Taschenbuch Verlag 2012, Seite 60

24 Jonathan Safran Foer, Tiere essen, Fischer Taschenbuch Verlag 2012, Seite 61
25 https://de.wikipedia.org/wiki/Sissa_ibn_Dahir
26 Petra Ramsauer, So wird Hunger gemacht, Ueberreuter 2009, Seite 37
27 Thomas Fischer, Im Recht, Droemer Verlag 2016, Seite 74
28 Dudenverlag, Der Duden Band 7, Etymologie, nach den Regeln der neuen dt. Rechtschreibung überarbeiteter Nachdruck der 2. Auflage, 1997
29 https://www.karl-ess.com/ueber/
30 Berthold Seliger, I Have a Stream – Für die Abschaffung des Gebührenfinanzierten Staatsfernsehen, Edition Tiamat 2015, Seite 196 f.
31 ebenda
32 Jonathan Safran Foer, Tiere essen, Fischer Taschenbuch Verlag 2012, Seite 131
33 https://www.youtube.com/watch?v=pXzhyQ1bMtw
34 https://www.youtube.com/watch?v=yjIVq-0D-8
35 Jonathan Safran Foer, Tiere essen, Fischer Taschenbuch Verlag 2012, Seite 67 f.
36 Karen Duve, Anständig essen, Verlag Galiani Berlin, 2011, Seite 64
37 https://de.wikipedia.org/wiki/Tierarzt
38 Mark-Stefan Tietze, Allein unter Veganern, Rowohlt Berlin 2016, Seite 127

WEBSTER STEINHARDT (geboren 1966) ist Möbelpacker, Hausbrauer, nicht praktizierender Yogalehrer und ernährt sich seit 24 Jahren makrobiotisch-vegetarisch und seit sechs Jahren vegan. In seinem Job als Möbelpacker verrichtet er mitunter körperlich extrem anstrengende Arbeit, darum weiß er, wie sehr der Mensch die »Powernahrung« Fleisch benötigt, nämlich gar nicht.

Webster Steinhardt | Mit Karsten Wollny
VEGAN KACKEN!
Warum es kein »Lifestyle« sein darf, endlich das Richtige zu tun

ISBN 978-3-86265-660-8

DER VERLAG
Schwarzkopf & Schwarzkopf Verlag GmbH
Kastanienallee 32, 10435 Berlin
Telefon: 030 – 44 33 63 00
Fax: 030 – 44 33 63 044

INTERNET | E-MAIL
www.schwarzkopf-schwarzkopf.de
www.facebook.com/schwarzkopfverlag
info@schwarzkopf-schwarzkopf.de